中公新書 1773



大石 学著

# 新 選 組

## 「最後の武士」の実像

中央公論新社刊

# はしがき

近藤勇《いさみ》と土方歳三《ひじかたとしぞう》の二人の写真がある。近藤は羽織袴《はおりはかま》を着け、刀掛けを後ろに畳に座っている。一方、土方はマフラーを着け、洋装で椅子に腰掛けている。

写真が撮影された日時は確定されていないが、彼らが遭遇した激動の時代を象徴する二枚の写真である。

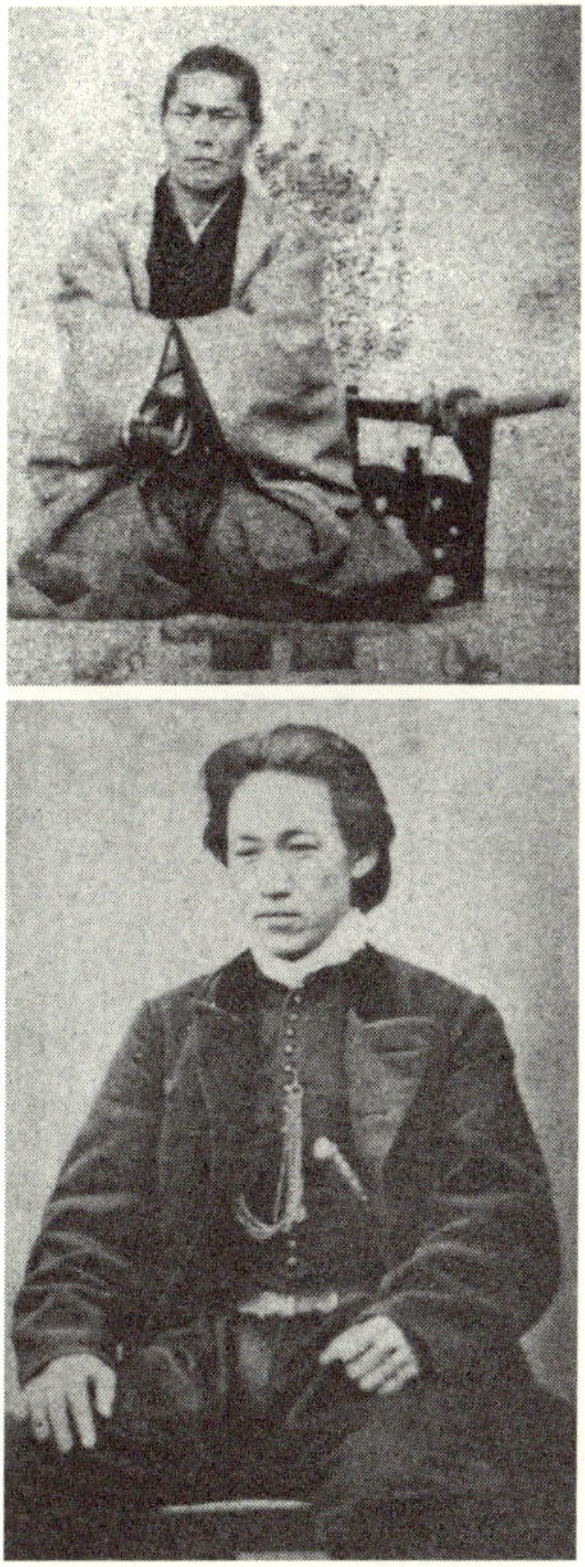

**近藤勇（上）と土方歳三の肖像写真**
佐藤彦五郎子孫蔵

多摩の農民から浪士、会津藩預り、幕臣、徳川家家臣となった近藤と土方のうち、新しい国家・社会をより身近に考える機会を得たのは、一年ほど長生きし、新政府軍に対抗する奥《おう》羽越《うえつ》列藩同盟を間近で見、箱館《はこだて》政府に加わった土方ではなかったか。偶然に残された二人の写真ではあるが、彼の洋装を見ていると、そのようにも思われてくる。

幕末・維新の動乱は、二十代・三十代の若者たちを、新国家の構想・建設に関わらせた「政治の季節」であった。和装と洋装の二枚の写真は、この季節を駆け抜けた若者たちの姿でもある。

嘉永六年(一八五三)六月三日のペリー来航から明治二年(一八六九)五月十八日の箱館五稜郭《ごりょうかく》の陥落までの幕末維新の時代は、さまざまな国家構想が交錯し、そのもとで政治闘争や大規模な戦争が展開された日本史上有数の動乱の時代であった。

こうした時代に生まれ、そして滅んだ新選組とは、どのような集団であり、いかなる歴史的位置にあるのか、本書は、この課題に接近しようとするものである。

具体的には、

(1)新選組誕生の歴史的前提(新選組草創期の中心メンバーが多摩と江戸の関係者であったのはなぜか)

(2)新選組活動の政治的基盤（なぜ新選組は京都において活躍できたのか）
(3)新選組組織の近代性（新選組は「武士の中の武士」「最後の武士」であったか）

の三点に絞って検討していくことにしたい。

そのために、以下の視角と方法を用いる。

視角は、新選組の前身である浪士組時代を含めて、新選組の生成・展開過程を、同志的結合から組織化・官僚化の過程として捉《とら》える視角である。これにより、新選組が持つ組織的合理性・近代性を明らかにし、従来とは異なる新選組の実態を提示することにしたい。

方法は、菊地明・伊東成郎・山村竜也編『新選組日誌』上・下（新人物往来社）をはじめ、各種史料、各地の地域史料、さらには新たな研究成果などから、改めて新選組の歴史を確認するというものである。今日、新選組に関する多数の刊行物が見られるが、その多くが出典を示していないため、語り伝え、創作、史実が混在している状況がある。本書が全体を通じて、丁寧に注を施したのは、何をもとに執筆したかを示すためである。

この作業を通じて、先の(1)〜(3)の課題に接近することにしたい。本書が、新選組に関する史料や事実の共有化の第一歩となるとともに、新たな新選組像、幕末維新像構築の一助となれば幸いである。

目次

## 第四章　江戸帰還後

# 序章　新選組の時代

## 1　「開国論」対「攘夷論」

### 西洋の衝撃

本章では、新選組が生まれ活動した時代について、当時展開された国家構想の相剋《そうこく》を軸に、概観することにしたい。

嘉永六年（一八五三）六月三日のペリー来航と、翌安政元年（一八五四）三月三日の日米和親条約の締結は、まさに「西洋の衝撃《ウエスタン・インパクト》」の象徴であり、二百五十年続いた「徳川の平和《パクス・トクガワーナ》」を根底から揺るがすものであった。

安政三年七月二十一日、日米和親条約にもとづき、アメリカ総領事ハリスが下田（静岡県下田市）に上陸し、翌四年十月には通商貿易を幕府に要求した。十二月十三日、老中首座の堀田正睦《まさよし》（下総佐倉藩主《しもうささくら》）は、通商条約を締結すべき旨を朝廷に伝え、同月二十九日には条約の可否を諸大名に諮問した。

しかし、これらは前代未聞の行為であり、以後朝廷や大名は、国政への発言力を強め、国論は「開国論」と「攘夷論《じょうい》」に二分されることになった。

折しも幕府では、十三代将軍徳川家定《いえさだ》の後継をめぐり、紀州藩主徳川慶福《よしとみ》（のちの家茂《いえもち》）を支持する紀州派と、一橋慶喜《よしのぶ》を支持する一橋派が対立していた。

紀州派は井伊直弼《なおすけ》（彦根藩主）ら譜代大名を中心に、家定の血縁にあたる慶福を推し、一橋派は松平慶永《よしなが》（越前福井藩主）、島津斉彬《なりあきら》（薩摩《さつま》藩主）ら家門《かもん》（御三家以外の一族大名）・外様大名を中心に、幕閣専制を批判し、英明の聞こえ高い一橋慶喜を推したのである。

## 大老井伊の政治

安政五年（一八五八）正月八日、老中の堀田正睦は上京を命じられ、二月九日、日米修好通商条約の勅許を朝廷に願ったが、攘夷を主張する孝明《こうめい》天皇は拒否した。

四月二十三日、紀州派の支持を得て、井伊直弼が大老に就任すると、井伊は井上清直《きよなお》や岩瀬忠震《ただなり》を派遣し、勅許のないまま、六月十九日に相模国《さがみ》神奈川（横浜市神奈川区）沖のポウハタン号でハリスと同条約を締結した。条約の内容は、箱館・神奈川・長崎・新潟・兵庫の五港の開港と自由貿易などであったが、領事裁判権の規定、関税自主権の否定、片務的な最恵国待遇の存続など、不平等な側面を含んでいた。この条約は、勅許のないまま締結されたため仮条約と呼ばれた。条約締結の結果、井伊政治への批判が高まるとともに、攘夷論と尊王論は急速に接近することになった。

六月二十四日、一橋派の徳川斉昭《なりあき》（水戸藩主）、慶篤《よしあつ》（斉昭の子）、徳川慶勝《よしかつ》（尾張藩主）、松平慶永は、正式な登城日でないのに登城し（不時登城）、登城日であった一橋慶喜（斉昭の子）とともに井伊の無勅許調印に抗議した。これに対して井伊は、翌二十五日将軍後継を慶福に決定し、七月五日には徳川斉昭らを謹慎・登城停止処分にした。以後、幕府は、オランダ、ロシア、イギリス、フランス（以上「安政の五か国条約」と呼ばれる）、ポルトガル、プロシア、スイス、ベルギー、イタリアの諸外国と修好通商条約を結び、開国路線を実質維持していったのである。

### 安政の大獄と桜田門外の変

井伊は、さらに一橋派や尊王攘夷派（尊攘派）を厳しく弾圧した。安政五年九月七日、井伊排斥を企てた元若狭《わかさ》国小浜《おばま》藩士の梅田雲浜《うんぴん》を京都で逮捕したのをはじめ（のち獄死）、翌六年四月二十二日には、尊攘急進派の公家近衛《このえ》忠煕《ただひろ》（左大臣）、鷹司輔煕《たかつかさすけひろ》（右大臣）、鷹司政《まさ》通《みち》（前関白）、三条実万《さねつむ》（前内大臣）らを処罰した。

八月二十七日には、徳川斉昭を国元永蟄居《えいちっきょ》、慶篤を差し控え、慶喜を隠居謹慎させ、十月七日には、福井藩士の橋本左内、尊攘派儒者の頼三樹三郎《らいみきさぶろう》らの死罪を含め三十七名を処罰した。さらに十月二十七日には、元長州藩士の吉田松陰ら二十三名を死罪・流罪とした。

これらの強圧政治は、尊攘派の激しい反発を招き、安政七年（万延元年、一八六〇）三月三日、井伊は登城中、水戸浪士ら十八名に暗殺された（桜田門外の変）。

## 2 「公武合体論」対「尊王攘夷論」

### 公武合体論の登場

井伊の死後、幕政を主導したのは、老中の久世広周《くぜひろちか》（下総関宿《せきやど》藩主）と安藤信正《のぶまさ》（陸奥磐城《いわき》平《たいら》藩主）であった。彼らは幕閣専制から、朝廷の権威と結び幕府を再建する公武合体へと路線を転換した。

万延元年（一八六〇）九月四日に、一橋慶喜、徳川慶勝、松平慶永、山内豊信《やまうちとよしげ》（土佐藩主）らの謹慎を解き、十一月一日には、公武合体の象徴として、皇女和宮《かずのみや》（孝明天皇の妹）の将軍家茂への降嫁を発表したのである。和宮降嫁は、孝明天皇が和宮と有栖川宮熾仁親王《ありすがわのみやたるひと》との婚約などを理由にいったん拒否したものの、侍従の岩倉具視《ともみ》の献策で攘夷を条件として承諾したものであった。

**尊攘激派の運動の高まり**

しかし、尊攘激派は、幕府の公武合体路線を厳しく批判した。十二月五日尊攘激派の浪士は、アメリカ公使館の通訳官を勤めていたオランダ人ヒュースケンを三田（港区）で斬殺《ざんさつ》し、翌文久元年（一八六一）五月二十八日には、水戸浪士ら十四名が高輪東禅寺《たかなわとうぜんじ》（港区）のイギリス公使館を襲撃し、書記官オリファントと長崎領事モリソンを負傷させる事件を起こした（東禅寺事件）。

翌二年正月十五日には、水戸藩士ら尊攘激派六名が、江戸城坂下門外において老中の安藤信正を負傷させた（坂下門外の変）。三月六日には、長州藩において、開国により公武合体をはかる「航海遠略策《こうかいえんりゃくさく》」を唱え、幕府と朝廷を周旋していた長井雅楽《うた》が尊攘激派の久坂玄瑞《くさかげんずい》により厳しく批判され（翌三年切腹）、七月六日には藩論が破約攘夷（開港の約束を破棄し攘夷を実行すること）へと転換した。

八月二十一日には、薩摩藩の島津久光（藩主忠義の父）一行が、江戸からの帰途、武蔵国橘樹《たちばな》郡生麦《なまむぎ》村（横浜市鶴見区）において、騎馬のイギリス人四名と遭遇し、警固の武士が一名を即死させ、三名を負傷させた（生麦事件）。十二月十二日には、長州藩尊攘激派の高杉晋作《しんさく》らが、江戸品川の御殿山《ごてんやま》（品川区）のイギリス公使館を襲撃した。

こうした尊攘激派の運動の高まりの過程で、朝廷は幕府に攘夷実行を迫り、十一月二日将軍家茂は攘夷実行を答えるに至ったのである。

**浪士組の結成**

尊攘激派の動きに対し、幕府を中心とする公武合体派は、文久二年（一八六二）七月六日に一橋慶喜を将軍後見職（将軍補佐役）、同九日に松平慶永を政事《せいじ》総裁職（幕政主導役）、閏《うるう》八月一日に松平容保《かたもり》（会津藩主）を京都守護職（京都所司代、大坂城代、近国大名の指揮）にそれぞれ任命し、体制固めを図った。

さらに幕府は、民間の武力を利用し、浪士組を結成した。文久三年二月四日、江戸小石川《こいしかわ》（文京区）の伝通院《でんづういん》に、幕府の募集に応じて浪士二百数十名が集合した。江戸牛込《うしごめ》（新宿区）の天然理心流《てんねんりしんりゅう》の道場、試衛場《しえいじょう》（試衛館）の近藤勇《いさみ》や土方歳三《ひじかたとしぞう》らも参加した。なお、「試衛」という道場名が示される史料は、多摩郡蓮《れん》（連）光寺《こうじ》村（東京都多摩市）名主の富沢政恕《まさひろ》の日記と小島鹿之助『両雄士伝』の「号は試衛」の「試衛場」のみであり、「試衛館」の名称は確認できないという。(1) したがって、以下本書では「試衛場」と記す。

　浪士組を指揮するのは、庄内藩郷士《ごうし》（酒造家）で幕府学問所の昌平黌《しょうへいこう》で学んだ尊攘家の清《きよ》河《かわ》（川）八郎と、幕府の武芸練習所である講武所《こうぶしょ》の幕臣山岡鉄太郎（鉄舟《てっしゅう》）らであった。浪士組は、二月八日に江戸を発ち、中山道《なかせんどう》から同二十三日に京都に入った。

　京都に到着するや、清河は朝廷への献策を行ったが、その内容は幕府よりもまず天皇に忠義を尽くすというものであった。幕府は驚き、急ぎ江戸への帰還命令を出したが、清河の主張を支持し、関東に戻り攘夷実行をめざす多数派と、将軍のために京都に残留し、市中警固を続けることを主張する芹沢鴨《せりざわかも》、近藤勇ら少数派が対立した。

　この直後の三月四日、公武合体のために将軍家茂が上洛した。十日幕府は近藤ら残留組十七名を会津藩預りとすることを命じ、近藤らは引き続き市中警固にあたることになったのである。

### 尊攘激派の運動のピーク

　近藤らが京都に残留した文久三年（一八六三）は、公武合体派と尊攘激派が激突した年であった。孝明天皇は、公武合体論と攘夷論の両方に理解を示し、三月五日将軍名代として参内した将軍後見職一橋慶喜に政務委任の勅を下す一方、三月十一日には関白以下の公家や将軍家茂以下の諸大名を従え上賀茂《かみがも》神社（京都市北区）、下鴨《しもがも》神社（左京区）に出かけ、四月十一日には単独で石清水《いわしみず》社（八幡《やわた》市）へ出かけ、それぞれ攘夷祈願を行った。幕府は五月十日を攘夷実行の期限と答え、ここに尊攘激派の運動はピークを迎えたのである。

そして五月十日、何もしない幕府とは別に、長州藩は下関（山口県下関市）でアメリカ商船を砲撃し、二十三日にはフランス艦、二十六日にはオランダ艦を砲撃した。七月二日には薩摩藩も鹿児島湾でイギリス艦隊と交戦した（薩英戦争）。

八月十三日には、尊攘派の圧力により、孝明天皇の攘夷祈願と親征を目的とする大和行《ぎょう》幸《こう》が布告された。十七日には、尊攘急進派公家の元侍従中山忠光《ただみつ》を首領とし、尊攘激派の吉村寅太郎《とらたろう》や松本奎堂《けいどう》らが、大和五条代官所（奈良県五條市）を襲撃し朝廷直轄を宣言した（天誅組《てんちゅうぐみ》の乱）。十月十二日には福岡藩尊攘激派の平野国臣《くにおみ》らが、尊攘急進派公家の沢宣嘉《のぶよし》を擁して生野《いくの》代官所（兵庫県朝来《あさご》郡生野町）を占拠した（生野の変）。元治元年（一八六四）三月二十七日には、水戸藩の尊攘激派の藤田小四郎らが筑波山（茨城県筑波郡筑波町・真壁《まかべ》郡真壁町・新治《にいはり》郡八郷《やさと》町にまたがる）で挙兵した（天狗党《てんぐとう》の乱）。

## 公武合体派の巻き返しと新選組

しかし、公武合体派も巻き返しを図った。文久三年八月十八日未明、薩摩・会津両藩は、御所を固め、中川宮朝彦親王《なかがわのみやあさひこ》や薩摩藩に近い近衛忠煕、その他公武合体派の公家を参内させ、過激な攘夷は天皇の意思ではないと朝議を一変させたのである。大和行幸は中止され、長州藩の堺町御門《さかいまちごもん》（上京区）の守衛も解任された。公武合体派のクーデターであった（八・一八政変）。その後、土佐、米沢、備前（岡山県）、阿波（徳島県）、因幡《いなば》（鳥取県）などの諸藩にも率兵参内が命じられた。この結果、長州藩は京都を追われることになり、三条実美《さねとみ》ら尊攘急進派公家七名も長州に逃れたのである（七卿落《しちきょうお》ち）。二十四日、七卿は官位を剥奪《はくだつ》され、これに連なる公家も処分された。

この日、近藤勇ら浪士組五十二名は、浅黄《あさぎ》麻に袖口を白く山形に抜いた揃いの羽織をつけ、誠と忠の二字を記しこれも山形をつけた提灯《ちょうちん》を持ち出陣し、長州藩逃走のさいは南門を守衛した。(2)

この働きが認められ、武家伝奏《ぶけてんそう》（朝廷と幕府の朝廷側の連絡役）から「新選組」の隊名が与えられた。新選組の成立は、まさに公武合体派の巻き返しの中に位置づけられるのである。(3)

その後、新選組局長近藤と副長土方は、九月初旬に副長新見錦《にいみにしき》を切腹させ、九月十八日に局長芹沢鴨を暗殺するなどして、組織内の実権を掌握した。

新選組は、厳格な規律のもと京都市中の警備にあたり、尊攘激派を厳しく弾圧していった。京都での新選組の活動について、元新選組隊士で二番組組長を勤めた永倉新八《ながくらしんぱち》は、回顧録に

おいて「幕府の爪牙《そうが》」と評し、高知県の郷土史研究者の松村巌は、「会津の爪牙」と評している。(4)

十二月三十日には、一橋慶喜、松平容保、松平慶永、山内豊信、伊達宗城《だてむねなり》（宇和島藩主）ら公武合体派の有力諸侯が、朝議参予《ちょうぎさんよ》に任命され、参予会議が設置された。翌元治元年（一八六四）正月十三日には島津久光も任命された。十五日には、将軍家茂が再入京し、二月十五日には慶永が京都守護職に、容保が軍事総裁職に就任するなど、公武合体派の体制固めが進められた。

その後、一橋慶喜（禁裏《きんり》守衛総督・摂海防禦指揮《せっかいぼうぎょしき》）と会津（藩主松平容保は京都守護職に再任）、桑名（容保弟の藩主松平定敬《さだあき》は京都所司代に）両藩からなる「一会桑権力《いちかいそう》」が、朝廷との関係を強めつつ、京都政局の主導権を握っていったのである。(5)

### 新選組の活動と尊攘派の壊滅

元治元年六月五日、尊攘激派は京都での勢力挽回《ばんかい》のため、朝彦親王と松平容保の襲撃を計画した。これを察知した容保配下の新選組は、一橋、会津、桑名、彦根、淀《よど》の諸藩、京都町奉行所などの勢力と協力して、祇園《ぎおん》（京都市東山区）、木屋町《きやまち》（中京区）三条通その他の一斉捜索を行った。

この過程で、長州、肥後、土佐などの尊攘激派約三十名を、京都河原町三条の旅館池田屋（中京区）に急襲し、多数を殺傷・逮捕した（池田屋事件）。

これに対して、長州藩は福原越後《ふくはらえちご》ら三家老が率兵上京し、七月十九日に会津・薩摩両藩の兵と御所の蛤御門《はまぐりごもん》付近で戦った（蛤御門の変、禁門《きんもん》の変）。このとき長州軍が、御所に向けて発砲したため、朝廷は幕府に対して、長州藩追討の勅命を下したのである。

七月二十四日、将軍家茂は長州藩征討を諸藩に命じ、三十五藩十五万の軍隊が広島に集結した（第一次幕長戦争）。八月五日には、英・仏・米・蘭の四か国艦隊十七隻が下関を攻撃し、陸戦隊が上陸して沿岸砲台を破壊し、十四日長州藩は四か国に降伏した（下関戦争）。

下関戦争後、長州藩では尊攘激派が後退し、保守派（俗論党）が台頭した。十月二十一日、長州藩は幕府に対して恭順謝罪し、福原ら三家老は自刃した。十二月、幕府は戦わずして撤兵令を出し、第一次幕長戦争は終わったのである。

**薩長同盟の成立**

しかし、その後長州藩では、慶応元年（一八六五）正月二日に高杉晋作らが下関を占領し、三月には藩主毛利敬親《たかちか》が急進派を容れ、藩論は「攘夷」から「開国」へと転換した。

これに対して、幕府は第二次征長を決定し、五月十二日に紀州藩主徳川茂承《もちつぐ》を征長先鋒総督に任じ、同十六日には将軍家茂が江戸を発ち、大坂城に入り親征体制をとった。九月二十一日、家茂は征長の勅許を得、十一月七日に彦根藩以下三十一藩に出兵を命じた。

当時、薩摩藩も、薩英戦争で大敗して以後、藩論を「攘夷論」から「開国論」へと転換させていた。慶応二年正月二十一日（二十二日とも）、土佐藩の坂本龍馬と中岡慎太郎が周旋し、薩摩と長州が反幕府の攻守同盟を結んだ。六月七日、第二次幕長戦争が始まったが戦争は長期化し、七月二十日将軍家茂が大坂城で病死したため、八月二十一日征長停止の勅令が下った。

**民衆運動の高まり**

政治の激動と並行して、全国各地の都市や農村では民衆運動が高揚した。慶応二年五月、摂津国西宮《にしのみや》（兵庫県西宮市）の民衆が米の安売りを求めたのを発端に、大坂一帯で打ちこわしが起こった。

五月から六月初めには、江戸の窮民らが米屋、質屋、酒屋などの豪商を打ちこわし、市中は騒然となった。六月の第二次幕長戦争のさいには、武蔵国十五郡、上野《こうずけ》国二郡で貧農・借家人・奉公人など十数万人が、高利貸、外国貿易商、米屋など豪農・豪商五百二十軒を打ちこわした（武州一揆《いっき》）。

これら一揆や打ちこわしの原因は、開港による経済的混乱、物価騰貴、凶作、幕長戦争による米価高騰などであった。一揆の中で民衆は、貧富の差を解消する「世直し」「世均《よなら》し」を主張した。幕府は、これら民衆運動に足元を揺さぶられたのである。(6)

## 3　「倒幕論」対「討幕論」

### 「討幕論」の台頭

この頃「倒幕論」と「討幕論」の二つの思想が交錯した。通常、「倒幕論」は、公議政体論、大政奉還論、討幕論などを含む幕府制度の廃止一般を指す言葉であり、「討幕論」は武力により幕府を廃し、徳川家を国政の中枢から排除することをめざす言葉であった。

慶応二年（一八六六）十二月五日、徳川慶喜が十五代将軍に就任したが、同月二十五日には公武合体を支持していた孝明天皇が急死し、睦仁《むつひと》親王（明治天皇）が後を継いだ。孝明天皇の死については、痘瘡《とうそう》説と毒殺説がある。(7)

この後「討幕論」が広まり、慶応三年五月二十一日には、土佐藩の板垣退助、中岡慎太郎と、薩摩藩の西郷隆盛らが京都で討幕を密約するに至った。

## 「公議政体論」の展開

「討幕論」の台頭に対し、公武合体派は列侯会議を核に、欧米の議会制度を導入し、上院（朝廷・諸侯）と下院（藩士・庶民）の二院制にもとづく「公議政体論」を展開した。慶応三年六月十日、近藤ら新選組百五名は幕府召し抱え、すなわち幕臣となった。

六月二十二日、薩摩藩の西郷隆盛・大久保利通《としみち》らは、土佐藩の後藤象二郎《しょうじろう》・坂本龍馬と薩土盟約を結び、大政返上後に公議政体を樹立することを合意した。

しかし一方において、九月十八日薩摩藩の大久保は、長州藩の木戸孝允《たかよし》らと両藩の出兵盟約を結び、二十日には長州の木戸らと安芸《あき》藩（広島県）の植田乙次郎《おとじろう》らが同様の盟約を結んだ（薩長芸《さつちょうげい》三藩盟約）。

その後、討幕派公家の岩倉具視と薩摩藩の大久保らが画策し、十月十三日に薩摩、翌十四日長州に、討幕の密勅が下ったのである。

これより早く十月三日、公議政体派の前土佐藩主山内豊信は、討幕派の先手を打つべく将軍慶喜に大政返上を建白した。

討幕密勅を察知した慶喜は、十四日に大政返上を上表し、翌日朝廷に認められた。慶喜の狙いは、大政返上後も政治の主導権を握ることにあった。

### 王政復古の号令

しかし、討幕派は慶喜の狙いを封じ、十二月九日、討幕派主導のもと、薩摩、尾張、福井、土佐、安芸の五藩兵が宮門を固め、天皇が学問所で王政復古の号令を発したのである。号令の内容は、慶喜の政権返上と将軍職辞退の承認、江戸幕府の廃止、総裁・議定《ぎじょう》・参与の三職の設置、神武創業への復古、開化政策の採用などであった。

この夜の御前会議（小御所《こごしょ》会議）では、三職と五藩の重臣が出席し、徳川氏処分を議論した。この場において、山内豊信や松平慶永ら公議政体派は、徳川慶喜の列席を主張したが、岩倉ら討幕派は慶喜の辞官・納地を強硬に主張し、公議政体派を圧倒した。

## 4　戊辰戦争の展開

### 戊辰戦争の勃発

翌慶応四年（明治元年、一八六八）正月二日、大坂城にいた前将軍慶喜は、旧幕府軍、会津、桑名など一万五千の兵を出陣させ、翌三日に京都南郊の鳥羽《とば》・伏見《ふしみ》（伏見区）で、薩摩・長州など四千五百の軍と戦うに至った。

しかし、旧幕府軍は薩長軍に押され、四日に朝廷が薩長軍を官軍と認めたため、一気に劣勢に陥った。六日夜慶喜は、海路江戸へ脱出し、七日旧幕府軍は敗北した。

この鳥羽・伏見の戦いを発端に、翌明治二年五月まで約一年六か月の間、東日本各地で新政府軍と旧幕府軍・徳川方諸藩との戦闘が行われた（戊辰《ぼしん》戦争）。

近藤勇は前年の慶応三年十二月十八日に、元新選組隊士に狙撃され大坂城で療養していたため、鳥羽・伏見の戦いでは、土方が新選組百五十名を率い、伏見口で薩長軍と戦った。敗北後、新選組は海路江戸に逃れたが、このとき隊士は四十余名であった(8)。

**江戸開城**

新政府軍は、東海・東山《とうさん》・北陸の三道から江戸に進撃した。二月十二日、徳川慶喜は上野（台東区）の寛永寺大慈院《だいじいん》に蟄居し、恭順謝罪の意を表した。同二十三日、旧幕臣の一部は上野を占拠し、彰義隊《しょうぎたい》を結成した。

新選組は、旧幕府軍の一部などと甲陽鎮撫隊《こうようちんぶたい》を結成した。三月一日、鎮撫隊は甲州勝沼（山梨県東山梨郡勝沼町）に出陣し、板垣退助（土佐藩出身）が率いる新政府軍と戦ったが敗れ、江戸に戻った。

このとき、永倉新八や原田左之助《さのすけ》らは近藤の指導力を批判し、靖共隊《せいきょうたい》を組織した。その後近藤らは、下総流山《ながれやま》（千葉県流山市）に布陣したが新政府軍に包囲され、四月三日に近藤は投降し、二十五日に板橋（東京都板橋区）で斬首された。

三月十三、十四日の会談で、薩摩藩の西郷隆盛と徳川家臣の勝海舟が江戸開城の交渉を成功させた。同十四日には、明治天皇が京都御所で、新政権の基本方針である五か条の誓文を発布した。

四月十一日、新政府軍は江戸城に入り、慶喜は水戸へ退いた。四月四日、斎藤一《はじめ》が率いる新選組は、江戸を脱出し会津に向かった。一方、近藤の助命に動いていた土方らも江戸を脱出し、鴻《こう》ノ台《だい》（国府台《こうのだい》、千葉県市川市）で旧幕府軍と合流し、宇都宮城（栃木県宇都宮市）へと転戦したが、四月二十三日宇都宮の戦いで土方は負傷した。

五月三日、東北二十五藩は、相互援助と協力関係にもとづく奥羽列藩同盟を結成し、さらに北越六藩を加え、奥羽越列藩同盟を結成した。同盟は、輪王寺宮公現法親王《りんのうじのみやこうげんほっしんのう》（のちの北白川宮能久親王《よしひさしんのう》）を盟主に迎え、中心機関である公議府を白石城《しろいし》（宮城県白石市）に、軍事局を福島（福島県）に置き、会津・庄内両藩と連携して政府軍に対抗した(9)。

**戊辰戦争の終焉**

江戸では、五月十五日に新政府軍が大村益次郎《ますじろう》（長州藩）の指揮のもと、上野を攻撃し、一日で彰義隊を壊滅させた（上野戦争）。

こののち、新政府軍は関東を掌握し、七月十七日に江戸を東京と改めた。七月末には、長岡、新潟（いずれも新潟県）を占領し、北越戦争を終結させている。

九月八日には明治と改元し、同二十日天皇は京都を出発した（十月十三日に江戸〈東京〉着）。この頃、新政府軍は奥羽越列藩同盟を瓦解《がかい》させ、九月二十二日には会津を落城させ、東北戦争を終結させている。

この間、八月十九日、旧幕臣で海軍副総裁の榎本武揚《えのもとたけあき》は、幕府艦隊八隻を率いて江戸湾から脱走し、これに東北諸藩の兵が加わった。土方ら新選組も宇都宮、会津（福島県会津若松市）などを転戦し、仙台で榎本軍と合流した。旧幕府軍は、十月二十六日に箱館五稜郭《ごりようかく》（北海道函館市）を占領し、同三十日、新選組は箱館市中の取り締まりにあたった。

十二月十五日、士官以上の選挙により、榎本は総裁、土方は陸軍奉行並《ぶぎようなみ》に選ばれ、箱館政府が樹立された。同政府は、この地を開拓統治するとともに、新政府軍の進攻に備えた。

翌明治二年三月二十五日、土方らは先制攻撃を計画し、宮古《みやこ》湾（岩手県宮古市）で海戦を敢行したが失敗した。四月、新政府軍の攻撃が始まり、新選組は旧幕臣で箱館政府の陸軍奉行大鳥圭介《おおとりけいすけ》の指揮のもと、有川《ありかわ》（北海道上磯《かみいそ》郡上磯町）で戦ったが苦戦し、弁天台場《べんてんだいば》（函館市）に籠《こも》った。

五月十一日、土方は新選組の救援に向かう途中で被弾し戦死した。弁天台場の新選組は、十五日に降伏した。十八日五稜郭開城により、箱館戦争は終結し、戊辰戦争は終わりを告げたのである。

以上、文久三年三月の壬生《みぶ》浪士結成から明治二年五月の新選組滅亡までの六年間は、まさに幕末維新の政治過程と重なり合う激動の時代であった。

次章以下では、浪士組成立から新選組解体までの実態を、史料をもとに明らかにするとともに、その歴史的位置を考察することにしたい。

# 第一章　多摩と江戸

## 1　多摩と江戸の関係者

**多摩の関係者**

近藤勇、土方歳三、沖田総司《そうじ》ら新選組草創期（壬生浪士組）の中心メンバーは、多摩や江戸の関係者であった。まず、多摩の関係者の経歴を見ておきたい。なお、以下の経歴で注記がないものは、大石学編『新選組情報館』「第三章　新選組関係人物帳」（教育出版、二〇〇四年）による。

**近藤勇**　天保五年（一八三四）に武蔵国多摩郡上石原村《かみいしはら》（調布市）の百姓宮川久次郎《ひさじろう》の三男として生まれた。幼名は勝五郎《かつごろう》、のちに勝太《かった》を名乗る。天保九年の上石原村の宗門人別《しゅうもんにんべつ》帳《ちょう》によれば、宮川家は高七石一升二合、六人家族であり、多摩郡大沢村（三鷹市）の禅宗龍源寺《りゅうげんじ》の檀家であった。弘化四年（一八四七）上石原村「宗門人別書上帳」[1]によると、この時期七、八石は全八十六軒のうち十一～十四位に位置し（最も多いのは五斗から一石層の二十九家）、中流のなかの上層クラスの家であった。天保七年当時、祖父の百姓源次郎、父久次郎、母みよ（ゑい）、長兄音次郎（音五郎）、二兄粂蔵《くめぞう》（粂次郎、惣兵衛）、勝五郎（勇）の六人家族であった。

嘉永元年（一八四八）十一月十一日に天然理心流の近藤周助に入門し、翌二年六月に目録を受けた[2]。同年十月十九日に周助の養子となり、周助の実家の姓島崎（勝太）を名乗る。「差し出し申す養子の事」（宮川家所蔵）は、近藤周助が勇の父源次郎（旧名久次郎）に宛てたものであるが、「このたび貴殿御倅我等養子に貰《もら》い請けたく申し入れ候ところ、さっそく相談下され我等方へ貰い請け候ところ実証なり[3]」と、周助が申し出て貰い受けたことがわかる。差出人の近藤周助は江戸牛込甲良《こうら》屋敷地面内（牛込柳町とも、新宿区）に住んでおり、世話人の一人は山田屋権兵衛、もう一人は上布田《かみふだ》村（調布市）の源兵衛、相手は源次郎と代人弥五郎となっている。

安政五年（一八五八）の日野《ひの》宿の牛頭天王社《ごずてんのうしゃ》（日野市八坂神社）の奉額には「島崎勇藤原義武」とあり、この頃勇を名乗っていたことがわかる[4]。万延元年（一八六〇）三月二十九日、

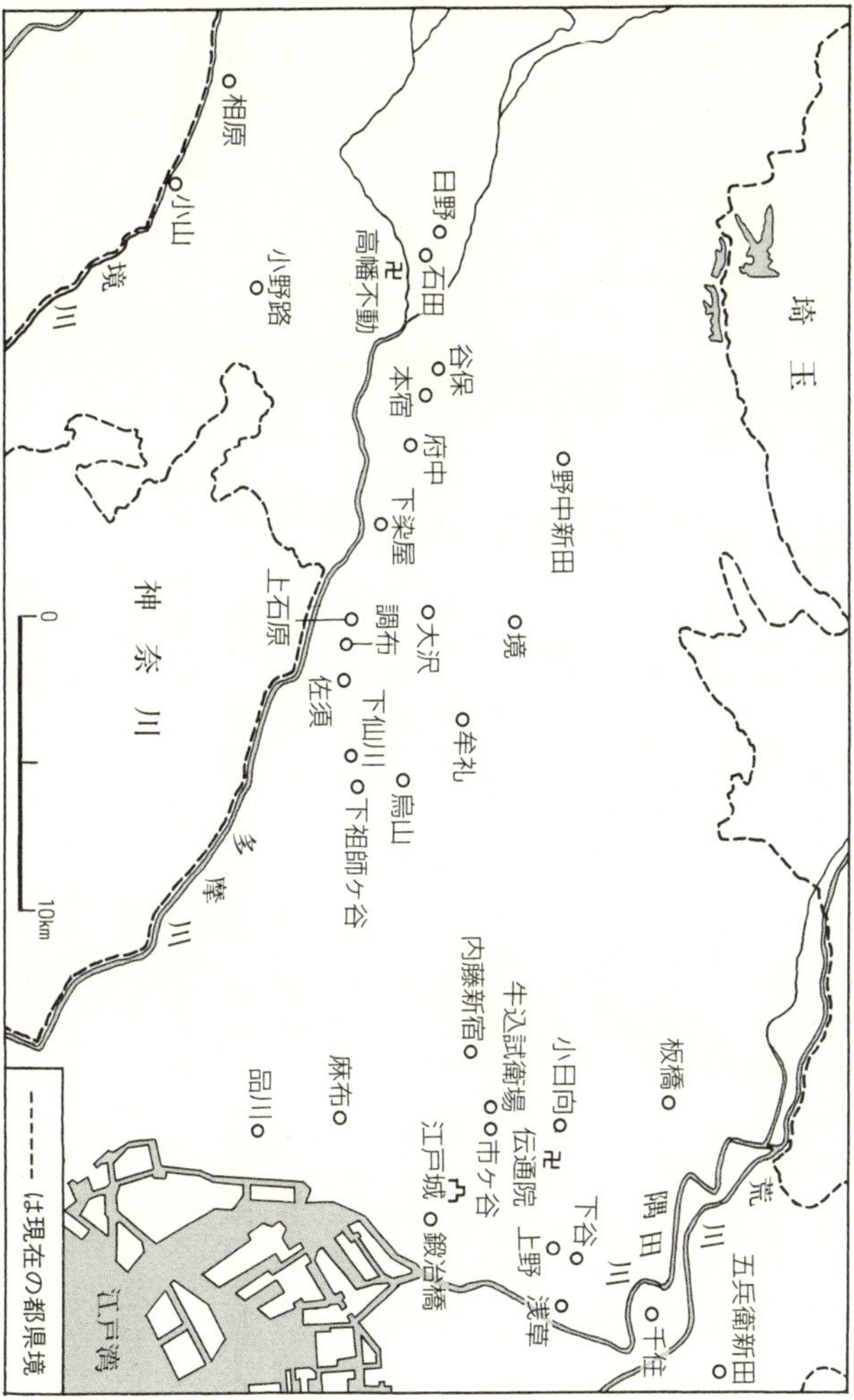
相原
小山
境川
小野路
高幡不動
日野
石田
谷保
本宿
府中
下染屋
野中新田
上石原
調布
大沢
境
佐須
下仙川
牟礼
烏山
下祖師ヶ谷
神奈川
多摩川
埼玉
内藤新宿
牛込試衛場
小日向
板橋
麻布
品川
伝通院
市ヶ谷
江戸城
下谷
上野
鍛冶橋
浅草
隅田川
荒川
千住
五兵衛新田
江戸湾
0
10km
-----は現在の都県境

御三卿《ごさんきょう》清水家の邸臣松井八十五郎《やそごろう》の長女ツネと結婚した。八十五郎は清水家の奥詰《おくづめ》や近習番《きんじゅうばん》を勤めた人物である。(5) ツネは天保八年九月十日生まれ、勇より三歳年下であった。(6) 文久二年（一八六二）に、一女タマが生まれる。(7) なお、タマは勇刑死後の明治九年（一八七六）に、勇の長兄音五郎の二男宮川勇五郎を近藤家の養子に迎え、勇五郎と結婚した。(8)

近藤勇は文久元年八月二十七日、天然理心流四代目を継ぎ、同日府中宿六所宮《ろくしょのみや》（府中市大国魂神社《おおくにたま》）の東の広場で披露の野試合調練を行った。このさい近藤周助は、門弟たちに対して「口上書《こうじょうがき》」を送り、調練に招待している。

口上書によれば、自分は高齢のため、四代目を勇に相続させた。この披露として、府中六所宮に門弟を集め、野試合調練を行うのでぜひ出かけてほしい。今後は自分同様勇にも御厚志を願いたい。また最近老いたり休んだりしている人々にも声をかけて、皆で参加してほしいと頼んでいる。府中宿の集会場は松本楼となっている。(9)

当日不参加であった多摩郡小野路村《おのじ》（町田市）名主の小島鹿之助に宛てた佐藤彦五郎の書簡によれば、このときの紅白の陣立ては次頁の通りであった。戦いは赤方が玄武の中から十名ほど旗本を選び、白方の旗本へ斬り込ませたところ、これと行き違いに白方の青龍の隊が赤方に斬り込み乱戦となった。互いに鬨《とき》の声をあげ、白方の大将佐藤彦五郎は自ら赤方とわたりあった。一時戦いをやめたところ、赤方の大将が討ち取られたという知らせがあり、本

**本　陣**

惣 大 将　近藤勇
旗本衛士　江戸７人
軍　　師　寺尾安次郎
軍 奉 行　沖田林太郎
軍 目 付　原田忠司　江戸２人
太　　鼓　沖田惣司
鉦　　役　井上源三郎

| 東之方（赤） | | 西之方（白） |
|---|---|---|
| 御嶽堂□(萩原)糺 | 大　　将 | 盛車(佐藤彦五郎) |
| 日野石田７人　佐藤僖四郎<br>中村太吉郎　谷定次郎<br>土方歳蔵　小川鯤助 | 旗本衛士 | 程久保７人 |
| | 日附演武者 | 井上松五郎　其外其武者 |
| 隊長佐々木秀吉　江戸人其外<br>副長１人　戦士５人 | 先陣朱雀 | 隊長　江戸ノ人<br>副長１人　戦士５人 |
| 隊長加藤掃部　府中の人<br>副長１人　戦士５人 | 弐陣青龍 | 隊長蔭山新之丞　江戸の人<br>副長１人　戦士５人 |
| 隊長朝倉良平　落川の人<br>副長１人　戦士５人 | 三陣白虎 | 隊長鈴木与し輔　堀之内の人<br>副長１人　戦士５人 |
| 隊長日野信蔵　日野の人<br>副長１人　戦士５人<br>山南啓介　江戸の人<br>井上一郎　其外 | 後陣玄武 | 隊長粕屋三四郎　府中の人<br>副長１人　戦士５人 |

文久元年９月６日付小島鹿之助宛て佐藤彦五郎書簡(『新選組日誌』上p.32～33)より

陣で沖田総司が太鼓を鳴らした。ところが赤方の強兵九名が突然白方の旗本を襲い、白方は態勢不備のまま、大将佐藤彦五郎が井上一郎と山南敬助《やまなみけいすけ》に討ち取られた。赤方の大将をよく見ると、泰然として手傷もなく、結局白方の敗北となった。このの ち双方陣立てを崩して戦うことになった。白方大将の佐藤は、小山《おやま》（町田市）御嶽堂の赤方大将・萩原糺《ただし》を打ちすくめ、白方一同勝ち鬨をあげた。(10) 天然理心流の激しい試合の様子が伝えられている。

なお、近藤の逸話として、よく自分の拳《こぶし》を口の中に出し入れしては、「加藤清正は、口が大きくて、ちょうど自分のように自由に出し入れしたというが、自分も加藤のように出世したいものだ」と笑いながら言ったという話が残されている。(11) 文久三年二月に浪士組に参加し、のち壬生《みぶ》浪士組、新選組の局長となる。近藤の墓は各地にあるが、その一つは、生家宮川家の菩提寺《ぼだいじ》龍源寺である。

**土方歳三**　天保六年（一八三五）武蔵国多摩郡石田村《いしだ》（日野市）の豪農土方隼人《はやと》義諄《よしあつ》の四男として生まれた。生まれる数か月前に父が没し、三歳のときに母も没し、長兄隼人（為三郎）に養育された。為三郎は目が不自由であり、二兄喜六が土方家を継いだという。(12) 歳三は六人兄弟（姉が二人）の末子であった。十一歳で江戸の松坂屋呉服店に丁稚《でっち》奉公に出たが間もなく帰宅し、その後姉のぶが嫁いだ日野宿の名主佐藤彦五郎の屋敷に身を寄せ、日野の道場で剣術を学びながら家伝の「石田散薬」（打身・骨接《ほねつぎ》の薬という）の行商をしたという。

嘉永四年（一八五一）に天然理心流に入門し、安政六年（一八五九）三月九日に正式に近藤周助の門人となった(13)。

文久二年の石田村の宗門人別帳によれば、歳三の家は、持高三十九石七斗八合で、家族数は十二人（男九人、女三人）、うち下男・下女一名ずつであった。多摩郡では大規模・上層の家格といえる。

文久三年に浪士組に加わり上京し、新選組副長となる。副長として江戸に戻ったさい、戸《と》塚《つか》村（新宿区）の遠縁、三味線屋の於琴《おこと》を許嫁《いいなずけ》にしたが結婚には至らなかったという(14)。明治二年（一八六九）五月十一日に箱館五稜郭の戦いで戦死した。墓は日野市の石田寺《せきでんじ》にある。

**井上源三郎**　文政十二年（一八二九）日野宿の八王子千人同心《せんにんどうしん》の井上藤左衛門の二男に生まれた。八王子千人同心は、天正十八年（一五九〇）に、徳川氏が多摩郡八王子（八王子市）周辺に土着させた約千人の郷士（農村居住の武士）であり、甲斐《かい》（山梨県）国境の警備を任務とした。普段は耕作しながら、槍《やり》奉行の指揮下で日光東照宮の火の番などを勤めていた。

慶応二年（一八六六）三月「宗門人別調帳下書」によれば、井上家は日野宿宝泉寺《ほうせんじ》の檀那であり、高十三石五斗四升、当主松五郎は千人同心を勤め、妻と松五郎の父、弟が源三郎以下三名、松五郎の子供四名、下男一名と馬一疋がいた(15)。

嘉永元年（一八四八）三月源三郎は近藤周助から目録を受け(16)、その後近藤勇とともに、浪

| | 年月日 | 内容 | 宛名 | 出典 |
|---|---|---|---|---|
| 1 | 安政六年三月五日 | (梶川氏神文之呼) | 小(島)鹿之助 | e上21 |
| 2 | 安政六年十月十二日 | (拙宅差縺之条) | 児(島)鹿之助 | a39 |
| 3 | (安政末年四月十九日) | (金談之無心申入) | 宮川音五郎 | e上24、h122 |
| 4 | (安政末年十二月十五日) | (稽古納御出張願) | 土方歳三 | e上27、h121 |
| 5 | 文久元年六〜七月ヵ | (鎖着込出来仕) | 児(島)鹿之介 | a42、n32 |
| 6 | 文久三年一月十八日 | (山岡鉄太郎御呼出) | (佐藤彦五郎) | e上48 |
| 7 | 文久三年三月 | 「志大略相認書」 | 近藤周斎他十六名 | a58、b47、c17 |
| 8 | 文久三年五月ヵ | (清川一件他) | 萩原多賀次郎他十七名 | a51、h124、i35 |
| 9 | (文久三年六月五日ヵ) | (大坂力士乱闘事件) | (小島鹿之助) | e上93、h127、i36 |
| 10 | 文久三年十月十五日 | 上書(今般改革) | (松平肥後守様御公用中) | a61、e上130 |
| 11 | 文久三年十月十五日 | 口上願書 | 松平肥後守様御公用中 | a61、e上130 |
| 12 | 文久三年十月二十日 | (三条縄手事件他) | 佐藤彦五郎 | b62、c28、e上131、j188 |
| 13 | 文久三年十月二十日 | (祇園一力演説) | 不詳 | e上128 |
| 14 | 文久三年十月三十日 | (祇園一力演説他) | 佐藤彦五郎他七名 | a61 |
| 15 | (文久三年)十一月二十九日 | (永井主水殿面会他) | 佐藤(彦五郎)他七名 | e上135、l7 |
| 16 | (文久三年)十二月二十七日 | (壬生浪士疑名一件) | 小沢文次郎 | e上140 |
| 17 | 元治元年五月二十日 | (局中離散願他) | 中(島)治郎兵衛 | a71、e上169、h135 |
| 18 | 元治元年五月二十日 | (同前ヵ) | 小島鹿之助 | a70 |
| 19 | 元治元年六月八日 | (池田屋事件) | 近藤周斎他五名 | f572、g256、h136 |

| | | | | |
|---|---|---|---|---|
| 20 | 慶応元年三月十八日 | （土方氏差下し他） | 蔭山新之丞 | a 107 |
| 21 | 慶応元年三月二十日 | （東涯・良雄二幅御預） | 児島兄（小島鹿之助） | e 上300、k 127 |
| 22 | 慶応元年閏五月七日 | （谷合弥七病死他） | 谷合勘吉 | e 上317、h 145 |
| 23 | 慶応元年八月十八日 | （鯉沼某川瀬太宰事件他） | 小児鹿之助、橋本道輔 | e 上346、k 129 |
| 24 | （慶応元年）九月二十日 | （長征之事他） | 宮川音五郎、宮川惣兵衛 | a 70 |
| 25 | 慶応元年十月二十九日 | （廟堂之大変動他） | 盛兄（佐藤彦五郎）、政兄（小島鹿之助） | e 上359 |
| 26 | 慶応元年十一月四日 | （広島迄出張） | 佐兄（佐藤彦五郎）、児兄（小島鹿之助）、粕兄（粕谷良循） | a 114、c 30、h 148、n 33 |
| 27 | （慶応二年二月五日以降） | （大石鍬次郎生家一件） | 不詳 | e 下14 |
| 28 | 慶応三年六月 | 建白書（長州征伐之儀） | （柳原前光、三条実愛） | e 下62 |
| 29 | （慶応三年）九月二十二日 | （参館可致心得有之） | （後藤象二郎） | e 下71、h 151 |
| 30 | （慶応三年）九月二十六日 | （得貴面申上度候） | （後藤象二郎） | e 下71 |
| 31 | （慶応三年）九月二十七日 | （二美品忝拝受仕） | （後藤象二郎） | e 下71 |
| 32 | （慶応三年）十月五日 | （建白之写拝見願） | （後藤象二郎） | e 下72 |
| 33 | （慶応三年）十一月十八日 | （二郎事潜伏之儀） | 三浦休太郎 | e 下82、h 152 |

出典の欄の符号はそれぞれ、a『新選組！展』、b『新選組のふるさと日野』、c『特別陳列・新選組』、e『新選組日誌』上下、f『藤岡屋日記』第11巻、g『官武通紀2』、h『新選組史料集』、i『図録日野宿本陣』、j『聞きがき新選組』、k『小島家日記30』、l『幕末史研究32』、n『小島資料館目録』、数字は頁を表す。作表協力、柳沢利沙氏

## 土方歳三書簡

| | 年月日 | 内容 | 宛名 | 出典 |
|---|---|---|---|---|
| 1 | (万延元年)十二月二日 | (御薬品見に付) | 小島御老母 | a39、d13 |
| 2 | (文久三年正月中旬) | (御上洛御供に付) | 小島兄(小島鹿之助) | d18、m9 |
| 3 | (文久三年)三月二十六日 | (小子帰国一向相分不申) | 小島鹿之助他一名 | d23、h123 |
| 4 | (文久三年)十一月 | (松本捨助之儀他) | 小島兄(鹿之助) | a82、d27、h129 |
| 5 | (文久三年)十一月 | (拙義下向之程難斗) | 平忠兵衛他一名 | d37 |
| 6 | (元治元年)正月十日 | (御上洛浪花警固) | 平忠右衛門他一名 | c33、d43、e上145、h132 |
| 7 | 元治元年四月十二日 | 覚(はちかね壱ッ) | 佐藤尊兄(彦五郎) | b61、c35、d48、e上160、h133 |
| 8 | (元治元年)四月十二日 | (御参内之砌) | 佐藤彦五郎他一名 | d51、h134 |
| 9 | (元治元年)四月十二日 | (上京仕別段御奉公) | 不詳 | d54 |
| 10 | (元治元年)六月二十日 | (当月五日の戦功) | 佐藤兄(彦五郎) | d57 |
| 11 | (元治元年)七月二日 | (長州人伏見迄) | 佐藤兄(彦五郎) | d59 |
| 12 | (元治元年)八月十九日 | (京都一へん) | 小島兄(鹿之助) | d61 |
| 13 | (元治元年)八月十九日 | (上方筋并に防長之形成) | 児島尊兄(小島鹿之助)他一名 | d69 |
| 14 | (元治元年)九月十六日 | (三浦敬之助預り他) | 勝阿波守(海舟) | a109、d72、e上263、h141 |
| 15 | (元治元年九月)二十一日 | (上溝村火事見舞他) | 小嶋兄(小島鹿之助) | c36、d77 |
| 16 | (元治元年十月)九日 | (砲術調練) | 近藤勇他一名 | b68、c37、d83、e上269、j189 |
| 17 | (慶応元年)二月九日 | (天下一大事之事) | 佐藤兄(彦五郎) | d94、e上292、j191 |

| | | | | |
|---|---|---|---|---|
| 18 | (慶応元年)三月一日 | (西本願寺江旅宿替り) | 佐藤兄(彦五郎) | d 103、e 上297 |
| 19 | (慶応元年七月)二十二日 | (防長発向他) | 井上兄(松五郎) | c 39、d 125、e 上341 |
| 20 | (慶応元年十一月)二日 | (広島御用として発向) | 近藤老先生(周斎)他三名 | d 129 |
| 21 | (慶応元年)十二月十二日 | (近藤外広島へ罷越) | 井上松五郎 | c 39、d 136、e 上367 |
| 22 | (慶応二年)正月三日 | (新春之御吉慶) | 佐藤芳三郎 | d 142、e 上284 |
| 23 | (慶応二年)正月三日 | (新春之御吉慶) | 土方隼人他一名 | d 145、e 上285 |
| 24 | (慶応二年二月) | (小生さし□之刀) | 佐藤彦(佐藤彦五郎) | d 147 |
| 25 | (慶応二年三月)二十九日 | (防長一件) | 宮川両兄他 | d 153、l 17 |
| 26 | (慶応二年) | (防長事件官軍不都合) | 平作平兄 | b 74、d 157 |
| 27 | (慶応三年)正月六日 | (加年之暦始) | 橋本御両家、小嶋兄(鹿之助) | a 74、m 13 |
| 28 | (慶応三年十一月一日) | (以飛札致啓上) | 不詳 | d 167、h 151 |
| 29 | (慶応四年八月二十一日) | (猪苗代江押来ル) | 内藤君(会津藩家老内藤介右衛門)、小原君 | d 177 |

出典の欄の符号はそれぞれ、a『新選組！展』、b『新選組のふるさと日野』、c『特別陳列・新選組』、d『全書簡集』、e『新選組日誌』上下、h『新選組史料集』、j『聞きがき新選組』、l『幕末史研究32』、m『幕末史研究35』、数字は頁を表す。作表協力、柳沢利沙氏

**沖田総司書簡**

| | 年月日 | 内容 | 宛名 | 出典 |
|---|---|---|---|---|
| 1 | 慶応元年正月二日 | (新春之御吉慶) | 小島鹿之助 | a73、d92、h142、n38 |
| 2 | (慶応元年)三月二十一日 | (山南死去仕候) | 佐(藤)彦五郎 | b72、c45、d113、h144、j191 |
| 3 | (慶応元年)七月四日 | (宮川信吉は同組) | 宮川音五郎 | a73、d118 |
| 4 | (慶応元年)七月四日 | (京坂形勢も無替候) | 佐(藤)彦五郎 | d122、h147 |
| 5 | (慶応二年カ)正月三日 | (新春之御吉慶) | 小島鹿之助 | d140、h143、n39 |
| 6 | (慶応三年)正月十日 | (改年御吉例) | 小嶌鹿之助、橋本道助、橋本才蔵 | d164、h150 |
| 7 | (慶応三年)十一月十二日 | (土方・井上両氏上京) | 宮川音五郎 | a109、d171、l22 |

**井上源三郎書簡**

| | 年月日 | 内容 | 宛名 | 出典 |
|---|---|---|---|---|
| 1 | (慶応元年)七月一日 | (万福寺迄御尋被下) | 井上松五郎 | e上334 |
| 2 | (慶応元年)九月二十二日 | (将軍参内に付) | 井上松五郎 | b73 |

出典の欄の符号はそれぞれ、a『新選組!展』、b『新選組のふるさと日野』、c『特別陳列・新選組』、d『全書簡集』、e『新選組日誌』上下、h『新選組史料集』、j『聞きがき新選組』、l『幕末史研究32』、n『小島資料館目録』、数字は頁を表す。作表協力、柳沢利沙氏

土方以下の書簡も含めて、試衛場出身の新選組中枢の者たちは、多摩や江戸の知人たちに、頻繁に京都の状況を知らせていたのである。

**ネットワークの人々**

では、これらの書簡の宛名の者たちが、どのような人物であったか見ておきたい（先に記した者については略す）。

**寺尾安次郎**　御三卿の一つ田安家の邸臣。慶応元年（一八六五）、二年、四年に賄組頭《まかないくみがしら》を勤めた。(40)

**佐藤彦五郎（俊正）**　文政十年（一八二七）に多摩郡日野宿の名主彦右衛門の長男に生まれた。母のマサは石田村（日野市）の土方隼人（歳三の父）の妹、妻のぶは歳三の姉である。春日庵盛車《かすがあんせいしゃ》の俳号を持ち、多摩の俳壇で活躍した。

天保八年（一八三七）十一歳で日野宿名主を継ぎ、嘉永三年（一八五〇）に近藤周助に入門し、嘉永七年に免許皆伝となり、慶応二年（一八六六）屋敷内に稽古場を設けた。『三国志』に因み、近藤勇、小島鹿之助と三人で義兄弟の契りを結んだ。近藤勇が浪士組に参加し上京したのちは、多摩の天然理心流と試衛場の世話をした。

文久三年（一八六三）日野宿農兵隊長となり、慶応二年の武州一揆のさいには農兵隊を率いて出動した。同四年の甲州（山梨県）勝沼戦争では春日盛《さかり》と変名し、日野宿農兵隊の一部を春日隊と名づけて、近藤勇らの甲陽鎮撫隊《こうようちんぶたい》に合流した。勝沼での敗戦ののち、官軍から逃れるために身を隠したが、村々の助命嘆願により、同年閏四月四日許された。

明治三年（一八七〇）に名主を引退し、同二十一年には近藤と土方の「殉節両雄之碑《じゅんせつりょうゆうのひ》」を高幡山金剛寺（高幡不動。日野市）に建立するなど、近藤と土方の名誉回復に努めた。

**小島鹿之助**　文政十三年（一八三〇）多摩郡小野路村《おのじ》（町田市）の名主小島角左衛門政則の長男に生まれた。諱《いみな》は為政《ためまさ》。

弘化四年（一八四七）小野路村寄場《よせば》組合（広域の治安組織）三十五か村の惣代となる。嘉永元年（一八四八）近藤周助に入門する。父も天然理心流に入門しており、屋敷に道場があった。多摩の天然理心流の有力門人の一人で、近藤勇、佐藤彦五郎と三人で義兄弟の契りを結んでいる。漢学を修めた教養人であり、勇に思想的影響を与えたといわれる。

上京後の近藤や土方から頻繁に書簡が届いている。妻ヒサは土方のいとこ、祖父政敏と土方の祖母ノエが兄妹という関係であった。慶応二年（一八六六）には農兵隊を組織し、隊長となる。同四年、勝沼戦争のさいには甲陽鎮撫隊に参加を試みたが、合流前に甲陽鎮撫隊が敗れ、失敗に終わった。

明治になり、近藤・土方の顕彰運動を行い、明治二十一年（一八八八）には佐藤彦五郎らとともに、高幡山金剛寺に「殉節両雄之碑」を建立している。

**宮川音五郎**　天保元年（一八三〇）、多摩郡上石原村（調布市）に生まれる。近藤勇の長兄。諱は光信。嘉永元年（一八四八）十一月、弟粂次郎《くめじろう》・勝五郎（勇）とともに近藤周助に入門した。勇の上洛後は、佐藤彦五郎や小島鹿之助らと近藤家や試衛場の留守の世話をした。

**沖田林太郎**　文政九年（一八二六）、多摩郡日野宿の井上松五郎の分家の井上宗蔵の弟に生まれた。弘化四年（一八四七）頃に、白河藩士の沖田勝次郎の長女ミツ（沖田総司の姉）と結婚し、二十二俵二人扶持の沖田家を継ぐ。のち近藤周助に入門する。

その後、白河藩を離れ、文久三年（一八六三）に浪士組に加わり上京するが、清河八郎らとともに江戸へ戻る。以後浪士組は庄内藩（山形県）預りの新徴組《しんちょうぐみ》となり、林太郎は小頭《こがしら》五人扶持二十五両となる。同年七月には市ヶ谷（新宿区）に居住している。慶応四年（一八六八）に新徴組の庄内引き揚げとともに移住し、明治七年（一八七四）頃に帰京した。

**宮川惣兵衛**　天保三年（一八三二）、多摩郡上石原村に生まれる。近藤勇の二兄。粂次郎を名乗る。諱は宗信。

嘉永元年（一八四八）に兄音五郎、弟勝五郎（勇）とともに近藤周助に入門した。その後、野中新田善左衛門《のなかしんでんぜんざえもん》組（小平市）の佐藤家の養子となり、佐藤惣兵衛を名乗るが、のち離縁して宮川家に戻り、宮川惣兵衛（総兵衛とも）を名乗る。元治元年（一八六四）に上洛するが戻り、同年九月に近藤勇が江戸で募集したさいに、新たに加わった隊士とともに再上洛した。

**粕谷（屋）良循**　土方歳三の三人目の兄大作で、下染屋《しもそめや》村（小金井市・府中市）の医師粕谷（屋）仙良の養子となり良循《りょうじゅん》を名乗った。文久三年に勇が上洛したのち、義父周助の主治医として治療にあたった。(41)

以上のように、試衛場出身の新選組中枢の者たちは、多摩の有力者層や江戸の知人たちとネットワークを形成していたのである。

なお鶴巻孝雄は、京都の新選組と、このネットワークを通じて流れた政治情報に関して、「かれら（新選組――引用者注）は、当時の多摩の地域指導層にとっては、情報源として、あるいは政治意識形成の媒介としてきわめて重要な存在だった。新選組は京都で展開するもっとも最先端の政治動向の担い手であり、かれらがもたらす政治・政局情報は最新・最高度だったし、かれらの政治的・党派的な立場をとおしての情報や思想は、地域のリーダーたちの時代認識・国家観念・政治意識に深い影響を与えることになる」と、多摩地域の政治意識・政治思想に重要な影響を与えたことを指摘した。(42)

新選組ネットワークとは、試衛場時代に築かれた「多摩↕江戸」の人間関係を基礎に、京都での浪士組・新選組の活動の展開にともない、「多摩・江戸↕京都」へと発展させたものであった。近藤ら新選組の中心メンバーは、多摩地域の有力家との関わりを背景に、京都で活動したのである。

## 3　江戸の首都機能

### 首都江戸

以上、新選組の中心メンバーが、多摩と江戸と深く関わることを見てきた。しかし、この二つの地域の密接な関係は、幕末期に突如形成されたものではなく、江戸時代約二百五十年をかけて形成・強化されたものであった。以下、新選組誕生の歴史的前提について見ていきたい。

まず、都市江戸の性格を見ていく。慶長五年（一六〇〇）の関ヶ原の合戦に勝利した徳川家康は、慶長八年に征夷大将軍となり江戸に幕府を開いた。以後、慶応三年（一八六七）に幕府が消滅するまで、江戸は政治の中心＝首都として機能した。江戸時代を通じて、多摩は江戸との結びつきを強め続けたのである。(43)

江戸が首都であることについて、江戸幕府編纂の歴史書『徳川実紀』には、関ヶ原の合戦後に徳川家康と子の秀忠が全国支配の居城を江戸城に決定したことが記され、また慶長十八年に家康が、江戸城は法令・政令が出るところ、かつ全国の大名たちが勤務するところと述べたことが記されている。(44)

また八代将軍吉宗は、侍講の儒学者の室鳩巣《むろきゅうそう》との参勤交代に関する会話の中で、三代将軍家光の頃まで江戸は寂しく、「国都」＝首都としての体裁をなしていなかったため、当時の老中らが相談して参勤交代制度を始めたと述べている。(45) 吉宗の考えの当否は別として、彼が江戸を首都として認識していたことがわかる。

幕末維新期の幕臣勝海舟も、明治元年（一八六八）三月の西郷隆盛との会談において、大政を返上したうえは、江戸は皇国の「首府」であり、「皇国の首府」「天下の首府」である江戸で徳川氏のために一戦を交え、「国民」を殺すような事態を引き起こすことは、徳川慶喜自身も望むところではないと、(46) 江戸を首府＝首都とする認識を示し、戦災から守ることを主張している。

以上のように、江戸時代を通じて、江戸は政治・行政の中心＝「首都」として認識されていたのである。江戸には将軍をはじめ、これに直属する旗本・御家人が住んでいた。また参勤交代により隔年で江戸の生活を強制された全国約二百六十の大名が上中下《かみなかしも》屋敷を構え、これに仕える家臣たちも多数生活していた。さらに、彼らの日々の生活を支える商人や職人た

ち も多く住み、江戸は首都としての景観を備えるに至ったのである。江戸の人口については諸説あるが、五代将軍綱吉治政（一六八〇～一七〇九）の元禄時代にはすでに百万人に達していたといわれる。

**外交の中心**

江戸はまた、外交の中心地であった。三代将軍家光は寛永年間（一六二四～四四）に鎖国体制を確立した。鎖国体制とは、(1)長崎（長崎県）を通じた中国・オランダ、(2)対馬《つしま》（同前）を通じた朝鮮、(3)薩摩（鹿児島県）を通じた琉球《りゅうきゅう》、(4)松前（北海道）を通じたアイヌ民族という「四つの口」を通じた外交システムであった。これら四つの口のうち、統一的な国家を形成していなかったアイヌ民族と、国交を回復していなかった中国を除く、朝鮮、琉球、オランダとの外交は江戸を舞台に展開した。朝鮮との関係は、寛永十三年に最初の通信使（将軍への使節）が来日し、以後、文化八年（一八一一）まで将軍の代替わりや、その他慶事にさいして全九回来日した。なお、文化八年の最後の通信使は、財政悪化などのため対馬で迎えている。

琉球使節は、寛永十一年（一六三四）の将軍家光上洛のさいに、将軍就任の祝賀使節を送ったのをはじめとして、将軍の代替わりごとに慶賀使《けいがし》を、琉球王の代替わりごとに謝恩使《しゃおんし》を江戸に派遣した。これは嘉永三年（一八五〇）までに計十八回を数えた。

オランダはヨーロッパで唯一の通商国であった。幕府は寛永十六年（一六三九）に布教に熱心な旧教国ポルトガルとの通商を中止し、オランダ（東インド会社）に限って長崎の出島《でじま》で通商することにした。出島には東インド会社の支店である商館が置かれ、江戸時代を通じて通商を担当した。この商館の責任者が商館長《カピタン》であり、彼もまた、毎年（寛政二年〈一七九〇〉以降は四年に一度）江戸に参府した。江戸での宿所は、寛永十八年以降、かつてポルトガル人の定宿であった長崎屋源右衛門方とされた。江戸滞在中、長崎屋には多くの蘭学者たちが訪れ知識を吸収した。

### 外国人の江戸認識

日本を訪れた外国人の多くも、江戸を首都と認識していた。

たとえば、元禄三年（一六九〇）から同五年までオランダ東インド会社の医師として長崎の出島に滞在したドイツ人の医学者ケンペルは、江戸を「全王国の首都」と位置づけ、享保四年（一七一九）朝鮮からの通信使に随行した申維翰《シンユハン》は、徳川家康が首都を大坂から江戸に移したと記している。

オランダ東インド会社の附属医師として、安永四年（一七七五）から一年間植物調査のために日本に滞在したスウェーデンの植物学者ツンベルグは、著書『江戸参府随行記[49]』において「首府江戸」と表現している。ロシアの海軍少佐ゴローニン（ゴロヴニン）は、文化八年（一八一一）に国後《くなしり》島測量中に幕府役人に捕えられ、二年三か月間投獄されたが、見聞記『日本俘虜《ふりょ》実記[50]』において江戸を「首都」と表現している。

江戸時代を通じて、来日外国人もまた江戸を首都と認識していたのである。

## 幕末の首都外交

では、幕末期の外交において、首都江戸はどのような役割を果たしたのであろうか。安政元年（一八五四）三月三日、日米和親条約が締結され、下田と箱館が開港された。和親条約は、イギリス・ロシア・オランダとも結ばれた。

これに続く安政五年六月十九日、アメリカ総領事ハリスは、日米修好通商条約を締結した。内容は、箱館、神奈川、長崎、新潟、兵庫（神戸市兵庫区）を開港し、外国人居留地を設けて自由貿易を行うというものであった。

修好通商条約は、オランダ・ロシア・イギリス・フランスとも結ばれ（安政の五か国条約）、万延元年（一八六〇）にはプロシアとも結ばれた。この条約は、諸外国に領事裁判権を認め、日本の関税自主権を否定するなど不平等なものであった。また、幕府の大老井伊直弼が朝廷の許可を得ずに条約を締結したことから、幕政を批判する尊王攘夷運動が高まり、直弼は安政七年(万延元年)三月三日に江戸城桜田門外で暗殺されたのである。

通商条約締結にともない、芝から品川に至る東海道筋の寺院に各国の公使館が設けられた。江戸麻布(港区)の善福寺《ぜんぷくじ》には安政六年にアメリカ公使館が開かれ、ハリスが公使となった。三田台町《だいまち》(同前)の済海寺《さいかいじ》にはフランス公使館、芝伊皿子町《いさらごまち》(同前)の長応寺《ちょうおうじ》にはオランダ公使館とスイス公使館、上高輪《かみたかなわ》(同前)の東禅寺にはイギリス公使館、芝西久保《にしくぼ》(同前)の天徳寺にはロシア公使館、赤羽門外《あかばねもんがい》(同前)の増上寺《ぞうじょうじ》応接所にはプロシア公使館が開かれた。

こうして、芝・品川地域は首都郊外の外交の舞台として重要な役割を果たすとともに、万延元年の尊攘激派によるアメリカ公使館通訳官ヒュースケンの殺害、文久元年(一八六一)の東禅寺のイギリス公使館襲撃など、深刻な政治事件の場にもなったのである。

以上のように、江戸時代を通じて、都市江戸は首都として認識され、首都機能を蓄積・強化していったのである。

## 4　多摩と江戸の歴史的関係

江戸周辺支配体制の特徴

次に多摩と首都江戸の関係について見ていきたい。先述のように、多摩と江戸は江戸時代を通じて関係を強化したが、その主な要因として、江戸周辺における⑴鷹場《たかば》制度、⑵新田開発、⑶街道、⑷上水、の四つが挙げられる。多摩を含む江戸周辺地域は、これらの要因を通じて、江戸の首都機能を維持・強化した点において、首都圏とも呼ぶべき地域であった(51)。

四つの要因のうち、まず鷹場制度について見ていきたい。首都江戸の周辺地域は、幕府領、私領、寺社領が入り組む「犬牙錯綜《けんがさくそう》」といわれる複雑な支配体制をとっていた。これは「将軍の御膝元《おひざもと》」である江戸の周辺に強大な領主が存在したり、大規模な一揆が発生することを防ぐため、あるいは災害による旗本知行地の被害を分散させるためなどと考えられている。

しかし、複雑な支配体制は、治安の不安定化の要因にもなった。たとえば、幕府領で悪事を働いた犯人が、私領や寺社領に逃げた場合、幕府役人の警察権が及ばず、領主に掛け合っている間に、犯人がさらに他領に逃げてしまうなどの事態が起こり得たのである。

また、江戸周辺地域については、次のような記述が残されている。「武陽《ぶよう》（武蔵国）御膝元の百姓は御鷹野《たかの》御用あるいは御用害（要害）の時節のため、他国の百姓と違い、権現様にも御憐愍《れんびん》を加えさせられ、御味方に思《おぼ》し召され候(52)」、すなわち、徳川家康（権現様）は、江戸周辺武蔵国の農民を、鷹狩の用事や戦時の要害のために、他国の農民とは異なり特に憐愍を加えていた。江戸周辺の農民は、江戸幕府・徳川家と一体であり、味方であると認識されていたのである。

武蔵国とりわけ江戸周辺地域は、明らかに他地域には見られない政治的・軍事的な機能と性格を強く持っていた。この地域はまた将軍・徳川家の領域という意味で「御場《おば》」「御場所《おばしょ》」とも呼ばれた。このような性格を重視して、江戸周辺地域を「江戸城城付地《しろつけち》」ということもある。[53] そして、この「江戸城城付地」の性格をよく示すのが鷹場制度であった。

**鷹場制度の整備**

家康の鷹狩好きは広く知られているが、家康は鷹狩について、娯楽のためだけでなく、民衆の苦しみや武士の士風を察するため、さらには将軍自身の健康や軍事訓練のために行うべきと述べている。[54] 江戸周辺地域は、鷹場の設定により、複雑な支配体制を超えて、一円的に将軍の領域として位置づけられたのである。

家康の孫の三代将軍家光も鷹狩を好んだ。家光は寛永五年(一六二八)に江戸からおおよそ半径五里(約二〇キロメートル)の地域に鷹場法度《たかばはっと》を出し、統一的な支配を行う一方、同十年にはその外郭およそ五~十里の地域に御三家(尾張、紀伊、水戸)の鷹場を設置し、さらに鷹狩に用いる鷹の世話をする鷹匠《たかじょう》、鷹場の管理をする鳥見《とりみ》、鷹の餌《えさ》を集める餌差《えさし》の職制を整備するなど、鷹場制度の基礎を固めた。

しかし、五代将軍綱吉の時代になると、「生類憐《しょうるいあわれ》みの令」との関連から鷹狩は中止され、鷹場制度や鷹場関係役人も廃止された。

八代将軍吉宗は、享保元年（一七一六）八月、将軍就任とともに、享保改革の一環として、鷹場制度を復活・整備し、江戸から半径五里内の地域を将軍の鷹場に指定した。翌二年には、将軍鷹場の外側五～十里の地域に御三家の鷹場を再設した。

これは吉宗の鷹狩好き、家康の故事に依拠した権威づけのみならず、幕府主導による首都圏再編という意義を持つものであった。すなわち、元禄期の鷹狩の廃止が江戸周辺地域に対する幕府の規制力を弱め、農民主導の開発による地域紛争や騒動の増加を招いていたのである。(55)

吉宗は、鷹場制度の復活を通じて、この地域を将軍の領域として再編成したのである。まず領主支配の違いを超えて、江戸周辺の鷹場を葛西《かさい》（現在の荒川下流域）、岩淵《いわぶち》（北区周辺）、戸田《とだ》（埼玉県戸田市周辺）、中野、目黒、品川の「六筋」に分け、筋ごとに鳥見役人を置き、鷹場の管理にあたらせた。

また野方《のがた》領、世田谷領など「領」を単位に触次《ふれつぎ》役を置き、鷹野役所を通じてこれを統括した。領は、触廻状の伝達、鷹場人足の負担、鷹場役人の宿泊費用の負担、鷹野役所への諸届・取次、江戸城内で栽培する野菜類の種物・草木類、慰み物としての虫類など江戸城上納物の負担単位として機能した。

## 鷹場地域の一体化と行楽地整備

鷹場制度の復活により、鷹場地域の村々は同質化・一体化することになった。「川崎領・稲毛《いなげ》領も御場一同の義に御座候[56]」、「御場所の儀は一体の儀と存じ奉り候[57]」、「御鷹場は一統の事[58]」、「御拳場《おこぶしば》（将軍鷹場）の名目に候上は一統の儀に付」・「荒川北の領は一体御拳場に付、平等の取り計《はから》い願い上げ奉り候[59]」、「領内一統の平均に致すべく存じ奉り」・「右の分（螻虫《けら》上納）御一統の割合に仕り候[60]」は、いずれも江戸周辺地域の史料からの引用であるが、鷹場地域の村々が、同質化・一体化していった様子がうかがえる。享保改革における鷹場制度の復活は、江戸周辺地域を首都圏として将軍のもとに一元的に編成する役割を果たしたのである。

吉宗はまた、首都圏整備の一環として、江戸の東西南北に行楽地を整備した。東郊の隅田川堤（墨田区）、西郊の中野（中野区）、北郊の王子飛鳥山《あすかやま》（北区）、南郊の品川御殿山《ごてんやま》（品川区）に桜、桃、松、楓《かえで》などを植え、庶民の行楽地とした。玉川上水沿いの小金井《こがねい》（小金井市）の桜も、吉宗の指示により植えられたものである。吉宗の政策は、行楽地の再編成でもあったのである。

ただし、これら東西南北の行楽地が、いずれも将軍の鷹場であったことは見逃せない。庶民の行楽は、あくまでも将軍の鷹場内で、将軍から賜わるという形式をとったのである。

## 武蔵野の開発

江戸と多摩の関係を強化する要因の第二は新田開発である。将軍吉宗は、多摩郡に広がる武蔵野の開発を進めた。

武蔵野地域は、「武蔵野新田は多磨《たま》、入間《いるま》、新座《にいざ》、高麗《こま》の四郡に跨《またが》りて、昔は茫々《ぼうぼう》たる曠《こう》野《や》の地なりし」[61]と、かつて原野であったが、(1)新町《しんまち》村（青梅市）、大岱《おんた》村（東村山市）、豊田《とよだ》新田（日野市）、砂川《すながわ》新田（立川市）、矢《や》ヶ崎《さき》村（調布市）など江戸時代初期の土豪の開発による古村の成立、(2)小《お》川《がわ》新田（小平市）、境《さかい》村（武蔵野市）、高井戸《たかいど》新田（杉並区）、西久保《にしくぼ》村（武蔵野市）、連雀《れんじゃく》新田（三鷹市）、吉祥寺《きちじょうじ》村（武蔵野市）など江戸前期（一六二四～一七〇四）の土豪や江戸市中からの移住民の開発による古新田の成立、という二度の開発のピークを経て、街道や用水沿いに開発が進んだ。

(3)享保改革（一七一六～四五）の新田開発は、幕府主導のもと、残された武蔵野の台地面を開発するというものであった。武蔵野地域は、「水田少く陸田多し、土性は粗薄の野土にして糞培《ふんばい》の力を仮らざれば五穀生殖せず」[62]と、生産力が劣り畑地が多かった。このため江戸の町の糞尿を肥料として新田経営を成り立たせたのである。

武蔵野新田開発と育成は、当時町奉行であった大岡越前守忠相《ただすけ》が、地方御用《じかたごよう》（農政）を兼務して行った。このことは、百万都市に成長した首都江戸への野菜・穀類などの供給地としての機能を高めるものであったことを意味している。江戸周辺の東部地域は、地勢の関係から江戸時代初頭以来水田中心に開発されており、江戸向けの野菜・穀類の供給機能は、主に多摩地域が担うようになっていたのである。

新田開発は、大岡を「御頭《おかしら》」(63)と仰ぐ役人集団が、幕府の農財政官僚機構である勘定所と競合・対立しながら進められた。元文元年（一七三六）、大岡は新田検地を行い土地の所有者を確定し、武蔵野新田（新新田）八十二か村が成立したのである。

以上のように、享保改革期、町奉行兼地方御用の大岡によって、江戸（野菜を需要、糞尿を供給）と武蔵野（野菜を供給、糞尿を需要）を結ぶ巨大サイクルが形成されたのである。これは、多摩地域が江戸の首都機能を直接に支える首都圏として整備・強化されることを意味した。大岡忠相は、町奉行として首都江戸を改造しただけでなく、農政官僚として首都圏の整備も行ったのである。

### 甲州街道

多摩と江戸の関係を強化する要因の第三は街道である。多摩と江戸を東西に結ぶ街道として、甲州街道、青梅《おうめ》街道、五日市《いつかいち》街道があった(64)。

甲州街道は、正式には甲州道中と呼ばれ、江戸時代の主要街道である五街道の一つであった。内藤新宿《ないとうしんじゅく》（東京都新宿区）から甲府（山梨県甲府市）を経由して下諏訪《しもすわ》（長野県諏訪郡下諏訪町）に至り、中山道と合流する道である。宿駅は四十五宿あり、各宿には二十五人・二十五疋の人馬を常備するのが原則であった。慶長九年（一六〇四）に高井戸宿（杉並区）が開かれており、街道が整備されたのはこの頃とされる。もとは、高井戸（上・下に分かれていた）が第一の宿であったが、江戸から四里（約一六キロメートル）と離れていたため、元禄十一年（一六九八）に、ほぼ中間に位置する信濃国高遠《たかとお》藩主内藤氏の下屋敷の北側に宿駅を新設し、内藤新宿と称した。内藤新宿は、青梅街道の分岐点として機能したが、享保三年（一七一八）に一度廃止され、安永元年（一七七二）に再開して以後、大いに発展した。

多摩の八王子宿（東京都八王子市）も、江戸時代後期には、絹織物の集散地として賑わい、三十軒余りの旅籠《はたご》があった。八王子には、江戸防衛のために関東十八代官と千人同心が集住し、物資の移動を監視するために小仏《こぼとけ》関所（八王子市）をはじめ、境川《さかいがわ》（山梨県笛吹市境川町）、鶴瀬《つるぜ》（同県東山梨郡大和村）、山口（北巨摩《きたこま》郡白州《はくしゅう》町）に口留番所《くちどめばんしょ》が設けられた。

江戸時代を通して、信濃国の高島（諏訪氏）、高遠（保科・鳥居・内藤氏）、飯田（脇坂・堀氏）、甲斐国の甲府（柳沢氏）の諸藩が、参勤交代のさいに甲州街道を利用した。また、江戸城への茶壺《ちやつぼ》道中（将軍用の宇治茶壺を宇治から江戸へ運ぶ行事）や甲府勤番、八王子千人同心、代官所役人なども往来した。この他、民間の通行として、中馬《ちゆうま》（荷馬による輸送）を利用した甲州産の葡萄《ぶどう》、梨、煙草《たばこ》、繰綿《くりわた》、甲斐絹《かいき》などが商品として江戸へ運ばれた。

先述のごとく、近藤勇は上石原村（調布市）、土方歳三は石田村（日野市）、井上源三郎は日野宿の出身であり、出稽古先や支援者のネットワークなども甲州街道を中心に展開している。この街道と周辺地域は、近藤ら新選組の誕生にとって重要な地域であった。

**青梅街道・五日市街道**

主要街道である甲州街道の補助的役割を果たしたのが、脇往還の青梅街道であった。多摩の青梅地域（青梅市）は、家康の関東入国期に石灰製造を開始したが、慶長年間（一五九六～一六一五）に江戸城の公儀普請が始まると青梅街道が整備され、大量の石灰を江戸に送るようになった。天守閣普請のさいには、二千五百俵が運ばれている。青梅石灰はまた江戸市中にも売り出され、城下町の建設にも大きな役割を果たした。

青梅街道は、内藤新宿から青梅まで十一里の道のりで、中野（中野区）、田無《たなし》（西東京市）、小川（小平市）、箱根ヶ崎（西多摩郡瑞穂《みずほ》町）の四か所に宿駅が置かれた。青梅から先は宿駅がなく、多摩川に沿って山道九里余りを経て甲州に達するので「甲州裏街道」とも呼ばれた。

宝永四年（一七〇七）以後、江戸への石灰輸送が新河岸《しんがし》川の舟運《しゅううん》を利用するようになると、青梅街道の公用輸送は減少し、宿駅の機能も低下した。

一方、江戸時代中後期には、多摩から江戸に向けて、野菜や木綿織、絹織物、青梅縞《おうめじま》などが運ばれるとともに、江戸庶民の御嶽山《みたけさん》（青梅市・西多摩郡奥多摩町）参詣の道としても賑わうようになった。石灰の道として整備された青梅街道は、江戸市民の生活と深く関わる街道へと変化したのである。

五日市街道は、馬橋《まばし》村（杉並区）で青梅街道から分かれ、吉祥寺村（武蔵野市）、小金井新田（小金井市）、砂川村（立川市）、伊奈《いな》村（あきる野市）に至る。

五日市地域（あきる野市）では、戦国期の後北条時代以来、五の日と十の日に定期市が開かれていた。天正十八年（一五九〇）江戸城改築のさいに石垣や銅瓦《どうがわら》を製造したと伝えられ、家康の入国以来江戸城や武家屋敷向けに炭を焼いている。これらは五日市街道を通じて江戸で売られた。幕末の慶応年間（一八六五〜六八）には炭取引が二十万俵にのぼり、江戸市中の炭消費の大半を賄《まかな》っていた。

**神田上水と玉川上水**

多摩と江戸の関係を強化する要因の第四は上水である。江戸の飲料水は、戦国期太田道灌《どうかん》の時代は、井《い》の頭池《かしら》(三鷹市)からの流水と、赤坂溜池《ためいけ》(港区)の湧き水で賄っていた。しかし、天正十八年(一五九〇)の関東入国のさい、徳川家康は水不足を心配し、家臣の大久保忠行《ただゆき》に命じて、井の頭からの流水を神田上水として整備させた。家康は、この成功を大いに喜び、大久保忠行に「主水」という名を与えた。このさい、家康は「もんど」と読むと水が濁るとし、忠行に限り「モント」と濁らずに読むことにしたという。

その後、藩邸の増加や市街地の拡大などにより水の需要が増えたため、幕府は新たに多摩川から水を引くことにした。これが玉川上水である。普請は、承応二年(一六五三)四月から十一月にかけて行われた。江戸の町人とも多摩の農民ともいわれる庄右衛門・清右衛門の兄弟が請負人となり、多摩川の羽村《はむら》(羽村市)から四谷大木戸《おおきど》(新宿区)まで約四三キロメートルの開削に成功した。さらに兄弟は虎の門(港区)までの水道敷設の工事を完了し、玉川姓を与えられた。神田・玉川の両上水は、江戸時代を通じて、江戸城や江戸の町のライフラインとして機能したのである。

両上水は、江戸城や江戸の町のみならず、多摩の村々とも深く関わっていた。幕府普請奉行の石野《いしの》広通《ひろみち》が、天明八年(一七八八)から寛政三年(一七九一)にかけて著した『上水記』には、両上水の開発や実態が記されている。このうち、玉川上水の分水三十三か所の開設時期を見ると、八代将軍吉宗の享保~元文期(一七一六~四一)よりも以前が十一か所、享保

～元文期が十一か所、それ以後が三か所、その他不明八か所となっている。すなわち、多摩地域は江戸初期から八代将軍吉宗の時期にかけて大規模に開発されたのである。

以上、多摩地域は首都江戸の成長に対応して、首都圏としての機能と性格を強めつつ、その景観を変えていったのである。[65]

## 軍事施設の設置

嘉永六年（一八五三）六月のペリー艦隊の江戸湾侵入事件は、社会に大きな衝撃を与えた。幕府は西洋の軍事技術を導入し、大規模な軍制改革を行った。また、首都江戸の防衛のために、さまざまな軍事施設を設置した。嘉永六年八月には、伊豆韮山《にらやま》（静岡県）の代官江川太郎左衛門英龍《ひでたつ》の建議により、江戸湾防備のため品川沖（港区）に砲台場（台場）の建設が開始され、昼夜の突貫工事が行われた。当初十二か所予定されていたが、財政上の理由から、工事は一年後の第六台場までで中止された（第四台場も構築半ばで中止）。

同じく嘉永六年八月には、湯島《ゆしま》の馬場《ばば》（文京区）に鋳砲場を設置し、西洋大砲《おおづつ》の鋳造を開始した。同年十一月には水戸藩に軍艦建造を命じ、同藩は翌嘉永七年（安政元年）、石川島《いしかわじま》（中央区）に製造場を設けた。嘉永六年十二月には豊島郡角筈《つのはず》村（新宿区）に調練場を設置している。

嘉永七年正月ペリーが再来日し、三月に和親条約が締結されたが、幕府の首都防衛強化はとどまることなく、元治元年（一八六四）に滝野川《たきのがわ》（北区）に反射炉《はんしゃろ》を建設し、佃島《つくだじま》（中央区）に砲台を築いている。

これら軍事体制の強化には、江戸周辺の鷹場制度も活用された。たとえば、角筈調練場での旗本の軍事訓練にさいして、鷹野役所の指揮のもと、多摩地域を含む鷹場の農民には「領」を単位に炊き出し人足などの夫役《ぶやく》が課せられ、また新たに設置された兵糧方役所《ひょうろうかた》の指揮のもと、鷹場触次役の差配により、領単位の非常兵糧掛り人足も課されるようになった。

幕府はまた、江戸近郊の各地で水車を利用した火薬製造を命じた。しかし、米や麦などを挽《ひ》いていた水車番たちが、不慣れな火薬製造をしたために、爆発事故が相次いだ。

安政元年（一八五四）三月五日には、板橋宿（板橋区）の原の農民太右衛門の水車が爆発し、付近の農家に延焼し多数の死傷者を出した。同年四月六日には、牛込矢来下《やらいした》（新宿区）の若狭国小浜《おばま》藩下屋敷の水車が爆発した。同年四月二十二日には荏原《えばら》郡小山《こやま》村（品川区）の農民庄兵衛の水車場で爆発が起こり、水車小屋が吹き飛び三人の死者が出た。淀橋《よどばし》（新宿区）の水車場では付近の農民が不安に思い、水車の移転を町奉行所に出願したが、その最中の六月十一日に爆発が起こった。首都防衛のための軍事施設の拡大・強化が、そのまま首都圏住民の生活を直接に脅かすことになったのである。

慶応三年（一八六七）八月に幕府は、フランス軍事教官の意見にもとづき、駒場野《こまばの》演習場（目黒区）の拡大を企図したが、農民一揆により挫折《ざせつ》している。十一月の徳丸《とくまる》ヶ原《はら》演習場（板橋区）の拡大計画も農民一揆に遭い、中止となった。幕末期、首都圏では軍事施設をめぐって住民運動が展開したのである。

以上、幕末期の危機の深刻化とともに、江戸周辺地域の軍事施設は機能を強化していった。これは、江戸時代を通じて同地域が維持し続けてきた基本的性格＝政治的・軍事的性格の最終的かつ全面的な発現状況を示すものであった(66)。

**教育施設の整備**

この時期、幕府は軍事改革と関連して、教育施設を整備した。安政三年（一八五六）四月、幕臣の武芸調練所である講武所を築地の鉄砲洲《てっぽうず》（中央区）に開設した。翌四年四月には、講武所内に軍艦教授所（のち軍艦操練所）が開かれ、ここに陸海軍の教育施設が整った。同五年正月には、越中島《えっちゅうじま》（江東区）に講武所銃隊調練所が設置されている。講武所は、のち神田小川町《おがわまち》（千代田区）に移り、慶応二年（一八六六）十一月には、陸軍所と改称し砲術訓練場となった。

安政二年（一八五五）正月には、勘定奉行の川路聖謨《かわじとしあきら》は、西洋の軍事書や砲術書などを翻訳するために、それまで蘭書の翻訳機関であった蕃書和解御用《ばんしょわげごよう》を独立させ、九段坂下（千代田区）に洋学所を開き、洋書の翻訳と洋学教育を行わせた。洋学所は同年二月十一日に蕃書調所《ばんしょしらべしょ》と改称し、神田小川町に移り、洋学研究と外交文書の翻訳を担当した。文久二年（一八六二）五月十八日には洋書調所と改称し、一橋門外（千代田区）に移った。翌三年八月二十九日には機構を拡充して開成所《かいせいじょ》と改称し、明治二年（一八六九）正月に開成学校となり、のち東京大学に発展した(67)。

以上、新選組誕生の歴史的前提として、多摩と江戸の江戸時代初期以来の関係強化の歴史があった。そして、幕末期における内外の緊張の高まりが、両地域の政治的・軍事的な機能と性格を強め、浪士組、新選組への参加に至らせたのである。

# 第二章　浪士組結成から池田屋事件へ

## 1　浪士組時代

### 浪士組の計画

新選組の母胎となる浪士組は、旗本の松平忠敏《ただとし》と、尊王攘夷派浪士の清河八郎によって構想された。松平忠敏は、徳川家康の六男忠輝《ただてる》を祖とする長沢松平家に生まれた。柳剛流《りゅうごうりゅう》の剣術家であり、安政元年（一八五四）幕府が武芸訓練所の講武場（講武所の前身）を創設したさいに、剣術教授方として採用された人物である。

一方、清河は出羽国庄内藩（山形県）の酒造家に生まれ、尊攘運動に参加した。安政六年（一八五九）に江戸神田のお玉が池（千代田区）に私塾を開き、万延元年（一八六〇）には、薩摩藩士伊牟田尚平《いむたしょうへい》らと、アメリカ公使館通訳官のオランダ人ヒュースケンを暗殺した。文久元年（一八六一）には、尊王攘夷結社の虎尾会《こびのかい》を結成した。同会にはのちに講武所の剣術教授方世話役を勤める幕臣山岡鉄舟《てつしゅう》らが参加している。清河は同年五月二十日、両国（墨田区）の書画会の帰りに、張り込んでいた町人を殺害し指名手配された。翌日江戸を脱し、尊攘派志士の結集をめざして諸国を遊説した。翌二年四月には、翌月の島津久光上洛を期し挙兵計画を立てたが、四月二十三日久光が京都伏見（伏見区）の船宿《ふなやど》の寺田屋に藩兵を送り、同藩の尊攘激派を弾圧したため（寺田屋騒動）、未遂に終わった。その後、松平忠敏を通じて、幕府に浪士の大赦と浪士組の結成を働きかけたのである。

文久二年十月十六日、清河の意見を受けて、松平忠敏は幕府に浪士取立を建言した。内容は、不平浪士をそのままにしておくと騒動を起こす恐れがあるので、彼らを組織し、意見を聞き、優秀な人材を登用すれば、天下の人心は幕府に帰するというものであった。そのためには、江戸近在の浪士から、中心となる人物を抜擢《ばってき》すべきだとし、清河をその中心人物に位置づけたのである。

この献策を受けて、十二月九日幕府は松平忠敏を浪士取扱に任命した。十九日には目付の杉浦梅潭《ばいたん》と池田修理《しゅり》が浪士取扱の目付となり、元目付の鵜殿鳩翁《うどのきゅうおう》（長鋭《ながとし》）が松平忠敏とともに浪士取扱方頭取となり、山岡と窪田治部右衛門《くぼたじぶえもん》が浪士取締に任じられた。そのうえで、松平忠敏は「浪士中巨魁《きょかい》」として、指名手配中の清河の赦免を申し出、幕府内の強い反対の中、文久三年正月十九日に出羽庄内藩主の酒井忠篤《ただすみ》の承諾を得て、清河の政治の舞台への道を開いたのである。

一方、文久三年正月十六日、講武所奉行支配の松岡万《よろず》（「つもる」とも）が浪士取締役に任命され、二十六日には松平忠敏が浪士取扱方を免ぜられ、御小納戸《おこなんど》の中条《ちゅうじょう》金之助が跡役となった(1)。

こうして、幕府側の浪士取扱体制が整備され、ここに、地域・身分・家柄にとらわれず、誰でも志願できる浪士組が結成されることになったのである。

## 近藤勇らの参加

浪士募集の情報を得て、近藤勇ら試衛場の関係者は、牛込二《に》合半坂《ごうはん》（千代田区）の松平忠敏の屋敷を訪ね、浪士募集の目的が将軍の上洛警固であることを聞き、即座に参加を決めたという(2)。

文久三年正月十五日、土方歳三は小野路《おのじ》村（町田市）の小島家を訪れ刀を借り、十六日には近藤が同家で鎖帷子《くさりかたびら》を借り、十七日には沖田総司と山南敬助が訪問している。いずれも浪士組参加に関わる準備と挨拶であった(3)。

二月五日、江戸小石川（文京区）の伝通院《でんづういん》山内の学寮大信寮において、鵜殿鳩翁から、道中と京都逗留《とうりゅう》中の諸注意が申し渡された。同時に、道中目付や道中世話役、道中取締手附の役職者が決められた。なお、子母澤寛『新選組始末記』によれば、近藤勇は取締付池田徳太郎の手伝役として、道中の宿割りを命じられて本隊より一足早く、宿々へ先乗りして宿割りを担当することになったというが、詳細は不明である。また「尽忠報国勇士姓名録」(4)には、このとき試衛場からの参加者として、土方、山南、沖田、永倉、藤堂、原田の名がみられる。

『東西紀聞』によれば、二月八日、浪士世話役に清河八郎、山岡鉄太郎、石原(坂)宗順、池田徳太郎、河野彦次郎の五名が任ぜられたが、実際は「清川八郎儀万端一人にて差配致しおり候由」と、清河が一人で仕切る状態であった。浪士一組ごとに馬一疋ずつ与えられ、手当として一人五両ずつ、これとは別に道中入用が与えられることになった。同八日、浪士組は伝通院を出発し、中山道を京に向かった。浪士たちは、老若まじり、惣髪、坊主などもおり、彼らは陣笠、蓑《みの》などを背負い、太刀、手鑓《てやり》、半弓など、さまざまな武具を携帯する、文字通り「異類異形《いぎょう》の出立」(風変わりな姿での出発)であった。(5)

二月九日、浪士組は本庄《ほんじょう》宿(埼玉県本庄市)に入ったが、ここで宿の手配に洩《も》れた芹沢鴨が怒って大篝火《おおかがりび》を焚き、宿割役を勤めていた近藤勇と池田徳太郎が詫びたというエピソードが伝えられている。(6)

## 清河八郎の建白

二月二十三日、浪士組は京都に到着し、壬生《みぶ》村（中京区）の民家や寺院に分宿した。近藤らは、地域の有力者である八木源之丞《げんのじょう》の屋敷を割り当てられた。当時八木家には、当主源之丞のほか、長男秀二郎、二男為三郎、三男勇之助がいた(7)。

この夜、清河八郎は、一同の中から主立った者を本陣の新徳寺《しんとくじ》（中京区）に集め、浪士組上京の目的は御所に尊攘の志を建白することにあると告げている。元出羽国庄内藩の俣野時《またのとき》中《なか》の調査によれば、このときの清河の迫力は鬼神のようで、みな恐怖して異論を唱える者はいなかったという(8)。

翌二十四日、清河八郎は二百三十五名の連署をもって学習院国事参政掛《こくじさんせいがかり》に建白書を提出した。建白書における清河の主張は、次の三点に要約される。

(1)このたび浪士組が上洛したのは、将軍家茂が上洛し、天皇の命を受け攘夷を実行することを周旋するためである。

(2)もし朝廷と幕府が離れることがあったならば、自分たちは何度も周旋するが、どうしてもうまくいかない場合は、尊王の志を貫くつもりである。

(3)自分たちは幕府の世話で上京したが、俸禄や官位は受けず、ただ尊王攘夷の大義のために働くものであり、天皇の命を妨げる者は幕府の役人であっても容赦はしない。

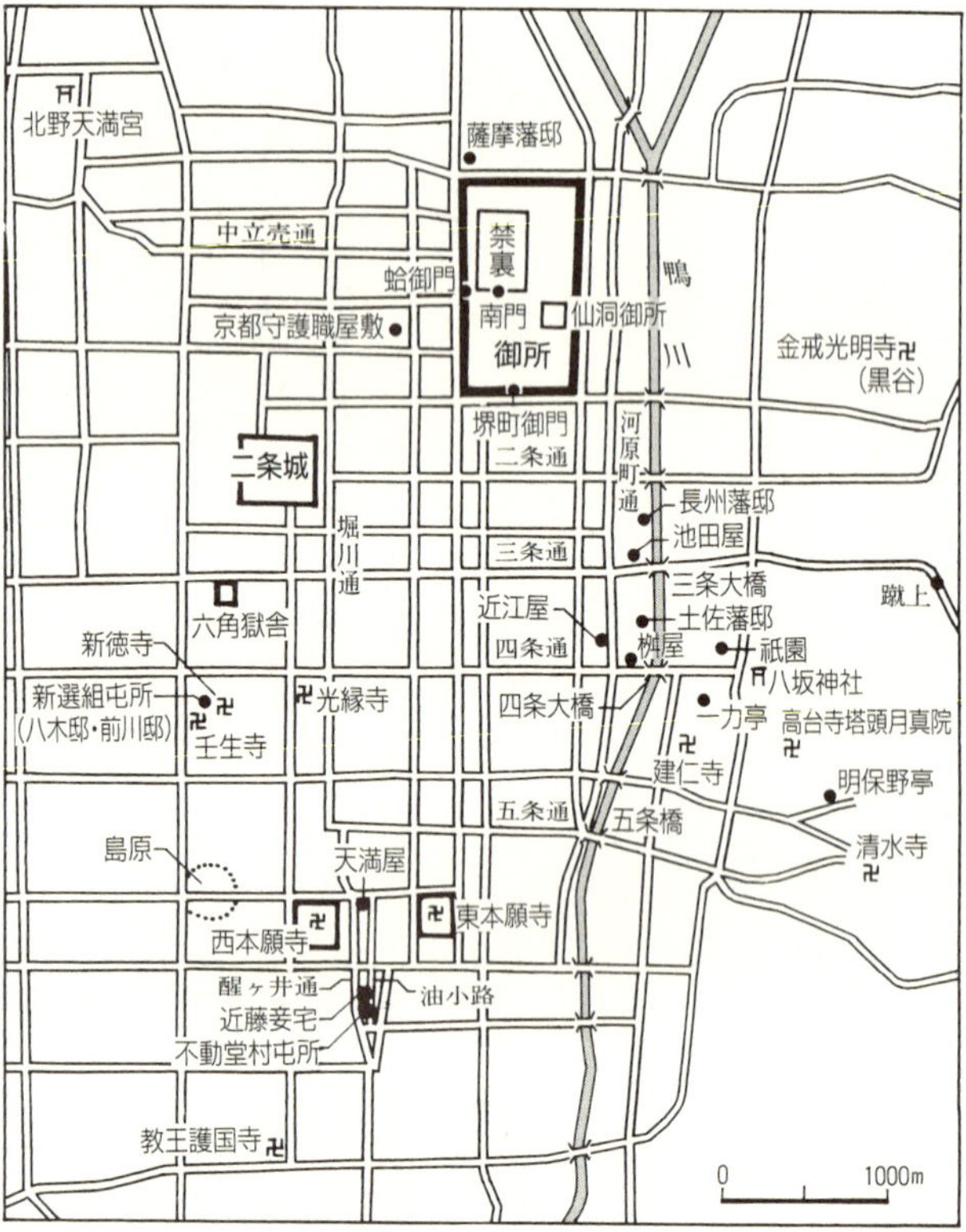
北野天満宮
薩摩藩邸
中立売通
禁裏
蛤御門
南門
仙洞御所
京都守護職屋敷
御所
鴨川
金戒光明寺
(黒谷)
堺町御門
二条通
河原町通
二条城
長州藩邸
池田屋
堀川通
三条通
三条大橋
蹴上
近江屋
土佐藩邸
六角獄舎
新徳寺
四条通
桝屋
祇園
八坂神社
新選組屯所
(八木邸・前川邸)
光縁寺
四条大橋
一力亭
高台寺塔頭月真院
壬生寺
建仁寺
明保野亭
五条通
五条橋
島原
天満屋
清水寺
東本願寺
西本願寺
醒ヶ井通
油小路
近藤妾宅
不動堂村屯所
教王護国寺
0
1000m

すなわち、清河の主張は、幕府との関係を捨ててでも、天皇に忠義を尽くすという尊王攘夷論であった。

「廻状留《かいじょうとめ》」によれば、二十八日近藤勇は六番組小頭となり、二十八日から二十九日にかけて浪士組は交代で御所拝見に出かけている。俣野によれば、二十九日すみやかに攘夷を行うべきとの勅諚《ちょくじょう》が下り、関白からは清河の建白が天皇の耳に達し、非常に感激していることを知らせる書簡が渡された。

この勅諚を受けて、攘夷が切迫しているので意見のある者は新徳寺へ集まるよう指示が出された(9)。この席上において浪士組は、攘夷のための江戸帰還を主張する清河ら江戸帰還派と、これに反対する近藤・芹沢ら京都残留派に分裂した。近藤らは、京都に来たのは将軍の指揮のもと京都を警衛するためであると主張し、俣野によれば、「相互極論激争してその結局、遂に刃をもって決すると云ふ場合に成ったそうでござります」と、対立は極限に達したという(10)。

**近藤勇の主張**

この頃の近藤の主張は、彼の書簡7から読み取ることができる。文久三年（一八六三）三月付「志大略相認書《こころざしたいりゃくあいしたためがき》」は、当時の近藤の書簡を集めたものである。このうち三月十日付の京都守護職の会津藩主松平容保宛ての書簡において、近藤は芹沢鴨ら十六名とともに、京都に残ることを嘆願している。

ここにおいて近藤らは、「天朝を御守護奉るはもちろん、ならびに大樹公《たいじゅこう》（将軍）御警衛、もって神州の穢《けがれ》を清浄せんがため」、「天朝ならびに大樹公の御守護奉り攘夷仕るべく候」と、朝廷（公）と将軍（武）をともに守護することと述べている。

また近藤は、同じ「志大略相認書」所収の三月二十三日付書簡において、「天朝ならびに大樹公御守護奉り」と、朝廷と将軍を守護することを述べ、これに続く「尚々《なおなお》」書きの部分で、「表には尽忠報国飾り、内には徳川家権威悄《そ》かんかれこれ奸謀巡《かんぼうめぐら》し、いまだ京地穏やかならず」と、京都における徳川氏の権威を削ろうとする動きを押さえ込む意図を述べている。

さらに近藤は、「志大略相認書」所収の三月二十二日と思われる書簡において、翌二十三日の将軍江戸帰還の前に、「公武御合体の義、海岸防禦《ぼうぎょ》の備え向け策略あらかじめ承りたき」と、公武合体の具体策を問い、「すでに公武の間隔相成り候うえは」と、公武の離反を心配している。

先の清河の主張が、朝廷と幕府が離反したさいに朝廷につくことを明言した尊王攘夷論であったのに対して、近藤の主張は、同じ尊王攘夷を唱えながらも、幕府権力の強化をもとに朝廷と幕府を一体化し、政局を安定させる公武合体論であったことが知られる。清河ら江戸帰還派と近藤ら京都残留派との浪士組の分裂は、思想的には、清河の尊王攘夷論と近藤らの公武合体論との分裂と位置づけることができるのである。

## 京都残留

清河らと近藤らの対立は激しく、近藤は書簡8において、清河八郎ら六人を「洛陽（に）おいて梟首《きようしゆ》いたすべし」と、京都で晒《さら》し首にすることも考えていたと記している。

こうした状況の中、三月三日には鵜殿と山岡が、浪士組に対して、昨年八月の生麦事件の処置をめぐって、横浜にイギリス艦隊が渡来し、今後戦端を開く可能性があるので、急ぎ江戸へ帰還するよう指示している(11)。

一方、三月十日、京都守護職の会津藩主松平容保は、二条城において幕府の老中から、京都の治安維持のために、尽忠報国の志ある浪士を一手にまとめて差配するよう指示された(12)。同日、芹沢や近藤ら京都残留派十七名は将軍在京中の警固と市中警備を会津藩に願い、十二日夜九つ時（午前零時）に「会津藩預り」となることが知らされている（「志大略相認書」近藤書簡7）。

三月十三日、清河ら江戸帰還派は京都を出立し（「志大略相認書」によれば二十七日に江戸到着）、十五日には、近藤勇や芹沢鴨ら京都残留派計二十四名（十日当時より増加、ただし史料で氏名を確認できるのは二十三名）は、会津藩預りとなることが正式に知らされた(13)。以後、彼らは会津藩の指揮下で、市中警備につくことになったのである。

京都残留派二十四名は、おおよそ三つのグループから成り立っていた。

第一は近藤勇ら試衛場出身の八名である。近藤、土方、沖田、井上、永倉、山南、原田、藤堂であった。三月中に記された「志大略相認書」の中の文書において、斎藤一が署名しており、残留して間もなく加わったと思われる。斎藤一は江戸の出身、元治元年（一八六四）六月の池田屋事件に参加、慶応元年（一八六五）五月頃には三番組組長、剣術師範となった。戊辰戦争では、新選組隊長として新政府軍と白河会津で戦った。

第二は、芹沢鴨を中心とする五名である。以下メンバーの略歴を見ておきたい。

**芹沢鴨**　生年は不明。常陸国行方《なめかた》郡芹沢村（茨城県行方郡玉造《たまつくり》町）の豪農（水戸藩士とも）芹沢貞幹の子として生まれる。水戸浪人。神道無念流を修めた。天狗党に関わったともいわれるが真偽は不明。その後幕府の募集に応じて浪士組に参加した。上洛途中で道中取締手附に任命され、壬生浪士組では局長を勤めた。

**新見錦**　天保七年（一八三六）常陸国に生まれる。水戸浪人（脱藩とも）。本名田中伊織《いおり》とも伝えられる。神道無念流を修める。芹沢鴨らと浪士組に参加、上洛時には三番小頭を勤める。壬生浪士組では副長（一時局長も）を勤めた。

**平間重助**　文政七年（一八二四）、芹沢鴨と同郷芹沢村の平間勘右衛門の子、芹沢に神道無念流を習う。幕府の募集に応じて浪士組に参加。壬生浪士組では勘定方や副長助勤を勤め、文久三年の八・一八政変（禁門の変）時には勘定方取締役として出陣した。

**平山五郎**　文政十二年（一八二九）に生まれる。姫路浪人（水戸出身とも）で神道無念流を修めた。浪士組に応じて上京し、壬生浪士組では副長助勤を勤める。八・一八政変時には組頭として出陣した。

**野口健司**　天保十四年（一八四三）に生まれる。常陸国出身の水戸浪人。神道無念流を修める。浪士組募集に応じて上京し、壬生浪士組では副長助勤を勤める。八・一八政変時には組頭として出陣した。

このグループは芹沢鴨ら水戸浪士を中心とし、いずれも神道無念流を修めた者たちであった。

第三のグループは、下総浪士の殿内《とのうち》義雄を中心とするグループである。彼らのうち略歴のわかる人物について記しておきたい。

**殿内義雄**　天保元年（一八三〇）上総国武射《むさ》郡森村（千葉県山武《さんぶ》郡山武町）名主土屋家の子として生まれる。下総国結城《ゆうき》藩水野氏に仕えたこともある。浪士組募集に応じ、京都への道中では道中目付を勤めたが途中で罷免《ひめん》される。文久三年（一八六三）三月十日、幕府が会津藩に京都残留派浪士の預りを命じたさい、鵜殿鳩翁は殿内と家里次郎《つぐお》を通じて浪士に対して、残留と江戸帰還を各自の意思に任せると通達している。三月十五日には、近藤、芹沢、家里、根岸らとともに黒谷《くろだに》（左京区）の会津藩宿所に挨拶に赴いている。さらに鵜殿から、家里とともに残留派浪士の探索も命ぜられた。

**家里次郎**　天保十年（一八三九）に生まれた（天保十五年とも）。伊勢国松坂（三重県松阪市）の儒学者家里新太郎（松濤《しょうとう》）の義弟。浪士募集に応じ分裂時には京都残留派となるが、殿内とともに鵜殿から残留派の探索を命ぜられた。

**根岸友山**　文化六年（一八〇九）武蔵国大里郡甲山《かぶとやま》村（埼玉県大里郡大里町）の豪農根岸家の長男に生まれ、甲山村名主を勤める。桂小五郎《こごろう》（のちの木戸孝允《たかよし》）や久坂玄瑞《くさかげんずい》ら尊攘派志士と交わる。文久三年清河八郎からの書簡で浪士募集を知り、門人らとともに参加する。京都への道中では一番小頭を勤める。のち江戸に戻り、同じ残留派の清水五一《ごいち》、鈴木長蔵、遠藤丈庵《じょうあん》、神代《かみしろ》仁之助とともに新徴組に加わるが、脱退し甲山村に帰る。

第三グループは、第一、第二グループに比べると寄せ集め的な性格が強かったが、幕府からの伝達を受けたり、壬生浪士組の探索を命ぜられるなど、特異な役割を担っていた。しかし、グループの中心の殿内は、三月二十五日四条大橋（京都市下京区・東山区）で近藤により暗殺された（近藤書簡8）。会津藩士小野権之丞《ごんのじょう》の弟本多四郎によれば、浪士組の仲間に睨《にら》まれたためとされる。殿内暗殺を知った家里はさっそく浪士組を脱退したが、四月二十四日大坂で浪士組と遭遇し、常安橋会所《じょうあんばしかいしょ》（大阪市北区）で切腹させられた。根岸も伊勢参詣を理由に脱退するなど、第三グループは一気に崩壊していった[14]。

## 江戸帰還派のその後

一方、江戸に戻った清河八郎ら帰還派浪士組は、四月三日から五日までの間、商家に押しかけるなど、軍資金などの名目で、計十件、金七千六百両、米千八百俵、味噌七百樽を取り立てた。しかし四月十三日、清河は同志の金子与三郎宅から帰る途中、麻布一の橋付近（港区）において、元浪士組取締役並出役《しゅつやく》（取調役とも）の幕臣佐々木只三郎《ただざぶろう》ら七名に斬殺された。

四月十四日には、清河と通じた幕臣の高橋謙三郎（泥舟《でいしゅう》）、山岡鉄舟、松岡万らが罰せられた。清河派の浪士たちは伝通院に立て籠ったが、翌十五日庄内藩主酒井忠篤など六大名が浪士組の中心人物を捕縛した。指導者を失った浪士組は、この日酒井と浪士取立の立案者の松平忠敏を指導者として、新徴組と名称を変え、江戸市中の取り締まりにあたることになったのである。(15)

**だんだら羽織**

「世話集聞記」によれば、三月二十五日近藤ら京都残留派は、会津藩の世話係本多四郎らとともに、壬生屯所の裏手で催された壬生狂言を見たが、このとき浪士組は会津藩から与えられた手当金で仕立てた同色の揃いの紋付を着た（この夜先述のように殿内義雄が四条大橋で暗殺された）。四月には芹沢、近藤、新見らが大坂の商人平野屋五兵衛宅に押しかけ金百両を借りている。(16)永倉新八によれば、浪士組はこれをもとに「ダンダラ羽織」をあつらえたという。すなわち、「大坂の鴻池《こうのいけ》から金子《きんす》二百両を借り入れて（先の「世話集聞記」とは異なる）、服装をかえた新選組の浪士、なかにも羽織だけは公向《おもてむき》に着用するというので、浅黄地の袖へ忠臣蔵の義士が討入りに着用した装束みたようにだんだら染を染めぬいた」と、歌舞伎の忠臣蔵のような揃いの羽織を新調したのである。(17)

他方、子母澤寛《しもざわかん》『新選組始末記』によれば、鴻池からの二百両で大丸呉服店を呼びつけ、麻の羽織、紋付の単衣《ひとえ》、小倉《こくら》の袴《はかま》を作らせた。特に羽織は「浅黄地の袖へ、だんだら染を染抜いて、一寸《ちょっと》、義士の討入に着たようなものを隊士全部の寸法をとらせて、注文した。この羽織は、それから永く、新選組の制服になった」という(18)。

四月六日には浪士の阿比留鋭三郎《あびるえいざぶろう》が病死し、八日には近藤らは屯所として借りている八木宅の葬儀に参列している(19)。

四月二十一日、壬生浪士は将軍警固のため大坂に赴き、八軒屋《はちけんや》（大阪市中央区）の京屋を宿とする。会津藩公用方御雇勤の広沢富次郎（安任《やすとう》）はこのとき、「浪士、時に一様の外套《がいとう》を製し、長刀地に曳《ひ》きあるいは大髪頭を掩《おお》へ、形貌甚だ偉《あや》しく列をなして、行く逢《あ》う者、皆目を傾けてこれを畏《おそ》れる(20)」と、彼らが揃いの羽織を着、派手な格好をして人々を恐れさせたことを記している。二十四日には先述のごとく大坂で家里次郎を見つけ、切腹させている。

その後、壬生浪士は、将軍家茂を警固して五月十一日に京都に戻っている（近藤書簡8）。

五月二十五日には壬生浪士三十五名連名で鎖港についての上書を幕府などに提出するが、この中には当時新たに加わったと思われる松原忠司《ちゆうじ》や島田魁《かい》などの名前も見られる（近藤書簡8）。

松原忠司は、播磨国小野（兵庫県小野市）出身とも大坂出身ともいわれる。文久三年八・一八政変のさいには坊主頭に白鉢巻、大薙刀《おおなぎなた》を杖にして出動したという(21)。元治元年六月の池田屋事件のさいにも出動し、慶応元年五月頃には四番組組長となり柔術師範も兼ねた。

島田魁は美濃大垣出身で体重四十貫（約一五〇キログラム）余りの隊中一の巨漢であったという。文久三年六月の大坂力士との乱闘事件に参加、池田屋事件では探索活動から捕縛まで参加した。慶応三年に近藤が狙撃されたときにも同行しており、近藤の馬に鞭《むち》を打って逃がしたという。鳥羽・伏見、甲州勝沼、宇都宮、会津、箱館と転戦し、五稜郭で収容され、新選組の数少ない生き残り隊士となる。

### 土方らの近藤批判

この時期、井上源三郎の兄で八王子千人同心の井上松五郎は、文久三年二月の将軍家茂の供として上京しており、二条城小屋番などを勤め、近藤、土方らとも頻繁に交際していた。ところが彼は四月十七日早朝、壬生の屯所へ呼び出され、土方、沖田、井上源三郎から「近藤天狗になり候」と相談を受けた。相談は二十日、二十二日にも行われた。(22)「天狗」については、(1)近藤の慢心と見るか、(2)芹沢鴨と同じ水戸天狗党の同類になったと見るか、(23)意見が分かれるところであるが、ここでは試衛場グループが、近藤の態度や行動をチェックし、これを正そうとしていたことに注意したい。同グループは、同志的結合関係をもとに近藤のあり方を批判したのである。

## 法度の制定

宮地正人によれば、文久三年五月頃、壬生浪士は法度を制定している㉔。永倉新八は、会津藩から人数を増やすよう指示があり、京や大坂で百名余りを集めたが、「新しい面々はいわば烏合《うごう》の勢、これを統率するにはなにか憲法があらねばならぬ。そこで芹沢は近藤、新見のふたりとともに禁令をさだめた」と、隊規を定めた事情を述べている。禁令の内容は、(1)士道に背くこと、(2)局を脱すること、(3)勝手に金策すること、(4)勝手に訴訟を扱うこと、を禁止する四か条であった。なお、子母澤寛と平尾道雄は、これに(5)私の闘争をすることを加えているが、永倉の四か条との違いの理由は不明である㉕。

先の制服と併せて、壬生浪士が組織化・規律化されたことがうかがえる。

## 大坂力士との喧嘩

しかし一方、京・大坂で壬生浪士の乱暴狼藉《ろうぜき》は多く見られた。

六月二日、芹沢や近藤ら十名は、「天下浪士」を名乗り大坂市中で暴れていた浪士を捕えるために大坂に赴き、三日二名を捕え大坂町奉行所に差し出した。ところがこの日、浪士組の中心メンバーが、大坂相撲の力士と乱闘事件を起こした。近藤書簡9などによれば、申《さる》の刻（午後四時）頃、芹沢、平山、野口、山南、沖田、永倉、原田、斎藤の八名は水稽古のた

| 年月日 | 金額 | 名目 | 貸主 | 借主 | 出典 |
| --- | --- | --- | --- | --- | --- |
| 文久三年四月 | 金百両 | 尽忠報国為兵募 | 大坂平野屋五兵衛 | 京都壬生役浪士新見錦他二名 | e上80 |
| 文久三年七月 | 金三十両 | 為武器料 | 山中善右衛門 | 芹沢鴨・近藤勇 | c62、e上100 |
| 文久三年七月四日 | 金二百両 | 為武器料 | 山中善右衛門 | 芹沢鴨・近藤勇 | c62 |
| 元治元年十二月 | 六千六百貫銀 | 京都御守護御用途 | 山中善右衛門他二十一名 | 新撰組局長近藤勇 | e上280 |
| 慶応元年三月 | 金二百両 | （西本願寺屯所移転費用カ） | 福田内蔵助 | | e上299 |
| 慶応三年十二月 | 金四百両 | | 山中善右衛門 | 土方歳三・近藤勇 | c63、e下104 |
| 慶応三年十二月 | 金四百両 | | 長田作兵衛 | 土方歳三・近藤勇 | e下104 |
| 慶応三年十二月 | 金四百両 | | 広岡久左衛門 | 土方歳三・近藤勇 | a112 |

出典の欄の符号はそれぞれ、a『新選組！展』、b『新選組のふるさと日野』、c『特別陳列・新選組』、e『新選組日誌』上下、数字は頁を表す。作表協力、柳沢利沙氏

め稽古着・小脇差の姿で小舟に乗り下った。途中斎藤が腹痛を起こし上陸したところ、前方から相撲取りが来たので芹沢が「脇に寄れ」と声をかけたが、相撲取りは「寄れとはなんだ」と譲らない。そこで芹沢は脇差で抜き打ちにした。別の一人の相撲取りも八名で引き倒し脅した。その後遊郭の住吉屋で斎藤の手当てをしていると、相撲取り二、三十名（島田は四、五十名、永倉は六十名とする）が、裸で鉢巻し筋金入りの樫棒《かしぼう》で打ちかかってきた。芹沢

らも応戦し、十四名を負傷させた。浪士組はみな無傷であった。折しも相撲興行の最中であったが、関取の熊川熊次郎が翌朝死亡し、他に三人の力士が死にかかったという(26)。

この事件とは別に、八月七日壬生浪士は、祇園北林（東山区）の相撲興行に関わっている。これは大坂と京都の相撲取りが対立していたのを、浪士組が仲介して仲直りさせたことによる。信州松代藩士高野武貞「莠草年録《ゆうそう》」によれば「さて日々に壬生の浪士多人数参り、取締致しおり候。いずれも木綿、黒紋付、白島袴《しろじまばかま》を着し、ことのほか行儀宜《よろ》しく御座候」と、興行のさい、壬生浪士は普段の乱暴なふるまいとは異なり、みな紋付・袴で行儀よく取り締まりにあたったという。壬生浪士は八月十二日にも壬生で相撲興行を行っている(27)。また、浪士組はこの頃前頁表のように活発に金策を行っている。これらはいずれも暴力を背景にした強引なものであったことから、相撲興行が、資金獲得のためであったことがうかがえる。

## 大和屋焼き打ち

八月十二日、芹沢鴨ら浪士三十数人は、葭屋《よしや》町《まち》通一条上《あが》ル（上京区）の生糸商大和屋庄兵衛宅を焼き打ちした。「見聞略記」によれば、大和屋は開港による貿易で利益を得た商人であったが、壬生浪士は西新町《にししんまち》（上京区）の織屋たちとともに、これを襲い火をつけた。京都所司代も淀藩主も浪士を咎《とが》めることなく、大和屋を哀れと記している。

「莠草年録」によれば、十二日の夜五つ（午後八時）頃、壬生浪士たちが町年寄のところに行き、今夜大和屋を襲うので町人は外出しないよう指示した。やがて、浪士たちは大和屋の土蔵周辺の貸屋を壊し、周囲に火が及ばぬようにしたうえで、土蔵に火をかけた。会津藩などの火消しが到着したが、壬生浪士三十六名はみな白鉢巻、たすきをし、袴を高く上げ、刀を抜き、土蔵を囲み、板切れを火に入れたので、火消しらは寄り付けず、隣家の屋根に登るのみであった。

夜が明けて四つ時（午前十時）すぎに見物に出たところ、中立売通《なかたちうり》堀川橋（上京区）付近に見物の男女が多数いた。近くに行けないので十間（約一八メートル）ほど脇で見た。大和屋本宅では中から棒で屋根を突き上げ瓦を壊していた。羅紗毛氈《らしゃもうせん》などを引き裂き、棒の先につけ、旗のようにところどころに立て、さらに糸布や諸道具を山のように町の中に投げ出したともいう。

見ると、屋根の上で浪士体《てい》の者が一人指図していた。周りの者にあれは誰かと尋ねたが、みな知らなかった。夕方になり与力や同心が到着し、浪士らは立ち去った。大小七戸の土蔵は目も当てられない状況であった。(28) 西本願寺の侍臣であった西村兼文《かねふみ》「新撰組始末記」によれば、土蔵の屋根の上から見ていたのは芹沢であったという。(29)

この時期、徹底的な尊攘激派の取り締まりに加え、力士との乱闘や強引な金策、乱暴狼藉などにより、壬生浪士は京・大坂で恐れられる存在になっていったのである。

## 2　壬生浪士時代

### 尊攘運動のピーク

さて文久二年（一八六二）の後半から翌三年にかけて、京都における尊攘激派の台頭は著しく、長州藩と結んだ三条実美《さねとみ》や姉小路公知《あねがこうじきんとも》など尊攘急進派の公家も勢力を拡大していた。

文久二年十一月、三条と姉小路は勅使として江戸に赴き、幕府に攘夷実行を促した。同三年二月には、草莽《そうもう》（在野）の者でも公家子弟の教育機関である学習院への建言が許されるようになり、草莽の志士と朝廷内の尊攘急進派が連携して、朝廷政治を主導していった。

孝明天皇は、攘夷祈願のため賀茂社、石清水社に出かけ、幕府は、五月十日を攘夷期限と答え、ここに尊攘激派の運動はピークを迎えたのである。そして五月十日、長州藩は下関でアメリカ商船を砲撃し、七月二日には、薩摩藩もイギリス艦隊と交戦した（薩英戦争）。

八月十三日には、尊攘派の圧力により、孝明天皇の攘夷祈願と親征を目的とする大和行幸が布告され、八月十七日には大和五条で天誅組の乱も起こった。

## 八・一八政変

これに対して、公武合体派も巻き返しを図った。文久三年八月十八日未明、京都守護職の会津藩主松平容保の指示を受けた会津藩兵と、京都所司代の淀藩主稲葉正邦《まさくに》の率いる淀藩兵が御所に入り、九つの門を封鎖した。

そのうえで、公武合体派の皇族の中川宮朝彦親王や、公家の近衛忠熙らを参内させ、薩摩藩に御所の門の警備が命ぜられた。公武合体派のクーデターであった。

会津藩士の北原雅長『七年史』によれば、このとき、近藤勇ら壬生浪士五十二名は、仙洞《せんとう》御所前に浅黄麻に袖口を白く山形に抜いた揃いの羽織をつけ、誠と忠の二字を記し、これも赤く山形をつけた提灯を持ち参加した。大将分の芹沢鴨と近藤は、いかめしく軍装し、浪士らも（敵味方を区別するためであろう）会津藩から支給された黄色のたすきをつけていた。近藤は智勇兼備であり、どのような問答にも滞りなく返答した。一方芹沢は気が荒く粗暴で、隊員が気に入らないことを言うと死ぬほど打った。しかし二人とも才気と勇気があるので大将とあがめられ、背く者はいなかった。彼らは蛤御門から御所に入るとき、会津藩士から怪しまれ通されなかった。壬生浪士はどうしても入ると言い募り、会津藩兵が槍を抜いて詰め寄ったものの引き下がらず、芹沢は顔の先に出された槍の穂先を腰から出した扇で煽《あお》ぎ立て悪口雑言を述べた。この場は会津藩の軍奉行や公用方が来てようやく収まったが、少し遅れれば一大事になったともいわれる。このときの芹沢の態度は、大胆とも憎々しいともいわれた(30)。

**新選組の隊名**

壬生浪士組の島田魁の日記によれば、近藤らは蛤御門から御所に入って守衛にあたり、「長州人引き揚げの節、当組南門を守る、その節、転奏《ママ》より新選組の隊名を下さる」と、長州藩逃走のさいには南門（建礼門）前を守衛し、このとき、武家《ぶけ》伝奏《てんそう》から「新選組」の隊名が与えられた(31)。壬生浪士組は新選組となったのである。ただし、この隊名の命名者や由来については、現在のところ不明である。

宮地正人は、八・一八政変後、近藤は公武合体路線の有志集団として新選組を純化する見通しを獲得し、以後の内部粛清はこの延長上に展開するという(32)。

新選組成立三日後の八月二十一日、新選組が京の見廻りを行うことが市中に触れられ、このさい「もし手余り候節は切捨御免」と、手に余る場合は斬り捨ててもよいという権限を与えられたという(33)。

同日、新選組は会津・桑名両藩と協力して長州の桂小五郎ら尊攘派を京都から追い出し、翌二十二日には、京都町奉行所と協力して、五条付近に潜伏する尊攘激派の平野国臣を追跡した(34)。新選組の活動は、幕府、会津、桑名と協力して展開されたのである。

九月一日付の甘糟《あまかす》竹太郎に宛てた米沢藩士甘糟備後の書簡には、八月二十五日以後、新選組が日々町々を巡回し、人別を改め無宿者を捕えたため、浪士は京都に一人もいなくなったと記されている(35)。

以上のように、新選組の命名と活動は、公武合体派の京都での巻き返しの潮流の中に位置づけられるのである。

**芹沢鴨暗殺**

この時期、新選組局長の近藤と副長の土方歳三は、九月初旬に芹沢派の副長新見錦を、不行跡を理由に京都祇園新地（東山区）の貸座敷山緒《やまお》において切腹させた(36)。新見の死については、「近藤の意に応ぜざることのあるを悪《に》くみ闇殺《あんさつ》す(37)」と、近藤の意に反したための暗殺とする見方もある。

さらに近藤らは、九月十八日に同じく不行跡が続いた局長の芹沢鴨を暗殺して、組織内の実権を掌握していった。芹沢鴨暗殺に関する確かな史料は現在のところないが、まず西村兼文「新撰組始末記」により暗殺の様子を見ておきたい。

芹沢は以前より四条堀川（下京区）付近の呉服商の妻ムメと関係を持ち、ついには強引に妾にして暮らしていた。またこの日芹沢派の平山五郎は、島原の女性を連れ出していた。近藤は、この女性が厠《かわや》に出たさい、彼女に去るように命じた。沖田総司は芹沢の寝所に忍び入り、言葉もかけずに芹沢を襲った。芹沢は驚きながらも脇差を抜いて応戦した。芹沢は沖田の鼻の下に軽傷を負わせたものの、土方歳三の二の太刀を受け損ない、斬り倒されて死亡した。ムメも同時に斬り殺された。平山五郎は山南敬助と原田左之助の二名に殺された(38)。西村は、この暗殺を、「会津の内命にて斬戮《ざんりく》」(39)と、会津藩から指示されたものであったという。

また八木為三郎（当主源之丞の二男、当時十五歳）は、暗殺について次のように話している。

夜中の十二時頃に誰かが玄関の障子を開けて静かに入ってきた。入ってきたのは土方歳三であった。土方は芹沢と平山の寝室を覗《のぞ》いて熟睡を確認し、静かに去っていった。その後二十分ほどして四、五人が乱入し二人を殺害した。目撃した為三郎の母によれば、沖田、原田、さらには山南がいたようであった。芹沢派の平間重助は輪違屋糸里《わちがいやいとさと》とともにいたが、平間は逃亡した(40)。永倉新八によれば、平間と一緒にいた桔梗屋《ききょうや》吉栄《きちえい》は、糸里とともに助かった(41)。九月二十日には、芹沢と平山の葬儀が営まれた(42)。

平間はその後行方不明となり、芹沢派の残る一人野口健司は、文久三年十二月二十七日に切腹、あるいは二十八日原田左之助による殺害(43)と二説あるが、いずれにしてもこの年のうちに死亡している。こうして芹沢派は完全に滅ぼされたのである。

## 会津藩の信任と組織化

実はこの頃、近藤勇の義父周斎の体調が悪化していた。

勇の実家の長兄宮川音五郎が、勇の江戸帰りを願ったが、九月二十三日に会津藩士の広沢富次郎と大野英馬がこれを断る書簡を記している。書簡によれば、当節京都の治安が不安定で、かつ芹沢鴨が病死した。このため「五十人余烏合の浪士局、近藤氏一人の総括にてようやく取り締まり罷《まか》りあり候(44)」と、新選組五十余名は烏合の衆であるので、近藤一人の力でようやく統制がとれている、ここで近藤が江戸に行くと新選組は分裂離散状態になると述べ、近藤の江戸行きを断っている。近藤に対する会津藩の信任ぶりがうかがわれる。

なお、近藤書簡14によれば、九月二十五日に、八・一八政変の出動に対して、朝廷から一人一両ずつの褒美が与えられ、また、『東西紀聞』によれば十月四日から八日頃に、会津藩から新選組六十名に対して、一人一月金三両ずつが与えられている。さらに永倉新八によれば、八・一八政変において長州藩引き揚げにさいした新選組の行動が時宜を得たとして、将軍家から恩賞の沙汰があり、隊《ママ》長が月額五十両、副長が四十両、副長助勤が三十両、平隊士が十両支給されるようになった(45)。

この時期、新選組の給与制度が整備されていったことが知られるのである。

## 公武合体派集会での近藤の演説

その後十月十日、会津藩主松平容保の提案により、祇園料亭一力《いちりき》（東山区）で「国家之議論集会」が開かれた。この集会には薩摩、土佐、安芸、肥後、会津諸藩の国政周旋掛りが出席した。ここに近藤勇も招かれたのである。近藤書簡14によれば、山海の珍味が準備された。酔うに至ったものの、国家や大義を口にする者がいない。会津藩家老の横山主税《ちから》と薩摩藩の島津某が、報国有志の近藤の高論を承りたいと言った。そこで近藤は、これまで薩摩と長州が攘夷を実行したが、それは国港攘夷（一国一港での攘夷）であり、海国攘夷（国を挙げての攘夷）とは異なる。かくなるうえは公武合体を第一とし、そのうえで幕府が攘夷を主張すれば自然と国内も安定する。もともと外国のためにこのように天下が混乱し内乱が起こっているのだから、国内が一致して幕府を助け、海岸を防禦するしかないと答えた。諸藩の出席者はみな「同意」と述べ、それより国家の方針を立てるには、まず将軍が上洛し、そのうえで関東において政治を行うこと、そうしなくては決して収まらないであろうと、おおよそ一致した。この結果、朝廷は将軍に上洛するよう命じ、近藤自身は新選組内を取り締まり、国家大義の周旋に尽くすつもりであるが、病身になり困っているとも述べている。

十月十五日、近藤は松平容保への上書で、このたび関東の新徴組が新規召し抱えになったことに関連して、新選組の待遇について答えている。近藤は、自分たちは尽忠報国の志士であり、募集に応じて二月に上京した。皇命を尊戴《そんたい》し、攘夷を実行するつもりで在京している。いまだこれを実行しないうちに禄位を与えられては、隊士たちの気持ちが緩むと心配している。(46) このように近藤は、幕府の召し抱えを断る一方で、攘夷実行ののちにこれを受けることを願ったのである。

十月十九日、近藤は京都町奉行の永井尚志《なおむね》と面談し、将軍上洛の必要性を述べている（近藤書簡15）。

十一月二十一日には武蔵国多摩郡本宿《ほんしゅく》村（府中市）の名主松本友八の長男の松本捨助《すてすけ》が新選組入隊を希望して上京した。松本は日野宿の佐藤道場や古賀道場で天然理心流を学んだが、文久三年浪士組上京のさい家族に反対され参加できなかった。そこでこのたび、命を捧げてくると言い残して、生家を後にしたのである。しかし、京都で土方に再会したものの、結局聞き入れられず、小野路村の小島家に書簡を届けるよう依頼され多摩に戻ったのであった。(47) なお、土方はこの頃の書簡4において、京・大坂で多くの女性とつきあっていることを自慢し、「報国の心《こ》ころわするる婦人哉《かな》」の句を詠み、「松平肥後の守御預り新撰組浪士勢い日々相増し、これに依り万々松本（捨助）氏より御承り下さるべく候」と、新選組の隆盛を誇っている。

## 公武合体派の政局主導

さて、京都の政局は、十二月二十三日に長州に通ずる関白の鷹司輔熙が辞任し、公武合体派に通ずる二条斉敬《なりゆき》が関白に就任するなど、公武合体派が主導権を握った。

十二月三十日には一橋慶喜、松平容保、越前福井藩主松平慶永、土佐藩主山内豊信、伊予宇和島藩主伊達宗城ら公武合体派の有力諸侯が朝議参予に任命され、参予会議が設置された。翌元治元年（一八六四）正月十三日には、島津藩主島津忠義の父の久光も参予に加わった。

正月十五日には、海路大坂に到着していた将軍家茂が再入京し二条城に入った。新選組は大坂から京都までこれを警固している(48)。二月一日早朝、四条大橋東詰（東山区）の高札場《こうさつば》の立て札に新選組を中傷する杉板が打ちつけられた。これによれば、近頃会津家臣あるいは幕府新徴士と名乗る無頼の者たちが市中の金持ちの家に入り、憂国正義の浪士などと偽り金銭を無心し、これを断ると抜き身で脅している。また夜中に道で理由もなく人を斬り、衣服や所持品を奪っている。さらに奢侈《しゃし》をきわめ妓楼《ぎろう》（遊女屋）や料理屋で遊び非道を働いている。しかも会津藩はこれを容認していると、新選組とその庇護者である会津藩が批判されている。八・一八政変を経て、公武合体派の隆盛とともに、新選組もまた批判の対象になっていったのである(49)。

二月十一日、松平容保は京都守護職から陸軍総裁職へ、さらに同十五日(十三日とも)には軍事総裁職となった(50)。近藤書簡17によれば、この時期近藤は体調を崩し、容保の勧めもあり温泉で療養していたが、この報に驚き急ぎ戻っている。また、二月十五日には、松平慶永が京都守護職に就任するなど(51)、公武合体派の体制固めが進められた。

この役職異動にともない、幕府は新選組を京都守護職後任の松平慶永に預けようとしたが、近藤らはこれを断り、三月三日従来通り会津藩預りとなった(52)。新選組と会津藩の関係は、いっそう強化されたのである。

なお、多摩郡蓮光寺村(多摩市)名主の富沢政恕《まさひろ》は、将軍家茂上洛のさい、知行主の旗本天野雅次郎に用人格として従っている。正月二日に江戸を発ち、十七日に入京、四月十三日まで約三か月間滞在した。富沢は二条城に出仕するかたわら、近藤、土方、沖田、井上らと会い時局を語っている。ただしこの間、山南敬助は病ということで、会ってはいない。

正月十九日夜、富沢とともに中小姓格として上洛していた江坂勝衛は、乱酒暴行を働き、二十一日に富沢から長暇を申し渡された。しかし江坂は二月六日夜に重ねて五条橋(東山区)付近の遊女屋で乱行に及び、巡察中の新選組隊士に捕えられた。八日、富沢は江坂を新選組から貰い受け、その日のうちに京都から追放している(53)。

## 一会桑権力の成立

三月九日、参予会議は、鎖港《さこう》攘夷（横浜港での貿易を中止し、攘夷を実行すること）を主張する一橋慶喜が他の諸侯と対立して瓦解した。

こののち三月二十五日、慶喜は朝廷から禁裏《きんり》守衛総督・摂海《せっかい》防禦指揮に直接任命され就任した。四月七日には松平容保が京都守護職に再任され、四月十一日には容保の実弟で桑名藩主の松平定敬《さだあき》が京都所司代に就任した。ここに公武合体派の中でも、より幕府から自立し、朝廷上層部との連携強化を図る一橋（慶喜）、会津（松平容保）、桑名（松平定敬）のいわゆる「一会桑権力」が、京都の政局を主導することになったのである（序章注5参照）。

公武合体派の中の一会桑権力の成立は、京都見廻り体制にも明確に示される。四月十九日頃の「山階宮《やましなのみや》国事文書写」には、当分の間、禁裏守衛総督（一橋）、京都守護職（会津）、京都所司代（桑名）、新選組が見廻りを行い、町奉行所から案内者を出すようになったことが記されている[54]。

四月二十六日には、江戸で京都の治安維持のために見廻組が結成されている。見廻組は、京都見廻役（二名、小禄大名か大身旗本が就任）を長とし、これを補佐する与頭《くみがしら》と与頭勤方《つとめかた》（いずれも旗本）がおり、そのもとに定員四百名の同並、同雇（いずれも御家人）が置かれる幕臣直参の組織であった。このとき見廻役になったのは、蒔田《まいた》広孝（備中浅尾藩主）、松平因幡守（旗本交代寄合）であった。[55]かつて浪士取締役並出役であった佐々木只三郎も組頭として京都で活動することになる。幕府目付杉浦梅潭《ばいたん》の日記では、右の四月十九日の京都見廻り体制において、禁裏守衛総督に代わり「見廻り役」が入っている。[56]

新選組は、一会桑権力の一員として、京都市中の警固を分担したのである。

## 3　将軍家茂の江戸帰還

### 近藤の憤激

政治的緊張が高まる中、元治元年（一八六四）五月七日、将軍家茂は京都を離れ、伏見、大坂を経て二十日に江戸に戻った。新選組も将軍警固のため、大坂まで出向いている。[57]

この将軍の江戸帰還について、仙台藩士玉虫誼茂《たまむしやすしげ》の編纂記録『官武通紀』所収の京都からの書簡には、将軍家茂はせっかく上洛したにもかかわらず、基本方針を立てず、瑣末《さまつ》な事柄の処理に終わった。急務である横浜鎖港は、川越藩《かわごえ》に任せたものの関東の情勢では難しく、長州征討についても大坂まで出かけるよう指示があったものの結局取りやめとなった。そのうえ、家茂が突然江戸に帰ることになり、人々はがっかりした。昨年春の上洛とは異なり、公武一和、国事委任、攘夷実行、長州寛典（寛大処分）と、表向きは良いが、実は先述のごとく何も決断しなかったので、人々はさんざんに言っていると記されている。

さらに、これに続く部分で、新選組が家茂帰還について猛烈に怒り、老中酒井忠績《ただしげ》（姫路藩主）に対して、せっかくの上洛にもかかわらず、基本方針を立てずに戻ることは承服できないと主張した。そして、基本方針を立てるまでは京都に留まるべきと述べ、これが叶《かな》わない場合新選組の解散を命じてほしいと願っている。新選組にとって、将軍帰還はとうてい納得できないことであったが、幕府からの指示はなかった(58)。

近藤の憤激は肥後藩の史料からも確認される。五月三日、近藤は会津藩公用方を通じて幕府老中に新選組の進退伺いを出している。これによれば、自分たちは昨年上京以来、八月に市中見廻りを命じられ、さらに四月中にも再度見廻りを命じられ、ありがたく勤めてきた。しかし、自分たちは市中見廻りのために募集されたわけではない。もっとも自分たちは見廻りなどの奉公もするとは思ってきたが、変事の節の奉公のつもりでいた。すでに多くの費用を使い、二度の将軍上洛があったものの、確固たる攘夷の決断がないまま将軍がまた江戸に戻るようでは、自分たちは見込み違いとなり、公儀に苦労をかけるかもしれない。もし将軍が江戸へ戻るようならば、新選組銘々に離散を命じるか、各所へ戻ることを指示するよう願ったのである。そのうえで近藤は、新選組の希望として、将軍が京都で方針を決めないまま江戸に戻るようでは天下の政治はどうなるのか、また自分たちが浪士組に応募して以来何の役にも立っていない、長州攻撃や横浜鎖港などで働くことがないならば解散したいと、大坂の老中に訴えたのである。

すなわち、近藤は、新選組解散をも含めて、自分たちの本来の任務は見廻組のような市中警備ではなく、長州攻めや横浜鎖港など国事に関わることであり、そのためには将軍に江戸に戻ってほしくないと主張したのである。

これに対し、大坂の老中は、会津藩の小森久太郎を通じて、将軍は長州への対応を朝廷から委任されて江戸に向かうものであり、横浜開港は使節が来たうえで決まったことである、また交易品は日本にとって不用のものを輸出していると答え、近藤らを慰留したのである(59)。

### 見廻組と新選組

他方、この時期幕府の京都支配体制の強化が打ち出された。

『会津藩庁記録』によれば、まず四月七日松平容保に対し、軍事総裁職を解き、京都守護職に復させた。この時期容保は病床にあり、家老の神保内蔵助《じんぼくらのすけ》が二条城に出向き、この命を受けている。

続いて五月十四日には、江戸で結成された見廻組が人員不足のため、新選組から隊士を補充することを、会津藩江戸公用方の上田一学に相談している。見廻組の申し出は、以下の通りである。

新規召し抱えの見廻組に相応の人数が集まらない。会津藩に付属している新選組とかいう者たちがいるが、彼らの噂《うわさ》を内外で聞いている。新選組は何人くらいいるのか、召し抱えても差し障りはないか。差し障りなければ京都へ出向いたうえで召し抱えるつもりである。新選組の者たちは、噂などによれば、見識があり志も高いように聞いている。同心ぐらいの身分ではどうかというものであった。会津藩側は、京都の様子が全くわからないので、京都からの返答を待って見廻組に答えている。この申し入れは、新選組が承知しないだろうという意見と、同心の位は高すぎるとの意見から実現しなかった(60)。

京都市中警固をめぐり、これを不本意とする新選組と、体制強化をめざす見廻組の対照的な動きが見られたのである。

### 与力内山彦次郎の暗殺

五月二十日、大坂西町奉行所与力の内山彦次郎が天神橋（大阪市北区、天満橋とも）で暗殺された。内山は、天保八年（一八三七）にかつての同僚大塩平八郎が乱を起こしたさい、平八郎逮捕で名をあげた人物である。

内山の暗殺について、「島田魁日記」には、これより早く文久三年（一八六三）三月頃

「この頃大坂与力の風聞はなはだ宜しからず、ゆえに当組にてこれを探索す」と、新選組が大坂町奉行所与力の探索を行っていたことが記されている。

また西本願寺侍臣の西村兼文は、新選組による暗殺説を述べている。すなわち内山は、新選組が近年京都から大坂に来て、金策を強談《ごうだん》していることを大いに怒っていた。そこへ先述の大坂力士との喧嘩が発生し、内山がこれを厳しく糾弾したため、近藤らは内山を恨んだ。近藤らは、内山が灯油を多く仕入れ、密《ひそ》かに売買したという風評を利用し、彼を暗殺し、尊攘激派の天誅組の仕業に見せかけたというのである。永倉新八は、明治初年の「浪士文久報国記事」(61)では暗殺について記さないものの、『新撰組顚末記《てんまつき》』では暗殺に参加したと述べている。

内山については、浪花《なにわ》の三傑の一人として高い評価がある一方、多額の賄賂《わいろ》を取ったとの醜聞もある。しかし新選組との明確な接点は確認されず、当時六名いた筆頭与力のうち内山だけが新選組と関わる理由もない。むしろ実力者として出世し有名となった内山の暗殺事件に乗じた、新選組関係者の創作の可能性もあるという。新選組周辺の重大事件ではあるものの内山暗殺の真相は、いまだ不明である(62)。

浪士の追跡

四月六日、東本願寺の僧介石は、同寺侍や阿波浪人二名とともに、新選組を騙《かた》り、金子を無理に借りたり、不行跡を重ねたという理由で、新選組に捕えられた。「世話集聞記」によれば、この頃から新選組による京都市中の浪士取り締まりが強化されている(63)。

四月二十二日、河原町通四条下《さが》ル辺（東山区）で火事が起こり、このさい二名の武士が往来の邪魔になったので、新選組が捕えようとすると一名が逃亡した。残る一名を糾問したところ、長州屋敷の門番と自白した。しかし、刀や衣服などが門番には不似合いであったため拷問したところ、長州人が京に二百五十人ほど入り込んでいることを自白した(64)。

この日新選組は、市中に廻状を出し、新選組の見廻り地域において、狼藉者がいた場合、屯所に報告するよう指示している(65)。

五月末頃、新選組は、「長州人（略）三百余人姿をやつし三条大橋の宿屋に泊りおる。当組島田、浅野（薫《かおる》）、山崎（烝《すすむ》）、川島（勝司《かつじ》）これを探索し、会津侯へ達す(66)」と、監察方が長州藩士ら三百余人の動向を探索している。

なお、この頃近藤勇は江戸の義父周斎らに宛てて次のような書簡19を送っている。

一先日、板倉周防守《すおうのかみ》家来より養子貰い受け申し候、当節柄死生のほども計り難く存じ奉り候より右などの心構えいたし候、追て委《くわ》しく申し上ぐべく候、名は周平と附けおき

申し候、実は御相談のうえ、申し上ぐべきはずに候えども、この段行き届きかね候、
追々御詫申し上げ候

これによれば、勇は備中国松山藩（岡山県高梁市《たかはし》）板倉勝静《かつきよ》の家来、すなわち新選組隊士の谷三十郎であるが、この三十郎から弟の谷昌武《まさたけ》を養子として貰い受けている。時節柄いつ自分が死ぬかもしれないので養子を得たとある。追って詳しく知らせるが、名を周平とつけたとしている。周斎に相談のうえで決めるべきであったのに勝手に決めたことを詫びているが、それだけ事態は急を要していたのであろう。京都の緊迫した雰囲気がうかがえる。周平はこのとき十五歳、周平は義父周斎の前名である。

養子の周平は、こののち慶応三年（一八六七）十二月頃に離縁され旧姓に復し、翌年新選組の一員として江戸に戻るが脱走してしまう。しかし詳細は不明である。

六月一日肥後藩浪士宮部鼎蔵《ていぞう》の下僕忠蔵が捕えられた。この頃中間《ちゅうげん》の姿をした不審者二名を鴨川東岸で捕え、厳しく拷問したところ、謀反の計画を白状した。その内容は、長州藩浪士たちが去年末以来、京都に約四十名、伏見に約百名、大坂に約五百名余入り込んでいる。彼らは中川宮と会津（松平容保）を討ち取り、南風の強い日に洛中を焼き、それに乗じて本望を達するというものであった。(67)

**桝屋喜右衛門の捕縛**

六月五日早朝、新選組は京都黒谷《くろだに》（左京区）の会津藩本陣を訪れ、浪士潜伏の場所を探索しているが、二十か所余にもなり、自分たちだけでは取り逃がす心配があるので会津藩からも人数を出してほしいと要望した。(68)

その後新選組は、四条通小橋西入《い》ル真町《しんちょう》（下京区）の薪炭商の桝屋《ますや》喜右衛門を捕縛した。『甲子《かっし》雑録』によると、三条辺（中京区）に松屋《ママ》喜右衛門という者がおり、何の商売かは不明であるが、下男二人を使い、妻はいないという。(69)

また『会津藩庁記録』によれば、四条小橋の桝屋喜右衛門という三十八、九歳の者は、妻や下男・下女もなく商売もしていないのに相応の暮らしぶりで、家も広いことから、新選組はかねてから不審に思っていた。町内のつきあいもなく、六月五日新選組は、ついに隊士二名を遣わし、喜右衛門を壬生の屯所へ連行したという。(70) 壬生の屯所で桝屋を拷問にかけると、ついには自分が近江出身の尊王家古高《ふるたか》俊太郎であることを自白したという。(71)

**尊攘激派の計画**

この結果、新選組が桝屋を調べると、菰《こも》に包んだ木砲《もくほう》が四、五挺、小石鉛玉を取り交ぜ樽に詰めた分、具足《ぐそく》が十領ほど、竹に詰めた火薬が大小数本、会津の印のある提灯が数個、さらに密書が多数発見された。(72) 密書から判明した尊攘激派の計画は、来る七日祇園会《ぎおんえ》の賑わいに乗じ、風の強い折に御所に火をかける。あわてて参内する中川宮と松平容保を途中で討ち、昨年八月十八日の仇を討つ。そして天皇を長州へ連れていくというものであった。(73)

古高捕縛の知らせは、すぐ長州藩邸の桂小五郎らにも伝わった。壬生の屯所を襲い古高を取り戻そうという意見もあったが、長州藩留守居役の乃美織江《のみおりえ》により抑えられ、潜伏している者たちを集め相談することになり、吉田稔麿《としまろ》や宮部鼎蔵らは藩邸を去った。(74)

会津藩の記録によれば、浪士らは新選組が桝屋で封印していた土蔵を打ち破り、甲冑《かっちゅう》や鉄砲を奪い返した。この事態に、新選組はもはや猶予はないと考えたのである。

新選組からの知らせを受けた会津藩では、京都守護職という立場上放っておくことはできず、また捕縛に向かえば長州藩や浪士のいっそうの恨みを買うことから評議を行い、一橋、所司代、町奉行へも打診したところ、いずれも同意を得たので捕縛に向かうことになった。松平容保は病床にあったが、御前に呼び出され挨拶されたので、藩士一同ありがたく涙を流したという。新選組には夜五つ時(午後八時)に祇園会所で集合と約束した。(75)

こうして近藤勇ら新選組の名を全国的に広め、さらに後世まで残すことになる池田屋事件が勃発《ぼっぱつ》するのである。

# 4　池田屋事件

## 近藤勇の書簡

池田屋事件は、幕末維新史の中でも著名な事件の一つであり、いわば、新選組活動の頂点ともいうべき出来事であった。

しかし、この事件については、実は不明な部分が多い。新選組当事者の記録や他の記録の間に、多くの食い違いが見られるのである。まず、新選組当事者の記録から見ていくことにしたい。

池田屋事件の中心にいた近藤勇は、事件三日後の夜に多摩の関係者に宛てて事件の顛末を知らせる書簡19をしたためている。この書簡の原本は確認できないが、神田で古本屋を営んでいた藤岡屋《ふじおかや》（須藤《すどう》）由蔵《よしぞう》の編纂記録『藤岡屋日記』や仙台藩士の記録『官武通紀』に写《うつし》が所収されており、社会に広く出回ったことがうかがえる。このうち『藤岡屋日記』は、近藤勇の書簡について、近藤周斎以下六名の宛名を記すものの、「元治元年甲子《きのえね》年六月、京都壬生浪士新撰組より御当地新徴組へ来状の写」と、新徴組への書簡の写として収録している[76]。

二つの写は、文字の異同や記事の前後があるものの、内容はほぼ同じであり、現場にいた当事者の報告として、まず検討されねばならない史料である。以下では、より文章のつながりが良い『官武通紀』をもとに見ていくことにしたい(77)。

書簡において、まず近藤は「当月五日夜洛陽動乱一条、関東においてさぞさぞ紛々風説これあるべし、よっては御按《あん》じ事御心配も御座候やと存じ奉り候て、とりあえず御安慮なし下さるべく候ようにと、あらかじめ申し上げ奉り候」と、池田屋事件について、関東ではさまざまな風説があり、心配をかけているが安心してほしいと述べ、続けて次のように記している。

かねて大樹公御発駕《はつが》前より紛々と沸騰いたしおり候、御東下御延引相成り候よう及ばずながら種々周旋仕り候えども、ついにその儀相叶わず、御下向相なり候えども、京都御手薄いかが心配いたしおり候折柄、長州藩士・浪士等おいおい入京いたし、かえって近々放火砲発の手筈《てはずごと》事定め、その虚に乗じ、朝廷を本国へ奪い行くの手筈にあらかじめ治定《じじょう》いたし候ところ、かねがね道中(『藤岡屋日記』では「局中」)も右等の次第これあり候やと、心を用る者三人差し出し置き候より、五日早朝怪しき者一人召し捕え、とくと取調べ候ところ、あに計らんや、右徒党一味の者ゆえ、それよりもはや時日移し難く、速やかに御守護職・御所司代へこの段御届け申し上げ候ところ、速やかに手配相成りすなわち、近藤らは将軍の江戸帰府に反対して種々手を尽くしたが叶わず、将軍は江戸に戻ってしまった。このため、京都の警備が手薄になり、長州藩士や激派の浪士が次々と入京した。彼らは、京都の町に放火し、大砲や鉄砲を撃ち、その隙《すき》に天皇を本国に奪う計画を立てた。そこで新選組は探索を行い、五日早朝に不審者を一人捕えた。取り調べたところ、一味の者であったため、さっそく守護職と所司代に報告し、捕縛の準備をすることになったのである。

**池田屋突入**

書簡は、このあと池田屋への突入について記している。

そのとき五時と相触れ候ところ（『藤岡屋日記』では「夜五つ時まで相待〈侍〉り候ところ」）、総方御人数御繰り出し延引、時刻も移り候間、局（『藤岡屋日記』では「局中」）手勢の者にて、右徒党の者三条小橋、縄手二ヶ所に屯《たむろ》いたしおり候ところ、二手に別れ、四つ時頃打ち入り候ところ、一ヶ処には一人もおり申さず、一ヶ処には多勢潜伏いたしおり、かねて覚悟の徒党の族《やから》ゆえ手向い、戦闘一時余りの間御座候、討取り七人、手疵《てきず》

負わせ候者四人、召し捕え二十三人これあり

すなわち、新選組は夜五つ時（午後八時）まで待ったが、守護職・所司代がともに遅れたため、新選組だけで捕縛に向かうことになった。尊攘激派の浪士たちは、三条小橋と縄手の二か所にいるということで、二手に分かれて四つ時（午後十時）に討ち入ったが、一か所には一人もおらず、他の一か所に大勢潜伏していた。かねてから覚悟していた連中なので、手向かいし、戦闘は一時余（二時間余）に及んだ。討ち取った者七名、手傷を負わせた者四名、逮捕者二十三名であった。

近藤は、書簡の後半（『藤岡屋日記』では末尾）において、池田屋への突入と戦闘の様子を次のように記している。

折悪しく局中病人多きにて、わずかに三十人二ヶ処の屯へ二手に別れ、一ヶ所は土方歳三頭にいたし遣し候ところ、人数多く候ところ、その方には一人も居合わせ申さず、下《げ》拙《せつ》わずかの人数引き分け、出口の固め《ママ》させ、打ち入り候者は拙者・沖田・永倉・藤堂・養息周平今年十五歳、五人に御座候、かねて徒党の多勢と合手火花を散らし、一時余りの間戦闘に及び申し候ところ、永倉の刀は折れ、沖田の刀はぼふし折れ、藤堂の刀は刃

切れささらのごとく、倅周平は鎗を切り折られ、下拙の刀は虎徹《こてつ》ゆえに候や、無事に御座候、藤堂は鉢金を打ち落され候より深手を受け申し候、おいおい土方の勢馳《は》せ付け候ゆえ、それより召し捕え申し候、実にこれまでたびたび戦いたし候えども、二合と戦い候者は稀に覚え候えども、今度の敵多勢とは申しながら、いずれも万夫の勇者、誠に危急の命を助かり申し候、まずは御按じ下されまじく候

当時新選組は病人が多く、動ける者は三十名しかいなかった。近藤はこれを二手に分け、人数の多い方を土方が指揮したが、土方らが向かった先には一人もいなかった。近藤はわずかの人数を率いて、まず出口を固めさせ、近藤、沖田総司、永倉新八、藤堂平助、十五歳の養子周平（谷三十郎の三弟）の五名で討ち入った。

相手は大勢であり、火花を散らして一時余（二時間余）の戦闘になった。永倉は刀が折れ、沖田も刀を折られ、藤堂は刃がささらのようになり、周平も鎗を切り折られた。近藤の刀は、名刀虎徹のためか無事であった。藤堂は、鉢がね（軍用鉢巻の額《ひたい》の部分に入れた薄い鉄の板）を打ち落とされ深手を負った。その後、土方勢が駆けつけ、一味を召し捕えた。

今までたびたび戦ってきたが、このたびの敵は大勢のうえ、みな万夫の勇者であり、まことに危うい事態であったと記している。

この前の部分（『藤岡屋日記』ではこのあとの部分）で、近藤は次のように記している。

右は局中の手にて働き候、ようよう事済み候跡へ、守護職・所司代・一橋・彦根・加州等の御人数三千余り出張候ところ、会公手に四人召し捕え、一人討取り、桑名公に一人召し捕え、六日昼九時総人数引き揚げ申し候、前代未聞の珍事に御座候、新選組においては深手藤堂平助、薄手永倉新八、外に手疵を受け候者もこれなく、まずは御安心下さるべく候、会公手に二人深手、所司代越中守様手には即死一人、深手受け候者これなく、もっとも外のところいまだ相分り申さず候、もちろんところどころ深手にて倒れおり候族《やから》もこれある趣、いまだ幾数か不分明に御座候

すなわち、池田屋の働きは新選組のものであり、おおよそ片がついたところへ守護職以下の三千名余の兵が来た。会津は一名討ち取り、四名逮捕、桑名は一名逮捕した。新選組は重傷・軽傷各一名、会津は重傷二名、桑名は一名が即死、重傷はいなかったが、まだまだ多くの死者がいるかもしれないと記している。

この後、近藤は一味からの押収品を書き上げている。これによれば、具足十一領、焼薬大筒十本、鑓二十五本、尖《とが》り矢五百筋、木砲十〆目位《かんめぐらい》五挺、重籐弓《しげとうゆみ》十一筋、反砲三挺、着込・

刀・武器類が長持五であり、会津藩に引き渡したという。尊攘激派の計画が、かなり大がかりなものであったことがうかがえる。

以上、近藤勇の書簡を見てきたが、事件の三日後の夜に書かれたものであり、激闘の息遣いが伝わるような記述になっている。

**永倉新八の回顧記録**

近藤とともに、池田屋内に斬り込んだ永倉新八もまた「浪士文久報国記事」において、当日の様子を記している[78]。

これによれば、近江国（滋賀県）出身の近江屋俊五郎という人物が、四条小橋で馬具商いをしていた。この人物を捕え、新選組の屯所で取り調べたところ、実名を古高俊五郎《ママ》といった。いろいろと訊問したが、なかなか自白しないので、拷問にかけすべて自白させた。この拷問の様子を、永倉は『新撰組顚末記』において次のように記している。

近藤隊長はみずから古高を調べたが、すでに死を決して上京したほどのかれとて、なんにもいわぬ。打って打って背中がやぶれても、眼をつぶって歯を食いしばり、気絶しても口をひらかない。副長の土方歳三もほとほと手にあまし、いろいろ工夫した結果、まず古高の両手をうしろへまわしてしばり、梁《はり》へさかさにつるしあげた。それから足の裏へ五寸釘をプッリととおし、百目ろうそくを立てて火をともした。みるみるろうが流れて、熱鉛のようにトロトロのやつが、古高の足の裏から脛《すね》のあたりへタラタラとはっていく。このしつこい残忍な苦痛には、さしも決死の古高もさすがにたえかねたとみえ、小半時ばかりもだえ苦しんだすえ、ようやく口をひらいて同志の秘策をもらした(79)

この記述がどこまで本当か不明であるが、厳しい拷問の様子がうかがえる。再び「浪士文久報国記事」に戻ると、自白によれば、古高の屋敷に滞在する十名はすべて長州人であり、土蔵の品は御所を焼き討ちするための道具だったという。

計画は、六月二十二日に風がよければ焼き討ちを実行し、天皇を山口（萩）城へ奪うというもので、多数の長州人が姿を変え四条付近の町家に潜み、その他三条通の旅宿にも水口《みなくち》藩（近江）、大淵（溝）藩（同）などの表札を掲げ、三百名ほどが京都に潜伏していた。

新選組がすぐに会津藩主松平容保に報告すると、容保は大いに驚き、京都守護の諸藩に対して口々を固めるよう指示した。会津も捕縛の準備をした。しかし、土方歳三は、古高が捕まったことを聞いて、長州藩士らが逃げ出すかもしれないと言い、新選組は急ぎ祇園会所に出かけることにした。

七つ時（午後四時）頃に祇園の茶屋をくまなく捜したが一人もおらず、みな逃げ去ったようであった。しかし、三条小橋の北側（中京区）に池田屋という旅籠があり、中に長州人がいるという。

表を厳重に固め、近藤、沖田、永倉、藤堂が表口から入った。鉄砲が大量にあったので、これを縄で縛った。玄関で亭主を呼び出し、「今宵旅宿御改め」と言うと、亭主は驚き奥の二階へと向かったので後をつけた。

長州人二十名ほどがみな刀を抜いていた。近藤は、「御用御改め、手向いいたすにおいては用捨なく切り捨てる」と叫んだ。その大声に、長州人らは恐れ後ろに下がった。

一人斬りかかる者がおり、沖田がこれを斬った。下へ逃れる者がいたので、近藤は「下へ」と指示した。下には八間《はちけん》（平たい大型の行灯《あんどん》）があったので明るく、大いに助かった。沖田は病気となり会所へ戻った。以後は三人で闘い、近藤は奥の部屋で逃げる敵を防いだ。台所から表口は永倉が防ぎ、庭先には藤堂がいた。

一名表口から逃れようとした、谷万太郎（谷三十郎の弟）がこれを追いかけ表口で鑓で突き、永倉が肩を斬った。永倉は元の場所へ戻り固めたが、また一名表口へ逃れたので、これを追いかけて袈裟懸《けさが》けに斬った。それから庭先に廻り、雪隠《せっちん》に逃げ込んだ者がいたので、串刺しにしようとしたが、その者が疲労で倒れたので胴を斬った。

藤堂は垣根際から長州人に斬られ、以後血が目に入り難渋した。刃こぼれもしていた。永倉が助太刀して腰に斬り込むと、相手はこれを受け止め永倉に斬りかかってきた。藤堂は深手のため会所へ引き取った。永倉は必死で闘い、近藤が見ているところで二度三度危うい状態となった。近藤は助太刀に来ようとしたが、奥の間には多くの敵がおり来られなかった。

永倉はやっと相手の肩先に斬り込み、ついにこれを仕止めた。長州人四人が刀を差し出して降参したので縄をかけた。永倉は手のひらを少し斬られ、刃こぼれもしたので、長州人の刀を分捕って戦った。

その後、表口から新選組が大勢押し入り捜索した。二階の天井が破れ長州人が一人落ちてきたのを武田観柳斎《かんりゅうさい》が斬った。表に逃れた者たちは、すべて新選組が処理した。島田魁は、鐺を太刀《たち》打《うち》（口金から血どめの間）の五寸（約一五センチメートル）ほど手前で斬り落とされたが、すぐに刀で仕止めた。

三条小橋との間でも戦闘があった。池田屋の主人は手が自由だったので、長州人の縄を解き逃がした。原田左之助がこれを追いかけ、鐺で仕止めた。このとき、京都所司代松平定敬の家臣二名が長州人に斬られ即死した。また、松平容保の家臣が、長州人を水口藩士と思い、縄をかけずに連れて行く途中、袈裟懸けに斬られ逃げられた。新選組はこれを追いかけ、長州藩邸の門前で斬った。

長州人四、五名と池田屋主人を捕え、すべて町奉行所へ差し出した。松平容保は、さっそく朝廷に報告した。朝廷は満足し、新選組一統へ金三百両を与えた。また、幕府も新刀料と金五百両、松平容保も金二十五両を新選組に与えた。

右の永倉の「浪士文久報国記事」の記述も、当事者でなければわからない情報が多く含まれているが、斬り込んだ中に近藤周平の名前がないなど、近藤の書簡との違いもある。近藤周平については、のちに新選組が幕府から与えられた池田屋事件の褒賞金が五両であったことから（一三三頁表、近藤隊は十両、土方隊は七両と五両）、おそらく土方隊であったと推測されている[80]。

## 島田魁の「日記」

当時、探索活動をしていた島田魁もこの事件を記録している。

「島田魁日記」によれば、五月下旬に四条小橋付近に升屋喜左《ママ》衛門と名乗る者がいた。彼は元近江の大津代官の手代の古高俊太郎という人物であり、長州人と通じていた。三百名余が姿を変え、三条大橋付近の宿屋に泊まっていた。新選組は、島田、浅野薫、山崎烝、川島勝司が探索し、会津に知らせた。

六月五日夜、会津・桑名両藩と新選組が合流し、七つ時（午後四時）頃斬り込んだ。長州人は二百人余が大坂に下っており、残りは八、九十名であった。接戦となり捕縛十一名、即死二十名であり、他はみな逃げた。

翌六日には近隣をくまなく探し、昼頃壬生村に戻った。七日には褒美を与えられた。八日には長州人が新選組に斬り込むという噂が市中に流れたため、表門に木砲二門、裏門に一門を備えた。九日には会津から加勢二十一名が来た。[81]

これも、当事者の記録であるが、新選組は池田屋に会津・桑名とともに斬り込んだと記している。

**幕府・会津藩の記録**

以上、新選組の記録により、斬り込み時刻のずれや人数などの違いはあるものの、池田屋事件が新選組のみの単独行動ではなかったことが知られる。

では新選組とともに尊攘激派の逮捕に加わったのは、どのような勢力であったのか、新選組以外の記録から見ていくことにしたい。

幕府目付の杉浦梅潭は、「同夜会津・所司代より人数出し」と、会津と所司代（桑名）が兵を出したことを記している。[82]

会津藩の記録によれば、同藩は新選組から浪士潜伏の報を受けると、一橋、桑名、町奉行と相談した。夜五つ時（午後八時）に祇園の町会所で待ち合わせたが、相談に手間取ったためか会津藩は遅れ、新選組は待ちかねて木屋町付近から捜索を始めた。間もなく会津藩はこれに合流し、祇園大仏《だいぶつ》付近まで捜索し、九名を斬殺し十一名を逮捕したという(83)。

## 仙台藩士・肥後藩の記録

仙台藩士の記録によると、六月五日夜に、以前から市中見廻りをしていた諸勢力が協力して一斉捜索することが指示され、会津藩千五百名、彦根藩千名ほど、松山藩三、四百名ほど、その他淀、桑名、新選組、町奉行与力・同心六十名、計五千名が参加した。死傷者は、浪士方が死亡十四名（うち即死四名）・手負少々、会津藩が即死五名・手負三十名余、彦根藩が即死四名・手負十四、五名、桑名藩が即死二名（うち徒目付《かちめつけ》一名）・手負少々、松山藩と淀藩は両藩とも死者・手負が少々ずつであった。新選組は、四十八名のうち出奔（脱走）などの理由で当日参加したのは三十名、うち深手二名（うち死亡一名）、他に手負がいた(84)。死亡者の数を見ると浪士方が十四名、捕り方が十二名以上とかなりの激闘であり、しかも新選組よりも会津、彦根、桑名の藩士が多く死亡している。

一方、肥後藩の記録は、仙台藩士の記録と異なり、当日の出兵数は、会津・彦根両藩が百五十名ほど、桑名藩と淀藩が百名ほど、町奉行与力・同心が七十名ほど（以上は夜なので詳しくは不明としている）、新選組が三十名ほどとなっている。当初は新選組が四条辺から押し上がり、会津藩が二条辺から押し下がり、一所で合流する予定であった。しかし、会津藩は遅れてしまい、夜九つ（午前零時）以後二条から木屋町三条まで捜索したが浪士を発見できず、三条小橋で新選組と合流し、先斗町《ぽんとちょう》（中京区）付近まで捜索し、ところどころで十五〜二十名を斬殺・逮捕した。同記録にはこれとは別に、五日一橋・会津・桑名に対して、六日早朝に浪士らを召し捕るよう勅令が下り、これを新選組に伝えたところ、新選組はその夜池田屋へ押しかけた。このため会津・桑名両藩は他の浪士を捜索した。会津藩は二名斬殺・三名逮捕し、桑名藩は二名斬殺・二名逮捕した。両藩の犠牲は討死一名ずつであった。新選組は着込みで身を固め、寝間に押しかけたので、手負いのみであった。一橋から参加はなかったと会津藩士が言っていたなどの記述も見られる(85)。

**その他の記録**

その他、夕七つ時（午後四時）頃から会津、彦根、松山、浜松、桑名の五藩と新選組、町奉行所の与力・同心が、三条小橋辺より上は二条通、下は松原（東山区）付近まで、ところどころに四〜六名ずつ待ち合わせをするふりをして集まり、さらに夕刻から諸藩の兵が池田屋周辺に集まったとの記録もある(86)。

また夜六つ半時（午後七時）に新選組二十名ほどが手鑓を携え、祇園町の越房という茶屋を探索したが浪士はおらず、四半時後《しはんときご》（七時半）頃に会津と桑名の藩兵が加わり、同所の井筒を捜索したが、ここにも浪士はいなかった。このとき池田屋に浪士たちが二、三日前から宿泊し、酒盛りしているとの情報を得て、会津や所司代など五十名が乱入したとする記述もある。(87)

京都町人の高木在中《ざいちゅう》（鍵屋《かぎや》長治郎）の日記には、六日夜から七日にかけて三条河原町（中京区）付近から二条（同）までは大混乱となった。浪士が潜伏しているというので、会津、彦根、所司代、町奉行組、新選組が不意に押し寄せ、四、五名を斬殺し、十一名を捕縛した。寄手方《よせて》の犠牲は、三、四名ほどが討死、負傷者は多数であったとの噂を記している。(88)

以上のさまざまな史料から、池田屋事件が必ずしも新選組の単独行動ではなく、公武合体派諸勢力の協力のもとで展開されたことが知られる。

## 尊攘激派浪士の闘い

これに対して、池田屋事件のさいの尊攘激派浪士の動きについて、実はいまだ正確な史料はない。西村兼文「新撰組始末記」によれば、宮部鼎蔵、北添佶摩《きたぞえきつま》、野老山吾吉郎《ところやまごきちろう》、松尾甲之進が斬殺され、吉田稔麿《としまろ》は負傷し裏二階から飛び降り桑名藩徒目付の本間久太夫を斬り殺し、黒川某にも重傷を負わせ、河原町（中京区）の長州藩邸に入ろうとした。しかしすでに早く、美作《みまさか》藩浪士安藤鉄馬が池田屋を逃れ、河原町辻で会津藩の柴司《しばつかさ》に重傷を負わせ長州藩邸に逃げ込んでいた。事態を知った同藩邸が門を閉ざしたため、吉田は入ることができず、すでに一歩も動ける状態ではなかったことから門前で自殺した。これを聞いた柴司も切腹した（これは誤りで柴司が切腹するのは後述の明保野《あけぼの》亭事件でのこと）。一方、池田屋の一階奥の間には土方ら二十余名が乱入し、大高忠兵衛を斬り殺し（これも後述の捕縛者リストに名前があるので誤りと思われる）、山田虎之助、西川幸助を捕縛した。松田重助は一階の裏座敷で酔いを醒《さ》ましていたが、短刀のみであったため簡単に捕縛された。その後明け方になり、隙を見て逃げ出したが、河原町において会津藩の見張りの者に背後から槍で突かれ死亡した。

安岡勘馬は、刀を折り左の耳脇に槍傷を負ったが、屋根越しに逃れ、板倉筑前邸に潜み、長州藩邸に入った。大沢逸平も池田屋の浴室に隠れ、明け方には町屋に潜み、六日の暮れ方に逃れこれも長州藩邸に入った。このとき市中で捕えられた者は、古高俊太郎、佐藤一郎、内山太郎左衛門、桜山五郎、南雲平馬ほか数名であった(89)。

また子母澤寛『新選組始末記』によれば、池田屋で即死したのは、宮部、吉田、杉山松助、松田重助、北添、大高又次郎、石川潤次郎の七名であった。池田屋にはいなかったが、藤崎八郎（土佐藩）は戦闘に巻き込まれ、捕えられて大坂の土佐藩邸で切腹、また吉岡庄助（長州藩）も巻き添えになり会津藩士に殺された。

その他池田屋から逃れた者も、西川耕蔵は牢死、広岡浪秀《なみひで》は長州屋敷近くの路上で絶命、野老山五吉郎は傷がもとで二十七日に長州藩邸内で死亡し、望月亀弥太《かめやた》は角倉《すみのくら》辺（中京区）で切腹、佐伯靭彦《さえきゆきひこ》は捕えられ翌年六月斬首となった(90)。

逮捕者については『官武通紀』にリストがある。ここには大鷹屋忠兵衛、西川耕蔵、松村重之助（松田重助）、瀬尾幸十郎、大中主膳《しゆぜん》、澤井帯刀《たてわき》、彦助（池田屋惣兵衛弟）、宮藤主水（佐伯稜威雄《いつお》）、森主計《かずえ》、佐藤一郎、内山太郎左衛門、近江屋きん、幸次郎（泉屋重助手代）、泉屋重助、丹波屋次郎兵衛、同人倅万助の十六名が書き上げられている(91)。ただしこの記述も、先の西村、子母澤と異なる部分がある。混乱の中で敗れた浪士たちの実態を明らかにするのは、追手以上に困難な作業となっている。

一方、新選組は、奥沢栄助が死亡、新田革左衛門《かくざえもん》、安藤早太郎《はやたろう》、藤堂平助の三名が重傷であった。

### 沖田総司の離脱

なお、池田屋の斬り合いのさなかの沖田総司の離脱については、先に見た事件三日後の近藤勇の書簡と、明治二年（一八六九）頃成立の「島田魁日記」に記述はない。同じ明治二年頃に永倉新八が記した「浪士文久報国記事」では、「沖田総司病気にて会所へ引取」とあり、同じく永倉が明治四十四年に記した「七ヶ所手負場所顕《あらわ》ス」では「沖田総司俄《にわか》に持病が起りよんどころなく表へ出る」とある。その後大正二年（一九一三）に永倉の話をまとめた『新撰組顛末記』では、「そうこうするうちに沖田が大奮闘のさいちゅうに持病の肺患が再発してうち倒れたので、眉間《みけん》に負傷した藤堂とともに表へ出してしまう」と、持病の肺病で退いたことが記されている。

そしてその後、昭和三年（一九二八）の子母澤寛『新選組始末記』において、「何しろ二時間余にわたれる激戦である。名だたる新選組の猛者《もさ》も、先ず名人の沖田が、戦の半に、持病の肺が悪くなってひどい喀血《かっけつ》をして昏倒《こんとう》した」と、喀血したと記されているのである。

すなわち、沖田の離脱については、時代が下るにつれて肺病・喀血と記されるようになったことが指摘できるのである(92)。

さて、近藤勇は六月八日夜に記した義父周斎らに宛てた書簡19において、「関東表も武人の有志御座候わば、早々上京いたし候よう御依頼申し上げ候、兵は東国に限り候と存じ奉り候、このだん宜しく御周旋くださるべく候」と、この戦闘を通して東国・関東武士への厚い信頼を表明し、新選組への周旋を頼んでいる。

なお、池田屋事件について、「元治新聞紙」は、「長州屋敷あるいは三条旅籠屋にて小戦争これあり」[93]と、長州藩屋敷付近の戦闘と併せて小戦争と記し、先の高木在中はこの時期の京都を「日々乱世の様」[94]と記している。新選組を含む公武合体派は、「小戦争」「乱世」を制し、京都政局の主導権を握ったのである。

**明保野亭事件**

元治元年（一八六四）六月十日、池田屋事件後の激派浪士捜索が続く中、東山（東山区）の茶屋明保野《あけぼの》（曙とも）亭で事件が起きた。六月十六日付柴寛次郎宛て柴幾馬《いくま》（会津藩士）書簡によると、十日聖護院《しょうごいん》（左京区）内の雑掌二名を召し捕え、吟味したところ、祇園の南の明保野という茶屋に長州人が二十名ほどいると白状した。このため同日九つ時（十二時）、一名に対して一名の割で、新選組十五名と応援の会津藩士柴司ら五名の計二十名が押し寄せた。二階の二つの入口の一方を新選組が、もう一方を会津藩士が固めた。

柴司は一階を固めていたが、二階で騒ぎが起こり、帯刀者二名が逃げてきた。新選組の武田観柳斎が声をかけたが、柴司は討ち取るようと聞こえた。そこで追いかけたところ、相手は垣根を壊して逃れた。次の垣根で追い詰めたが、刀を抜いたので柴は槍で突いた。新選組隊士がそばに行き名前を聞いたところ、土佐藩家老福岡宮内の組士の麻田時太郎という者であった。大小の刀を取り上げ土佐藩屋敷の縁側まで連れていったが、自分はこのような手傷を負い残念であると述べた(95)。

この事件は「長藩浪士にはこれなく、全く人間違いにて、土州の藩中災難のことに候(96)」と、長州藩浪人と土佐藩士を取り違えた事件であり、土佐藩と会津藩の間に緊張が走った。事件を聞いた土佐藩士は激怒し、明保野亭へ駆けつけ、会津藩本陣のある黒谷へ押し寄せるか、新選組屯所の壬生へ切り込むか相談していたところを、土佐藩家老がようやく抑えたという。

以下、先の柴幾馬の書簡によれば(97)、柴司のいる新選組屯所は、土佐藩の襲撃に備えて、「壬生浪士どももその夜厳しく用心いたし、大銃ならびに十匁筒へ玉を込め、裏の方へは楯を連ねぬ。終夜眠らず用心いたしおり候由」と、夜通し大銃・大筒に弾を込め、また裏門には盾を並べて厳戒態勢をとった。

翌十一日朝、柴司は新選組屯所を出て、黒谷の会津藩本陣に向かった。その途中で兄の幾馬と外三郎《ほかさぶろう》に会った。そのさい、司は逃走した者は確かに怪しい者であり、しかも自分が槍で突かなければ、自分が真っ二つにされていたと正当性を主張した。

他方、負傷した土佐藩士の麻田時太郎は、不慮の手傷を負い、身が立たず、療養したうえで、相手に対して無念を晴らそうとも思ったが、炎暑の季節でもあり、万一自分の容態が悪化することなどあっては士道に背くことにもなりかねず、やむをえず自刃した。

これに対し、会津藩側は困惑し、最終的に柴司は兄の外三郎の介錯《かいしゃく》で切腹することになった。兄幾馬の書簡では、切腹は立派に行われ、藩主松平容保は惜しい武士を失ったとしきりに泣き、家臣たちもみな涙したという。

六月十三日柴司の葬儀が行われた。新選組からは土方、井上源三郎、武田観柳斎、河合耆《き》三郎《さぶろう》、浅野薫の五名が参列した。彼らは遺体を撫《な》で、みな声を出して泣いた。このほか近藤勇と新選組一統から香典各百疋ずつが渡された。

以上、明保野亭事件は、池田屋事件の直後、新選組や会津藩士が極度の緊張に置かれた中で起きた偶発的な事故であったが、両名の切腹は、京都政局における会津藩と土佐藩の外交決着の方法でもあった。

# 第三章　混迷する京都政局

## 1　禁門の変

### 尊攘激派の反撃

長州藩を中心とする尊攘激派は、池田屋事件を受けて、京都での勢力を挽回すべく同藩の福原越後《ふくはらえちご》、国司信濃《くにししなの》、益田右衛門介《ますだうえもんのすけ》の三家老が率兵上京した。

元治元年（一八六四）七月十九日、尊攘激派は、会津・薩摩両藩の兵と御所の蛤御門付近で戦った。この戦いは禁門の変と呼ばれる。永倉新八「浪士文久報国記事」によれば、新選組は、十八日明け方に伏見（伏見区）の長州屋敷を焼き討ちしようと準備していたところ、前日の夜五つ時（午後八時）頃に伏見の方で大砲の音がし、東九条村（南区）で貝や太鼓が鳴らされたので、持ち場へ出かけた。大垣藩から伏見が手薄で心配との申し出があったため、会津藩二百名と新選組全員が伏見に向かった。このとき、彦根藩が伏見関門を固めていた。そこへ長州藩の家老福原越後がやって来て、自分たちは、京都町奉行の永井尚志《なおむね》の命により、天龍寺（右京区）の兵を引き取らせるために関門を通るものである。彦根藩の返答によっては、これを攻めるつもりであると言ったので、彦根藩はその勢いに押され、これを了承した。福原の策略は、比叡山（京都市左京区・滋賀県大津市）に登り近江からの米のルートを断ち、兵糧攻めにしようとするものであった。

福原らが大垣藩の守備する関門に向かうと、大垣藩はこれに砲撃を加え大戦争となった。福原が大砲の弾に当たり落馬すると、福原軍は総崩れとなった。このとき、新選組は大垣藩に対して追討するかどうか尋ねたが、大垣藩は追い討ちは難しく、まだ夜も明けておらず、間道もあるので、同藩は見合わせるとの返事であった。しかし、新選組は追い討ちをかけることとし、伏見稲荷（伏見区）から墨染《すみぞめ》（同前）まで追討した。福原は負傷のまま船で大坂に逃げ、新選組は福原を捕えられずに持ち場に戻った。

夜が明けると、御所の方から大砲の音が激しく聞こえ、屋根に上って見ると御所に当たり黒煙が上がっていた。「それ御所へ」と近藤勇が指揮して、新選組だけで七条通りを上り、堺町御門（上京区）の二丁（約二一八メートル）ほど手前に陣取った。このとき堺町御門の守備は松平茂昭《もちあき》（越前福井藩主）であり、長州勢は追い払われ、会津藩兵が門内を固めていた。

堺町御門の東側の鷹司邸内に長州人が五十人ほど潜伏していたため、鷹司邸内に火をかけた。堺町御門では会津と新選組が長州兵を挟み討ちにした。(1)

一方、仙台藩士の記録『官武通紀』によると、当時会津藩は竹田街道を固めていたが、御所の警固が心配になった。すると、近藤が駆けつけ、御所方面も優勢であり、煙が上がっているのは、官軍（幕府方）が長州邸を焼き討ちにしたためと報告した。(2)近藤は会津藩への情報提供も行っていたのである。尾張人の蒐集《しゅうしゅう》記録『甲子雑録』によれば、このとき竹田街道を固めていたのは、会津藩と新選組と見廻組であった。(3)

公家町の向かいの角にある日野家の屋敷には、会津藩の見張り所があった。ところが日野屋敷にも五十名ほどの長州藩士らが潜伏しており、不意に見張り所に斬り込んできた。ようやく彼らを討ち取ったものの、会津藩にも死者が多数出た。新選組は、公家御門の前を固めた。(4)

また、島田魁の日記によれば、新選組は蛤御門で会津藩と合流し、薩摩藩とともに戦い、午後二時頃長州軍がいた天龍寺を攻め、焼き払っている。(5)

### 天王山の戦い

こののち御所から天龍寺への討手に島津茂久《もちひさ》が命じられ、天王山《てんのうざん》（乙訓《おとくに》郡大山崎町）の討手に松平容保と新選組が命じられ、七月二十一日にそれぞれ出兵した。二十二日朝、薩摩軍が天龍寺を攻撃すると、長州勢は大敗し天王山へ落ち、薩摩藩はこれを追討した。同じく二十二日朝、会津藩と新選組も天王山を攻撃したが、いまだ夜が明けなかったので、旗を巻き、絨をからげて淀城（伏見区）まで押し寄せた(6)。

『官武通紀』によれば、午後四時頃に尊攘激派を追撃しようとしたが、兵糧などの準備に手間取り日が暮れたため、新選組がところどころを探索し、潜伏していた浪士の首を三、四取ったのを見たという(7)。

永倉「浪士文久報国記事」によれば、翌日、会津藩と新選組は、山崎の渡し場を先陣・後陣に分かれて渡った。その先、宝積寺《ほうしゃくじ》（大山崎町）へは会津の士（侍）大将神保内蔵助が組下百名ほどを率い、新選組局長近藤が四十名ほどを率いて進んだ。天王山の下は、副長土方以下新選組総勢百五十名と会津兵四百名が固めた。

やがて、宝積寺から攻め始めると、天王山に向かって六丁（約六五四メートル）ほど離れたところに真木和泉《まきいずみ》がいた。彼は、久留米藩士で水天宮祀官《すいてんぐうしかん》、尊攘激派の理論的指導者であった。真木は金の烏帽子《えぼし》をかぶり、錦の直垂《ひたたれ》を着、組下の二十人ほどに鉄砲を持たせて一丁（約一〇九メートル）ほど近くまで押し寄せた。真木は「我は長門宰相の家臣の真木和泉である。互いに名乗りあって戦おう」と声をかけた。そこで「我は徳川の旗本で近藤勇という」

と応えた（ただし近藤が幕臣となるのは、こののち慶応三年六月のことである）。その後、真木は詩を吟じ、鬨《とき》の声をあげて発砲し、陣小屋へ退いた。近藤らが追い討ちをかけると、真木らは陣小屋に火をかけ、火の中で全員切腹した。永倉は敵ながら立派な討死と感心している。その後、会津藩は天王山に登り旗を持って勝ち鬨をあげた。(8)

「改訂肥後藩国事史料」は、このときの様子を次のように記している。すなわち、夜明け頃に諸軍勢は一斉に兵を動かし、午前十時頃から合戦が始まった。新選組などが先陣を切り天王山の麓《ふもと》に到着したところ、尊攘激派は山の上から発砲し、数時間、激しい撃ち合いとなった。激派はかなわないと思ったのか、山の上の陣営に火を放ったので、新選組などが攻め上った。すると激派約二十名余は割腹し、枕を並べて倒れていた。なかには焼死した者もいた。彼らはすべて歩兵ではなく、指揮官のようであった。(9) ここでも新選組が先陣を切って戦闘に参加した様子が記されている。

会津藩士の書簡にも、新選組と会津藩が先陣を切って天王山に登ったことが記され、「島田魁日記」には、新選組が会津藩や見廻組とともに天王山を攻めたとある。なお、「改訂肥後藩国事史料」によれば、天王山での死者は真木和泉以下十七名であった。(10)

新選組は天王山の戦いの翌日二十三日に大坂に下った。しかし、大坂で長州勢が蔵屋敷に火を放ったため、市中潜伏の長州人を探索した。二十四日には長州屋敷を攻めて二十名ほどを逮捕し、町奉行所に引き渡した。その後新選組は、三十石船で上京し壬生村の屯所に戻っている(11)。

以上、禁門の変のさい、新選組が、会津、薩摩、彦根、大垣など公武合体派の諸勢力とともに戦い、天王山の戦いでも会津藩や見廻組などとともに戦ったことが明らかになった。ここでも、新選組が、公武合体派諸勢力とりわけ会津藩とともに戦ったことが確認されるのである。

禁門の変により、長州藩を中心とする尊攘激派は壊滅した。さらに、長州藩に協力した疑いで、有栖川宮幟仁《たかひと》・熾仁《たるひと》両親王父子、前関白鷹司輔熙らも処分された。朝廷内の尊攘急進派もまた勢力を失ったのである。

## 新選組の評判

池田屋事件から禁門の変を通じて、新選組の名は、幕閣や江戸・京坂の市民に知られるようになった。天王山の戦いが終わったのちの八月四日、幕府から新選組に対して池田屋事件の働きが認められ、会津藩を通して金子が与えられた。

『会津藩庁記録』(12)によれば、新選組の「抜群相働」が将軍の耳に入ったという。新選組は常々申し付けられたことをよく守り、忠勇義烈の志が厚く、帝都警衛も手厚く行っていたが、このたびは「一際奮発相働」いたことを褒賞されたものであった。

褒賞金のランクは左表の通りである。最後の別段金十両充《あて》は死亡した奥沢栄助、安藤早太郎、新田革左衛門とされる。総勢三十四名。当時新選組隊士は四十名であったとされ、山南敬助、山崎烝、尾形俊太郎ら六名の隊士が、留守役あるいは体調不良などで参加していない。

別段の新刀料十両充を与えられた沖田総司ら六名と、さらに三名の死亡者を加えた九名が近藤隊とされ、別段の金七両充と五両充を与えられた二十三名が土方隊とされる。

| | | |
|---|---|---|
| 金十両 | 別段　金二十両 | 近藤勇 |
| 金十両 | 別段　金十三両 | 土方歳三 |
| 金十両充 | 別段　金十両充 | 沖田総司、永倉新八、藤堂平輔、谷万太郎、浅野藤太郎(薫)、武田観柳斎 |
| 金十両充 | 別段　金七両充 | 井上源三郎、原田佐之助、斎藤一、篠塚岸三、林信太郎、島田魁、川島勝司、葛山武八郎、谷三十郎、三品仲治、蟻通勘吾 |
| 金十両充 | 別段　金五両充 | 松原忠司、伊木八郎、中村金吾、尾関弥四郎、宿院良蔵、佐々木蔵之助、河合耆三郎、坂井兵庫、木内岸太、松本喜次郎、竹内元太郎、近藤周平 |
| 金十両 | 別段　金十両充 | 三人へ |

『会津藩庁記録５』p.494より

土方隊の中でも井上源三郎以下十一名が、応援として池田屋内に斬り込んだことも推測されている。(13) 前述のごとく、近藤勇が書簡において近藤隊として共に突入したとする養子の周平は、この金額から見るかぎり土方隊、しかも屋外で警備していたことになる。

八月十五日には、老中稲葉正邦から松平容保に宛てて、会津藩とともに新選組に対して禁門の変での働きを称え、将軍名による感状が与えられた。内容は、長州勢が入京し禁裏に迫り発砲乱暴に及んださい、松平容保がさっそく参内し、禁裏を守護するとともに、家臣たちが奮闘した。会津藩御預りの新選組もすぐ出陣し、多数を討ち取ったことについて将軍が子細を聞き、一同忠勤に励んだことを比類なき働きとして神妙に思ったという。(14)

新選組の活動は、江戸でも評判になっていた。「小島政則聴書《ききがき》」によれば、八月二十四日、小島鹿之助と才市が江戸から戻り話をしたさい、「近藤勇噂、市中一役評判、往義まさしく武士と申す噂に御座候」と、当時江戸の人々は近藤勇をまことの武士と称えていたという。

他方、「勝海舟日記」によれば、八月二十三日、坂本龍馬は江戸で勝を訪ね、壬生浪士（新選組）が探索を名目に民衆の財産を奪う行為がはなはだしく、みな迷惑をこうむっている。そのため彼らを雇っている会津藩の評判も良くないと話している。(15)

評価の違いはあるにせよ、新選組はこの時期、一躍有名になったのである。

## 永倉・原田らの近藤批判

この頃、新選組内部では、組織化を進める近藤勇と、同志的結合を重視する幹部らとの間に緊張が高まった。元治元年（一八六四）八月下旬頃、永倉新八、斎藤一、原田左之助、尾関雅次郎、島田魁、葛山武八郎《かつらやまぶはちろう》の六名が会津藩主松平容保に対して、近藤の非行五か条を列挙し訴える事件が起こった。永倉新八の記録には次のように記されている。

すなわち、近藤は芹沢鴨暗殺以後専制化し、「壬生の屯所でも他の同志をみることあだ（た）かも家来などのようにとりあつかい」という状態であった。このため、試衛場以来の同志の中には、近藤を飽きたらず思う者が出てきた。隊士らは脱走するか反抗するか、不平を言い、思いもさまざまとなり、やがて新選組は壊滅する予兆も見られた。永倉ら六名は松平容保と面談するが、容保は、新選組が近藤勇、原田左之助、永倉新八らが申し合わせて結成したものと、同志的結合に理解を示したうえで、もしこれにより新選組が崩壊すれば、これを預かっている容保の不明に帰すると説得した。帰り道、武田観柳斎が来て、自分たちが近藤の臣下として仕えるなどへつらったことを深く詫びたという(16)。この事件により、新選組内部に組織化・規律化をめざし権力集中を図る近藤の方針を受け入れる者と、こうした動きを批判する旧来からの同志たちの二つの立場があったことがうかがえる。

新選組が社会の注目を集めた時期は、同時に新選組が内部矛盾を顕在化させる時期でもあったのである。こののち、九月六日に六名のうちの葛山武八郎が切腹した。詳細は不明であるが、この訴訟に関わるものとする見解もある。(17)

## 2 幕長戦争戦間期の動向

### 長州藩の恭順

禁門の変後も、公武合体派は長州藩への圧力を緩めなかった。元治元年(一八六四)七月二十三日、朝廷は幕府に対して、長州藩が禁門の変で御所に向けて発砲したことを理由に、長州藩追討の勅命を下した。

七月二十四日、将軍家茂は長州藩征討を命じ、自らも進んで三十五藩十五万の軍隊を広島に集めた。第一次幕長戦争の開始である。幕府方の総督には前尾張藩主徳川慶勝《よしかつ》が任命された。

一方、八月五日には、英・仏・米・蘭の四か国艦隊十七隻が下関を攻撃し、十四日長州藩は四か国に降伏した。この下関戦争後、長州藩では保守派が台頭した。十月二十一日、長州藩は幕府に対して恭順謝罪し、福原越後ら先の三家老は自刃した。十二月幕府側は戦わずして撤兵令を出し、第一次幕長戦争は終わったのである。

## 藤堂平助の近藤批判

この間、新選組は江戸で将軍上洛を要請し、隊士（東国の兵）を募集するとともに、大坂でも隊士を募集している。

元治元年（一八六四）八月、まず藤堂平助が江戸に行き、伊東甲子太郎《かしたろう》を訪問し入隊を要請した。藤堂は、かつて伊東の道場で北辰一刀流を学んだ経歴を持っていた。永倉新八によれば、このとき藤堂は伊東に対して、近藤はいたずらに「幕府の爪牙」となって奔走し、勤王の目的はいつ達成するのかわからない。先般も同志の者が多く脱退した。このたび近藤が江戸に来たさい、彼を暗殺して伊東を隊長に戴き、新選組を純粋の勤王党に改めたいと気持ちを打ち明けた。伊東は驚きながらも藤堂の説に同意した。そして近藤とは、とにかく同盟して彼の同志となり、京都に着いてから我らの秘謀を実行すると密約した(18)。

この話がどこまで事実かは疑わしいが、この時期、幕府の利益を第一に考える近藤と、勤王の意志の強い藤堂らの間に溝ができていたことがうかがえる。松浦玲『新選組』(19)は、元治二年（慶応元年）三月頃を境に、新選組が「尽忠報国」＝「尊王攘夷」をめざす思想集団としての性格を終えたと述べている。

本書では、文久三年以降の京都政局において、近藤らが一貫して公武合体路線のもとで動いていたこと、その中で組織化・規律化を進めていたことを指摘したい。

元治元年九月五日頃、近藤勇は、永倉新八、武田観柳斎、尾形俊太郎とともに京都を出立した。一行は、桑名（三重県）まで早駕籠《はやかご》で行き、海路伊勢湾で熱田《あつた》（愛知県）に渡り、さらに早駕籠で江戸に到着した。九月九日、近藤らは江戸に到着し、翌十日会津藩邸に挨拶に行き、さらに老中格松前崇広《たかひろ》の松前藩邸に赴き、将軍上洛の建白書を提出した。[20]

九月十二日、十七歳の佐久間恪二郎《かくじろう》は、京都において新選組に入隊したことを、佐久間象山《しょうざん》の妻で義母の順子に書簡で知らせている。[21] 同十六日、土方歳三も順子の実兄の勝海舟に書簡（土方書簡14）を送り、恪二郎の入隊を知らせている。恪二郎は、儒者・兵学者、さらには蘭学者、砲学者として知られる松代藩士佐久間象山の妾腹の子である。象山の門弟には吉田松陰、勝海舟、坂本龍馬、加藤弘之などがいた。象山は元治元年幕命により上洛し、公武合体・開国進取を説いていたが、七月十一日三条木屋町（中京区）で尊攘激派の浪士に暗殺された。象山暗殺後、藩により佐久間家が断絶処分となったため、恪二郎は象山の仇を討つために、会津藩士の山本覚馬の紹介で新選組に入隊したのである。恪二郎は実母方の姓をとり三浦啓（敬）之助と変名し、客員隊士となった。

恪二郎はこののち常に近藤の身辺にあり、禁門の変にも出陣した。他方、土方や浅野薫らに帰藩を勧められたが応じなかった。隊では隊士たちの粗暴ぶりを見習い、乱暴行為を繰り返し、結局仇討ちを果たさぬまま慶応二年頃に新選組を脱走した(22)。

九月中旬、伊東甲子太郎は、近藤勇を試衛場に訪ね、伊東の実弟の鈴木三樹三郎《みきさぶろう》や同志らと新選組に入ることを承諾した。このとき伊東とともに入隊したのは、加納道之助（鷲雄《わしお》）、篠原泰之進《たいのしん》（秦林親《はたしげちか》）、服部《はっとり》武雄、佐野七五三之助《しめのすけ》ら「尊攘ノ雄士十二名」であった(23)。一方近藤は江戸滞在中、試衛場を拠点に日野や八王子などの知人宅を訪問している(24)。

### 西洋知識との接近

さて、この時期、京都で留守を預かる土方歳三と、江戸の近藤は、揃って西洋の技術や知識と接近している。

十月九日、土方は留守中の京都の様子を、江戸の近藤と佐藤彦五郎に書簡16で、「一局一同炮術ちふれん（調練）残らず西洋つゝ致し候て毎日仕り候間、おふひにこの程よろしく相成り、長門魁《さきがけ》も相成るべしと恐悦奉りおり候」と、京都の新選組は毎日西洋砲術の調練を行い、最近は大いに良くなっているという。これならば、長州戦争のさいに先陣も勤められるというのである。

他方、近藤も江戸において、西洋医学を学んだ幕府奥医師の松本良順《りようじゆん》を訪問している。松本は、安政四年（一八五七）に幕命で長崎に留学し、オランダ海軍軍医のポンペから西洋医学を学んだ。ポンペは安政四年に幕府に招かれて来日し、長崎海軍伝習所の医官として治療と教育を行い、文久元年（一八六一）に日本最初の西洋式病院の長崎養生所を開設した。文久二年、松本は将軍家茂の侍医となり、翌三年には西洋医学所頭取となっている。

松本の自伝によれば、(1)面会のさい近藤は、今日の大問題は対外関係であるが、松本がオランダ人と親しく、外国事情に通じ、洋学を教授しているのは本当かと尋ねた。(2)松本は、その通り、近頃浪人がみだりに外国人を殺すのは浅はかなことである、西洋人は利益で動くので日本人にとっては与《くみ》しやすいが、彼らを侮ってはいけない、孫子《そんし》が言うように戦の仕方は相手を知り自分を知ることである、外国は天文、地理、化学などが発達し、軍艦や大砲が進歩し、強力な陸海軍が整備されていると述べ、さらに近藤に対して、虚心に天下を眺め思慮するよう忠告し、地図や器械図などを示して説明した。(3)これに対して、近藤は大いに喜び、今日のあなたの説明により、自分の長年の疑念は氷解したと述べたという。(25)

この時期、土方や近藤ら新選組が、西洋の技術や知識に接近していった様子がうかがえる。

### 新選組の再編

十月十五日、近藤らは新入隊士二十四名を伴い江戸を発った。このときの新入隊士は、伊東一派のほか、のち会津戦争で副長、箱館戦争で隊長並となる安富才輔《やすとみさいすけ》、三条制札事件、油小路《あぶらのこうじ》暗殺、天満屋《てんまや》事件などに関わる大石鍬次郎《くわじろう》など二十二名であった。井上源三郎の兄松五郎は、この様子について、「長賊征伐与して新式新選組、近藤連れ立つ(26)」と、この一行を長州攻めのための新式新選組と位置づけている。十月二十七日、近藤らは京都に到着した。

近藤らは、新選組を再編成していった。十一月頃、長州出兵に備え「行軍録」と「軍中法度」が作られたことが記されている(27)。

「行軍録」を見ると、先頭に中村金吾と尾関雅次郎《まさじろう》が旗を持ち、続いて土方がいる。その後ろに行軍世話役の島田魁がおり、以下、一番沖田総司、二番伊東甲子太郎、三番井上源三郎、四番斎藤一、五番尾形俊太郎、六番武田観柳斎、七番大炮組松原忠司、八番大炮組谷三十郎らが続く。続いて馬印のもとに近藤勇がおり、両脇を近藤周平と三浦敬之助が固めている。続いて使番と小荷駄がいる。

一方、軍中法度は九か条からなり、第1条は「役所を堅く相守り式法を乱すべからず、進退組頭の下知に随《したが》うべきこと」と組頭の指揮に従うこと、第2条は「敵味方強弱の批評一切停止のこと」と戦場での批評を禁止すること、第5条は「私の遺恨ありとも、陣中において喧嘩口論つかまつるまじきこと」と私闘を禁止することなど、戦場での禁止事項を列挙したものであった。

十二月上旬頃には、近藤が大坂の豪商二十二名から銀六千六百貫を借りている（八二頁表参照)。これもまた幕長戦争に向けての準備と思われる。

結局、新選組の幕長戦争への出陣はなく、これらの計画は幻となったが、この時期新選組が臨戦態勢をとっていたことが知られるのである。

新式新選組の体制強化の中で、翌慶応元年(一八六五)正月八日、谷三十郎・万太郎の兄弟と、万太郎門下の高野十郎と正木直太郎の四名の隊士が、倉敷人谷川辰吉の内通を受け、道頓堀《どうとんぼり》のぜんざい店石蔵屋を襲い、土佐の浪人大利《おおり》鼎吉《ていきち》を斬殺し(28)、正月二十七日には、隊士約三十名が、大坂堂島《どうじま》の播磨屋庄兵衛方に潜伏中の佐々木六角源氏太夫の一味浪士らを襲い、一名を斬殺し、二十四名を捕縛している(29)。

## 山南敬助の切腹

二月二十三日、試衛場以来の隊士で、副長、総長を勤めた山南敬助が新選組を脱走する事件が起こった。永倉新八によれば、山南は近藤が尽忠報国の本旨に背きいたずらに「幕府の爪牙」となって功名を急ぐのをかねて飽きたらず思っていた。彼は元来激烈な勤王思想を抱いていたが、近藤が新選組を掌握して以来、遠ざけられていた。しかし新たに入隊した伊東は山南の理想にかなう人物であった。これに対して近藤は、さらに猜疑《さいぎ》の眼をもって彼らを見たため、山南はついに意を決し、脱走を図って近江国大津(大津市)まで落ちのびた。近藤はこれを聞くと心中密かに喜んで、山南が法度に背いたという理由で武士道を尊重する立場から切腹させようと、沖田総司に追跡させ、難なく山南を捕えたという。(30)山南脱走の理由について西村兼文は、屯所を壬生から西本願寺へ移転することに反対したためとするが、(31)実際のところは不明である。

さて永倉の『新撰組顛末記(32)』には、切腹の場面が次のように記されている。

まもなく隊長近藤は、副長土方や沖田、斎藤などの幹部連をともなって現れ、列座の面前へ山南敬助を呼びだし、「新撰組法令に脱走を禁じ、犯すものは切腹を命ずるよう規定してある。山南氏のこのたびの脱走についても、法文のとおり切腹をもうしつける」とおごそかにもうしわたした。山南は自若として、「切腹を命ぜられてありがたきしあわせにぞんずる」と色をも変えず、そくざに黒羽二重の紋付に衣服をあらため蒲団をしいて中央に正座し、いならぶ一同にながながの交際を謝し水杯《みずさかずき》をかわしてねんごろに別辞をのべた。介錯《かいしゃく》は沖田総司にたのみ言葉をかけるまで刀をおろすなという。そして静かに小刀をとりあげて下腹はズブリと刺し、真一文字にひきまわし前方へ突っぷした。そのみごとさに近藤も、「浅野内匠頭《たくみのかみ》でもこうみごとにはあいはてまい」と賞讃し、遺骸は神葬で壬生寺にあつく葬った。

切腹のさい、かねて馴染《なじ》みであった島原の明里《あけさと》と、前川邸の出窓越しに別れを惜しんだ話が伝えられているが(33)、これも詳細は不明である。

いずれにしても、山南の脱走は新選組の体制強化の中で起きた組織化・規律化、さらには公武合体路線強化に対する個人的反乱といえる事件であった。

### 西本願寺への屯所移転

二月下旬には、土方らが屯所移転のために、西本願寺と交渉を行っている。同寺の侍臣の西村兼文は、土方らが、同志が増え壬生の屯所が狭くなったこと、市外にあり遠くて不便であることを理由に、広い集会所を持つ西本願寺への移転を要求したと記し、そのさい土方らの態度は、暴言、罵言《ばげん》、威力をもって日々迫り、寺側はこれに折れたと述べている(34)。

二月二十八日、西本願寺は移転を承諾し、新選組は三月初旬に改装作業を行い、三月十日頃に移転した(35)。

三月二十六日、祇園一帯で大火災が発生し、新選組は見廻組や別手組とともに、着込、白鉢巻で出動し、芸子、舞子、遊女などの手を引き警固し、「寄れ寄れ」(どけどけ)と声をかけて逃がしている(36)。

四月五日、土方は伊東甲子太郎、斎藤一とともに、江戸に隊士募集に出かけた。土方は郷里日野を拠点に隊士の募集を行った。(37) この頃、近藤勇は浅野薫らをともない大坂に隊士募集に赴いている。(38) 四月二十七日、土方は五十二名の隊士を引き連れ江戸を出立し、五月十日に京に入った。(39) 今回の新入隊士の中には、陸奥南部出身の吉村貫一郎がいた。

西村兼文「新撰組始末記」によれば、五月下旬頃には、江戸と京坂で募集した新入隊士を加えた新組織が編成された。これまでの副長助勤を改め、五名に一名の伍長を置き、十名に一名の長を置いた。席順は、総長近藤勇、副長土方歳三、参謀伊東甲子太郎となり、以下一番沖田総司、二番永倉新八、三番斎藤一、四番松原忠司、五番武田観柳斎、六番井上源三郎、七番谷三十郎、八番藤堂平助、九番鈴木三樹三郎、十番原田左之助と組長が続いた。このほか、諸士取調役兼監察として山崎烝、篠原泰之進、吉村貫一郎ほか四名、勘定掛《かんじようがかり》として河合耆三郎、さらに小荷駄、書記、取締役などを設け、撃剣、柔術、文学、砲術、馬術、槍術などの師範も任命した。この頃法度も明文化された。西村は、「さらに規律を設立し」と、規律の強化をめざしたことを記している。

六月二十一日瀬山多喜人《せやまたきと》と石川三郎の二名の隊士が、隊規違反で切腹させられ、七月十五日佐野牧太が市中富商に金策をしたため隊規違反で斬罪となった。七月頃には隊士の酒井兵庫が脱走し、沖田ら五、六名に襲われ重傷となり、のち命を落とし、同時期古参隊士の川島勝司は勝手に金策をしたため二条河原で富山《とみやま》弥兵衛に斬首されている(40)。

九月一日頃、文久三年以来の隊士で、四番組組長で柔術師範を勤めていた松原忠司が死亡した。理由については、失策をしたため切腹しようと刀を突き立てたところを止められ、一度平隊士に下げられたが、その傷がもとで死亡したとする説、殺害した浪士の妻を不憫《ふびん》に思い世話をするうち相思相愛となり壬生の天神横町（下京区）で心中したとする説、病死とする説(41)などがあるが、実際のところは不明である。

組織化・規律化と関連して多くの隊士が罰せられたのである。

### 将軍家茂の上洛

第二次長州攻撃のために、将軍家茂が上洛し、大坂に向かうことになった。これに先立ち、京・大坂で浪士の活動が活発化したことから、五月、新選組は大坂南下寺町《みなみしたでらまち》（天王寺区）の万福寺を拠点に警備活動を行い、五月二十六日大坂の新選組は、儒者で長州人と交流のあった藤井藍田《らんでん》を捕縛し、万福寺で厳しく取り調べた。藤井はこの過程で殺害されたらしく、閏五月十四日に遺体が下げ渡された。閏五月五日には新選組は、大坂の京橋北詰（中央区）を固め通行人の取り調べを行っている(42)。

また閏五月十二日には、京都所司代が市中に不審者が多数潜入したとの情報を得て、市中見廻り体制を強化した。このとき見廻りを分担したのは、守護職、所司代、加賀藩、定番組《じょうばんぐみ》、蒔田広孝（見廻組頭取）、松平康正（同前）、所司代組、新選組の八組織であり、新選組の担当地域は、東が西洞院《にしのとういん》（下京区）、西と南が御土居《おどい》、北が五条通であった(43)。『連城紀聞』などによると、閏五月十二日新選組は、巣内《すのうち》（須賀井）式部《しきぶ》ら五名の者たちを、京、大津、膳所《ぜぜ》付近で将軍を襲う計画を立てたという理由で捕縛した。また「改訂肥後藩国事史料」によると、閏五月十四日、膳所藩士の河瀬太宰ら六名が、同じく将軍家茂の襲撃を計画していたとして京都奉行所に捕縛された。さらに『連城紀聞』(44)によると、この時期新選組は、十四日と十八日に会津藩が捕えた浪士二十九名を預かっている。

こうして緊張が高まる中、閏五月二十二日には将軍が入京した。新選組は三条蹴上《けあげ》（左京区）から二条城入城まで警固し、二十三日近藤勇は、家茂に従い上京した医師松本良順を、木屋町に訪ね談笑している(45)。

### 松本良順の医療・生活指導

松本良順の自伝によれば、閏五月末頃、松本は近藤に招かれ、新選組屯所を訪ねている。歓談の合間、近藤は土方に屯所内の案内を命じ三名で回った。屯所内は刀剣を磨き鎖衣を補修するなど勇壮な者たちが多数おり、まるで『水滸伝《すいこでん》』の梁山泊《りょうざんぱく》のようであった。

しかし、その中には横臥《おうが》・仰臥《ぎょうが》する者や裸体のまま陰部を露《あらわ》にしている者がいるので、松本は不体裁・無礼ではないかと言ったところ、近藤は彼らはみな病気であるため、規制を加えていないと答えた。松本は、総員の三分の一が病人かと驚いた。近藤は、医者を招いても、結局彼らは各自で対処しているという。

そこで、松本は西洋医学の導入と生活改善を提案した。それは、環境の良い部屋に病人を並べて寝かせ、毎日医師が回診して処方箋《しょほうせん》を作り調薬を命じる。看護者を置き起臥飲食を担当させる、そうすれば一人の医者で多くの患者を治療できる。また、浴場を設置し衛生的にする。これらのために、病院に擬して図を書き、患者に対する方法を教え、さらに「西洋病院の概略」も説示した。

この間、四～六時間ほどであったが、土方が来て、先生の指示通りさっそく病室を作った、一目見て、なお不備があれば指示してほしいと言った。土方について見に行くと、病人を集会場に移し、浴桶を三つ用意し浴場を整備していた。あまりの手際の良さに驚くと、土方は「兵は拙速を貴ぶとはこのことなるべし」と言って笑った。

松本は、さらに帳簿を作成し、南部精一の薬局で調薬させ、南部に毎朝回診させた。松本は一週二回往診したところ、ほどなく患者の大半が回復したという。病の多くは感冒であり、骨折・疼痛《とうつう》も多かった。食傷（食あたり）がこれに次ぎ、難病は心臓病と肺結核の二人であった。他の七十余名の病人は一か月もしないうちにみな全治し、大喜びしたという。

この頃、同じく松本の指導により、屯所内で養豚が開始されている。すなわち、松本が屯所内を検査すると、厨房《ちゅうぼう》がはなはだ不潔であった。残飯や腐った肴《さかな》などが数樽に溢れていた。そこで松本は近藤に対して、豚を四、五頭飼い、これらの廃物を食べさせ、十分に肥えたならば隊士たちがその豚を食べればよい。体力をつけるのに十分である。また、残飯は洗って乾燥させ鶏の餌《えさ》にし、卵を食べればよいと指導した。次に訪れたときには、さっそく豚数頭を飼っており、のちときどきこれを食べるようになった。隊士たちは、これは先生の贈り物と喜んだという。

さらに松本は、隊士の諸士取調役兼監察の山崎烝に、刀傷などの縫合技術を教えた。山崎は医者の家に生まれ、温和で物静かな性格で、近藤の信頼が厚い人物であった。彼に技術を授けることで隊の多大な利益となった。山崎は笑いながら、「我は新撰組の医者なり」と言ったという(46)。

この時期、新選組は大いに西洋の知識と技術を取り入れたのである。

閏五月二十四日将軍家茂は京を発ち、伏見に泊まり二十五日に大坂城に到着した。このとき新選組は藤ノ森（伏見区）まで警固している(47)。六月中旬には、将軍の大坂城滞在にともない、大坂へ尾州、紀州、老中、諸大名、旗本歩兵方、新選組、江戸火消しらが多数集まり、市中は大混乱となり、物価も騰貴し、人々は大いに難儀したという。[48]

### 再征勅許と第二次行軍録

九月十六日、将軍家茂は上洛し二条城に入った。二十一日には御所に参内し、再征の勅許を得（井上源三郎書簡2）、二十三日には大坂に戻っている。[49]

こうした動きに呼応するように、九月新選組は第二次行軍録を作成している。これによれば、先頭に隊旗と旗奉行がおり、大銃隊と小銃隊が続く。大銃頭として谷三十郎と藤堂平助、小銃頭として沖田総司と永倉新八の名前が見える。これに続き、土方家の家紋幟《かもんのぼり》とともに土方歳三がおり、周囲を軍奉行と行軍奉行が固める。これに槍隊が続き、槍奉行として斎藤一と井上源三郎の名が見える。

さらに、縦長隊旗と近藤家の家紋幟が続き、旗奉行がこれを守り、貝太鼓《かいだいこ》鉦《かね》奉行が続く。この後ろに近藤勇がおり、周囲を軍奉行の伊東甲子太郎と武田観柳斎、使番、行軍奉行が固める。さらに小荷駄旗と小荷駄奉行が続く。一年前の第一次行軍録に比べると、格段に大規模な隊列になっている。[50]

### 壬生寺の悩み

行軍録作成の頃、新選組は壬生寺境内において、軍事調練を行っている。壬生寺文書によれば、この調練について、当初壬生寺は、新選組の申し入れを断ったものの、新選組は奉行所に手を回し、強引に調練を認めさせたのである。

壬生寺は、調練を認めるにあたり、(1)四、九の日の月六度とすること、(2)馬に乗って入らないこと、(3)参詣人の迷惑にならないように表門や二か所の通用門は開けておくこと、(4)大砲などは用いないこと、などの条件を提示していた。しかし、新選組はこれらをすべて破った。

壬生寺は勅願寺《ちょくがんじ》（天皇の祈願によって建立された寺）の立場を強調し、大侍典と大御乳人の家臣に訴え対応を願ったが、そのさい、万一願いが新選組に洩れた場合、どのようなことになるか恐れ、秘密にするよう願っている(51)。京坂の庶民のみならず、寺院もまた新選組の横暴を恐れていたのである。

### 将軍家茂の激怒

慶応元年（一八六五）九月十六日、米・英・仏・蘭の四か国艦隊の代表が、連合艦隊とともに大坂に来航し、条約の勅許と兵庫開港を要求した。これに対して、家茂在坂中の二十三日、幕府老中の阿部正外《まさと》（白河藩主）と松前崇広（松前藩主）は兵庫開港を約束した。

しかし二十五日、開港に反対する一橋慶喜が下坂し、諸外国に開港延期を了承させた。朝廷は、責任者の老中二名を罷免した。しかしこれに対し、将軍家茂は、朝廷の幕府人事への介入と激怒し、十月一日将軍辞任の上書を朝廷に提出し京を発った。

十月四日、一橋慶喜、松平容保、松平定敬の一会桑メンバーは伏見において将軍家茂を説得し、二条城に引き返させた[52]。こののち家茂は十一月三日まで約一か月間在京する。

## 第一次広島出張

九月二十一日の再征勅許の獲得により、幕府は大目付の永井尚志らを長州訊問使《じんもんし》として派遣することにした。訊問使は、広島の国泰寺《こくたいじ》（広島市中区）で長州藩の代表に訊問する予定であった。近藤は、会津藩を通じて訊問使への同行を願い、認められたのである。

近藤は、十一月四日付の佐藤彦五郎らに宛てた書簡26において、「大小監察付添《つきそい》にて芸州広島まで出張、それより長州萩城まで下拙主従罷《まか》り越し候の御用仰せ付けられ、誠に容易ならざる次第」と、長州訊問使に随行して広島まで行き、さらに萩城まで進む困難な任務であることを述べている。近藤はまた、「かの地へ入り干戈《かんか》白刃交え候節、孤勇当てるべからず、実もって万死不出の節に到り申し候」と、決死の覚悟であることも述べている。

そして書簡の末尾において、佐藤らに次のように依頼している。

なおなお皆々様へ宜しく御鶴声希《かくせいのぞ》み奉り候、親共留守宅これまた替わらず御厚配願い入れ候、留守局のところは土方へ相託し置き、万一事もこれある節、小子の宿願歳三子へ得《とく》と申し置き候間、後世言無用、なお赤心御心添え下されたく、委細御承知下されたく、なお剣流名沖田へ相譲り申したく、この断宜しく御心添え下されたく、この辺も当時御他言御断り申し上げ候

すなわち、留守中の親などの世話を頼むとともに、留守中の新選組については土方歳三に託してあること、また天然理心流の後継ぎは沖田総司にすることなどが他言無用として記されている。訊問使随行にあたっての近藤の決心がうかがわれる。これに続く部分には、武田観柳斎、伊東甲子太郎ら隊士八名を連れて行くことが記されている。

十一月七日、近藤らは長州訊問使の大目付永井尚志、目付戸川鉡三郎《ばんざぶろう》・松野孫八郎らに従い大坂を発った(53)。

同十六日、一行は広島に到着し、二十日に広島の国泰寺において、長州藩の宍戸《しし ど》備後助（璣《たまき》）を訊問した。このさい、永井は「給人近藤内蔵助、近習武田観柳斎、中小姓伊東甲子太郎、徒士《かち》尾形俊太郎」の四名を、自らの「家臣」として長州に派遣したいと述べたが、長

州側に拒否された。このとき近藤は、天然理心流開祖近藤長裕と同じ内蔵助を名乗っている。十一月二十二日、永井は近藤らを長州との折衝役にすることを申し出るが拒否され、また同日近藤らが長州藩宿舎に赴くが面会を拒否されている。翌二十三日、近藤らはようやく長州藩士と会談し、さらに十二月十一日には長州藩士に同行して長州入りをしようとするが、これも拒否された(54)。

その後十二月十五日、近藤、武田、伊東の三名は、広島藩士の上田乙次郎《おとじろう》と寺尾生十郎の添書を持ち、大目付永井の家臣として、長州藩の支藩である岩国藩の新湊《しんみなと》(山口県岩国市新港町)に赴き、岩国藩に内々で直談判する。しかし、岩国藩は、近藤らとの会談を拒否した。近藤らは岩国藩の利益となる情報を長州藩に内緒で与えるなどの条件を出したが、岩国藩は長州藩に疑われることを避け、これを拒否したのである(55)。

近藤らは徹底した拒否に遭い、長州入りをついに断念し、広島を経由し十二月二十二日に京都に戻り、京都守護職の松平容保に報告した。同日夕刻には、訊問使永井も容保に報告している(56)。

以上、近藤らが、京都守護職松平容保の指示のもと、長州藩の情報蒐集《しゅうしゅう》を行っていたことが知られるのである。

### 第二次広島出張

慶応二年（一八六六）正月二十二日、幕府は訊問使の報告を受けて、長州藩の処分案を決定した。処分案の内容は、十万石減封、藩主の隠居と世子《せいし》の永蟄居、三家老家の断絶であった。二十六日には、全権使者として老中の小笠原長行《ながみち》（肥前唐津藩主）が広島に行くことが決定された(57)。

これらの動きと関連して、近藤の第二次広島出張が実施された。正月二十七日、近藤勇は伊東甲子太郎、篠原泰之進、尾形俊太郎の三名とともに京都を出発して広島に向かい、二月三日広島に到着した(58)。

二月十六日には、近藤と伊東が先に接触のあった広島藩士の寺尾を通じて、広島に出張していた岩国藩士の塩谷鼎助《しおのやていすけ》との会談を申し込むが、塩谷はこれを拒否した(59)。

西村兼文「新撰組始末記」によれば、近藤が広島にいる間の二月十二日、京都では新選組隊士で勘定方の河合耆三郎が罰せられ死亡しているが、詳細は不明である。三月十二日の近藤らの帰京を挟んで、四月一日には谷三十郎が死亡した。六谷の死因について西村は、「頓死《とんし》す。何か故あるよし」とするのみで詳細は不明である。当時西村は会計上の不都合としているが、六月十九日、柴田彦三郎が金策をしたうえで脱走して捕えられ二十三日に切腹している。当時の新選組の動揺ぶりがうかがえる(60)。

いずれにしても、近藤らの二度の広島出張は、第一次・第二次幕長戦争の戦間期に、近藤らが幕府側の情報蒐集の最前線にいたことを示すものである。(61)

## 3　第二次幕長戦争と新選組の幕臣化

**第二次幕長戦争の開始**

慶応二年(一八六六)六月七日、第二次幕長戦争が始まった。六月十五日、第一次出張以来広島に滞在していたとみられる新選組隊士の山崎烝と吉村貫一郎は、幕府方苦戦の戦況を伝えている。(62)

七月二十五日、幕府は京都市中の警備体制をさらに改編した。幕府の達《たっし》によれば、このとき分担したのは、守護職、所司代、見廻役(二地域)、所司代組、定番組《じょうばんぐみ》、新選組(二地域)の六組織であり、藩を除外し、新選組と見廻組の担当を拡大している。なお、新選組の担当は、従来の地域に加え、東が山限《かぎり》、西が寺町鴨川限、南が七条通辺、北が四条通の地域と広がった。(63)

これにより、市中の治安体制は、幕府、守護職、所司代(一会桑)により独占されたのである。

| | | |
|---|---|---|
| 金二十両ずつ | 七番組頭 | 原田左之助 |
| | 目付役 | 新井忠雄 |
| | 七番組 | 伊藤浪之助 |
| | 同 | 内海次郎 |
| 金十五両ずつ | 七番組長 | 安藤勇三郎 |
| | 五番組 | 中条恒八郎 |
| | 同 | 伊木八郎 |
| | 七番組 | 水口市松 |
| | 同物見 | 橋本会助 |
| 金七両二分ずつ | 組同心物見 | 加藤羆 |
| | 同 | 矢口鎌助 |
| 金千疋ずつ | 目付役 | 服部武雄 |
| | 同 | 大石桑次郎 |
| | 三番組 | 蟻通勘吾 |
| | | 小林啓之助 |
| 金千疋 | | 池田小太郎 |
| | | 木下巌 |
| 以下十名姓名略 | | |

西村兼文「新撰組始末記」『新選組史料集』p.33より

## 家茂の死と三条制札事件

第二次幕長戦争の最中の七月二十日、将軍家茂は大坂城内で病没した。しかし、その死が公表されたのは一か月後の八月二十日であり、これにともない八月二十一日に征長停止の勅命が下された。

八月二十八日、京都三条大橋西詰にあった長州を朝敵とする制札を、十津川《とつがわ》郷士の中井庄五郎らが小橋の下に隠した。九月二日に制札は再建されたが、五日再び捨てられた。九月十日には三たび制札が建てられ、新選組にその監視が命じられた。すると、九月十二日に土佐藩士八名が三たび制札を捨てようとしたため、潜んでいた新選組隊士三十名ほどと斬り合いになった。土佐藩は死亡二名、捕縛一名、新選組も怪我人多数という結果であった。これを三条制札事件という。十二月二十日には、会津藩がこの事件のさいの新選組の活躍に対して、「格別骨折相働」との理由で褒美を与えている(64)(前頁の表)。

### 伊東甲子太郎の分離

九月二十六日、伊東甲子太郎と篠原泰之進は近藤の妾宅を訪れ、近藤・土方と「天下ノ形勢」を論じた。篠原は日記において、伊東と篠原は勤王について話したのに対し、近藤らは徳川幕府の趨勢《すうせい》ばかりを論じたため、伊東らは孝明天皇の衛士になることを主張したが、近藤らはこれを警戒し、分離することを許さなかった。翌二十七日には、篠原らはもし自分たちの意見が通らなかったら近藤らの首を斬ると怒り激しく議論したが、それでも近藤らは認めなかった。しかし、近藤らは勤王の趣旨がわからず武道(武力)により人を抑えるのみであり、最終的には、伊東らの策略で分離論を認めるに至ったという(65)。この頃近藤らと伊東らとの対立が表面化していたことが知られる。

十二月二十五日、孝明天皇は死去した。死因は痘瘡《とうそう》とも毒殺ともいわれる(序章注7参照)。翌慶応三年(一八六七)正月元日から三日まで、伊東、永倉、斎藤一らは島原(下京区)で宴会を開いた。彼らは屯所に帰らず、四日に近藤に呼び戻されるまで飲み明かし、謹慎処分となった(66)。

その後正月十八日、伊東らは九州に遊説の旅に出発し、二月二日太宰府《だざいふ》(福岡県)に到着し、真木外記《げき》(真木和泉の弟)、水野渓雲斎《けいうんさい》(久留米藩志士)、中岡慎太郎、土方久元らと会談し、新選組を分離して御陵衛士(天皇家の墓の守衛)になることを述べている。(67)

三月十日、京都にいた篠原らは、武家伝奏から孝明天皇の御陵衛士に任命された。三月十二日に帰京した伊東は、翌十三日に新選組からの分離を近藤・土方に申し出、了承される。伊東とともに分離した隊士は、史料により異同があるが、篠原によれば、鈴木三樹三郎、篠原泰之進、新井只雄《ただお》、加納道之助(鷲雄)、阿部十郎、内海次《うつみ》(二)郎、橋本皆助《かいすけ》、毛内有之助《もうないありのすけ》、服部武雄、藤堂平助、富山弥兵衛の十一名であった。(68)

阿部十郎によれば、これに斎藤一が加わったとされるが、(69)斎藤は近藤が命じた間者《かんじゃ》ともいわれる。伊東と近藤は分離にさいして「今後、互いに脱隊して、新撰組より御陵へ、また御陵より新撰組へ附属を願う者あるも決して許すべからず」(70)との約束を交わした。四月十四日、新選組隊士の田中寅三が脱走し、翌日発見され切腹させられたが、これは伊東に合流しようとしたものの、先の約束のため、合流を認められなかったことによるという。(71)

こののち六月、御陵衛士は高台寺《こうだいじ》(東山区)の月真院《げっしんいん》に屯所を移転した。(72)このことから、伊東派は「高台寺党」とも呼ばれる。

## 幕臣取り立てと隊士の批判

六月十日、新選組は会津藩預りから幕臣となることが決定した。身分は隊長の近藤が見廻組与力格（三百俵旗本）、副長の土方が見廻組肝煎格《きもいり》（七十俵五人扶持）、助勤の沖田以下六名が見廻組格（七十俵三人扶持）、諸士調役の茨木司《いばらきつかさ》以下六名が見廻組並（四十俵）、その他「惣組残らず見廻組御抱え御雇い入れ仰せ付けられ候」と、隊士全員が幕臣になることが決定したのである。(73)

しかし六月十二日、幕臣化をめぐって「局中異論沸騰、今さら格式請け候てはこれまでの趣意に悖《もと》り申すべく候」と、反対論が起こり佐野七五三之助、茨木司ら十名は新選組を脱走した。(74)彼らは伊東派に合流しようとしたが、先の田中寅三同様拒絶された。(75)

六月十三日、佐野らは会津藩に対して、自分たちは、先年来勤王攘夷・尽忠報国の志を遂げようと本国を脱出し新選組に加わったが、これまでたいした奉公をせずにきた。このたび幕臣化の話があるが、功績もないままこれを受けるわけにはいかない。むしろ信念が不徹底になり、本藩に対しても面目なく、二君に仕えることになる。会津藩は、近藤に受けないよう指示してほしいというものであった。近藤ら五名は、守護職屋敷に出かけ佐野らを説得したが失敗に終わった。六月十四日、佐野、茨木、富川十郎、中村五郎の四名は、守護職屋敷において自刃して果てた。(76)残りの者たちの動向については不明である。

**幕府親藩集会における近藤の議論**

六月十五日、新選組は屯所を西本願寺から不動堂村《ふどうどう》（下京区）に移した(77)。十七日には、近藤勇が幕府親藩の集会で議論を行っている。議題は、第二次幕長戦争の結果を受けて、先の五月二十五日に出された松平春嶽（慶永）、島津久光、伊達宗城、山内豊信による四名連名の長州寛典の建白書（「四藩書上」）や、藩主の毛利敬親父子の官位復旧についてなどであった。

近藤は、長州を許すと長州は幕府の誤りを責めて、再騒動に及ぶことは間違いない。たとえ幕府に誤りがあろうとも、親藩は是非を表明せず尽力することが忠義である。ところが外様のように発言するのはどうしたことかと意見を述べた。

その場に水戸藩士が三名いたが、議論が始まるとすぐに酒を飲み、このような席でそうした議論をするのはいかがなものか、私風情が議論しても何もできることはないと、間もなく三名とも帰ってしまったという(78)。

幕臣となった近藤は、公的な場において、幕府を擁護する征長論を展開したのであった。

二十二日、新選組五番組組長で文学師範の武田観柳斎が、竹田街道で新選組に斬殺された。理由は不明であるが、十日の幕臣取り立ての名簿に名前がなく、この頃から孤立していたことがうかがえる。二十三日には武田の同志といわれる加藤熊が死亡している(79)(切腹とも)。

同じ二十三日、新選組総員の幕臣取り立てが正式に通達された。老中の板倉勝静(備中松山藩主)が同じく老中の井上正直(遠江浜松藩主)、稲葉正邦(山城淀藩主)、松平康直(陸奥棚倉《たなぐら》藩主)、小笠原長行(肥前唐津藩主)に宛てた通達には、新選組の五年間の捕縛や緊急活動の功労は大きく、身分を与え褒賞することを松平容保が申し出て実現したとある(80)。内容は、先の十日の内示と同じであるが、調役(取調役)が八名に増え、総員九十六名となっている。

### 近藤と伊東の建白書対決

六月二十四日、新選組の土方歳三、山崎烝、尾形俊太郎、吉村貫一郎の四名は、近藤勇の建白書を議奏(天皇に近侍し政務諮問・決定に参加する役)の柳原前光《やなぎわらさきみつ》、正親町三条実愛《おおぎまちさんじょうさねなる》に提出した。

近藤の建白書の内容は以下の通りである。先般四藩から長州寛典の建白書が出され、これを公卿衆が集まり支持するという情報を得た。しかし、長州征伐はもともと去年五月中に幕府が決定し、朝廷の許可を受けた「朝幕共御一致の御処置」、すなわち朝幕一致の方針である。今になってこれを「妄挙無名」とするのは、先帝(孝明天皇)と先将軍(徳川家茂)を踏みつけることである。もし寛大な処置となれば、朝廷と幕府の不都合はもちろん、出兵している諸藩においても理非が転倒することになる。天皇と幕府の権威は衰退し、民心は謀叛《むほん》し割拠状態となる。したがって、四藩建白書は採用せず、「誠に公武御合体」とすることが大切と説いたのである(81)。

ところが八月八日、近藤の建白書に続いて、伊東甲子太郎、斎藤一、藤堂平助、鈴木三樹三郎の御陵衛士四名が、議奏の柳原前光、老中の板倉勝静などに宛てて建白書を提出した。

こちらの内容は、近藤とは真っ向から対立するものであり、長州寛典論を主張するものであった。すなわち、もし三度長州征討を行えば、たとえ幕府が勝利しても人心は乱れ、天下の議論は沸騰し、諸侯万民ともに服さなくなる。長州一件により国内は動揺瓦解《がかい》し、あるいは外国の植民地のようになってしまうので、寛大な処置が必要というものであった(82)。

## 新選組の任務

この時期、政局の中心となった京都で、近藤と新選組は新たな任務に関わるようになった。八月十四日、徳川慶喜の懐刀《ふところがたな》といわれた幕府目付の原市之進が暗殺された。九月十三日、中川宮は原の後任として近藤勇を推薦し、さらに自らの家臣として借り受けたい旨を松平容保に相談している(83)。中川宮の近藤への信頼の厚さがうかがえる。

土佐藩士の日記によれば、この頃近藤は永井尚志の屋敷で土佐藩の後藤象二郎を紹介され、長州征討の非を聞かされた(84)。九月二十七日には、岡山藩家老の勤王派日置《へき》帯刀《たてわき》とも長州征討について会談している(85)。

また、この時期新選組は、幕府方の要人を警固している。十月八日、先に原市之進が暗殺されたため、同様の事件を防止するために、老中板倉勝静と京都町奉行永井尚志の警固をすることが新選組に命じられた。永井は新選組の警固に感謝したという(86)。

その他、新選組は、長州と通ずる中山忠能《ただやす》の屋敷を監視していた。これを察した岩倉具視は、十月十三日に子の八千丸《やちまる》(具経)を中山屋敷へ派遣した。八千丸は、毛利父子の官位復旧の勅書を受け取り中山屋敷から出たが、新選組はこれを見過ごしたという(87)。これにより長州藩は朝敵の立場を脱したのである。

## 4 大政返上から王政復古へ

### 大政返上と新選組

慶応三年(一八六七)六月二十二日、薩摩藩は土佐藩と薩土盟約を結び、徳川慶喜が朝廷に政権を返上(大政奉還)したのちに、公武合体と諸侯会議を核とし、欧米の議会制度を導入する公議政体を樹立することにした。しかし一方で薩摩藩は、九月十八日に長州藩と幕府を軍事的に打倒する挙兵討幕の盟約を結んだ。その後討幕派公家の岩倉具視と薩摩藩の大久保利通が画策し、十月十三日に薩摩、翌十四日に長州に討幕の密勅が下ったのである。

これより早く十月三日、前土佐藩主の山内豊信は、討幕派の先手を打つべく十五代将軍慶喜に大政返上を建白した。討幕密勅を察知した慶喜は、十四日に大政返上を上表し、翌日朝廷に認められた。この結果、前日に下された討幕の密勅は意味を失い、二十一日撤回された。

大政返上の当日、近藤勇は正親町三条実愛を訪れている。前日二条城へ重臣たちが呼び出され、将軍から朝廷に大政を返上することが告げられた。これにより、「また人心騒然物議相生まれ」と、世の中が再び騒然となり、議論が起こった(88)。越前福井藩士の中根雪江《せっこう》の日記によれば、幕臣となった近藤勇は、大政返上について、これを尾張や越前などの策謀として批判し、「切迫暴論」に及んだ(89)。

なお九月後半頃、土方歳三と井上源三郎は、隊士募集のために江戸へ下り、十一月三日に京都に戻っている(90)。土方らが留守の間に、京都政局は大逆転したのである。

『聞きがき新撰組』によれば、土方は江戸に戻ったさい、暇を見つけて多摩の日野宿の佐藤彦五郎家を訪れている。同書には慶応三年春とあるが、「橋本家日記」によれば、十月八日のことである。このとき話が兵隊調練のことに及び、この頃彦五郎の長男源之助（俊宣）がだいぶ熟練上達したと聞き、土方は操銃法を見せてほしいと言った。当時十七歳であった源之助は庭先に出て十二段撃ちや乱打を見せ、さらに小隊中隊の練り方を実演した。土方はこれを見て感嘆し、京都の新選組でもこのように熟達した者はいない、できるならば、源之助を京都へ連れていき、隊士に教授してほしいと言った。父彦五郎は賛成であったが、母のぶ（歳三の姉）が反対し、結局行かないことになったという[91]。

この時期、京都の新選組が操銃調練や部隊調練などを行い、土方が強い関心を持っていたことが知られる話となっている。

十一月十五日には、京都河原町（中京区）の近江屋において、土佐の坂本龍馬と中岡慎太郎が暗殺された（中岡は十七日に死亡）。当初新選組の仕業との噂もあった[92]が、その後見廻組の仕業と見られるようになった。

この時期、新選組はまさに歴史の中心にいたのである。

### 油小路の戦闘

十一月十日[93]、伊東甲子太郎が率いる御陵衛士一派に加わっていた斎藤一が、脱走して新選組に戻った。あるいは、この頃新選組による伊東暗殺計画が本格化したのかもしれない。

十一月十八日夜九時頃、新選組は国事談合を名目に（『新撰組顛末記』によれば三百両の軍資金貸与のため）、醒《さめ》ヶ井《い》通木《き》津屋《づや》橋《ばし》（下京区）の近藤の妾宅へ伊東を呼び出し、近藤、土方、原田らが酒宴を催した。だいぶ飲んだ伊東は、帰り道の七条油小路（下京区）において待ち伏せていた大石鍬次郎らに襲われ殺された。さらに新選組は、同所において伊東の遺体を引き取りに来た御陵衛士の仲間を待ち伏せし、激しい斬り合いとなった。永倉新八によれば、近藤勇から藤堂平助は助けるよう指示されており、藤堂を見逃そうとしたが、事情を知らない隊士の三浦常三郎が後ろから追いかけ斬ってしまったという[94]。

御陵衛士の服部武雄は勇猛で武術にすぐれ、奮戦したが前後左右から斬りつけられて死亡した。この戦いで、御陵衛士の藤堂平助、服部武雄、毛内有之助が斬殺された。新選組にも負傷者が出たようであるが、詳細は不明である。翌十九日、生き残った御陵衛士のうち鈴木三樹三郎、加納道之助、富山弥兵衛は薩摩藩邸に逃げ込んだ。阿部十郎、内海次郎は、土佐藩邸に逃げ込もうとしたが拒絶され、二十日に篠原泰之進を加えた三名で薩摩藩邸に逃れた[95]。

**天満屋事件**

十二月七日、新選組が警固していた紀州藩士の三浦休太郎（安とも）を、陸奥源次郎（宗光）ら海援隊十六名が襲い、斬り合いとなった。

三浦は伊予西条藩（愛媛県）に生まれ、嘉永三年（一八五〇）江戸に出て昌平黌《しょうへいこう》に学んだ。本藩の紀州藩に抜擢され京都油小路花屋町北（下京区）の天満屋を定宿とし、周旋活動を行っていた。ところが、坂本龍馬と中岡慎太郎が暗殺されると、土佐藩士らが犯人を捜索する中で、暗殺は三浦が見廻組（新選組とも）に命じたという話が広まった。これは、かつて起こった紀州藩船と海援隊船の衝突事件の賠償問題で、三浦が龍馬に恨みを抱いていたというものであった。

この日、土佐藩士の山脇太郎、山崎橘馬、十津川郷士の中井庄五郎らが天満屋を襲った。三浦を警固していたのは、新選組十数名であった。事件の経過や顔ぶれについては諸説あるが、「新撰組始末記」などによれば、彼らは二階で談話していた。刺客の山崎橘馬らは、備前藩士を騙《かた》り二階に上がった。中井庄五郎は、三浦氏はあなたかと尋ね、三浦がそうだと答えるや間髪入れず抜刀して額に斬りつけ、軽傷を負わせた。両派は切っ先から火が出るほど激しく戦ったが、新選組や紀州藩の応援が来た頃には、土佐藩士らは逃れ去っていた。

犠牲者は、新選組側は討死が宮川信吉《のぶきち》一名。宮川は武蔵国多摩郡大沢村（三鷹市）の宮川弥五郎の二男で近藤勇の従弟にあたる。重傷は舟津釜太郎一名で、数日後に亡くなった。他方襲撃側は中井庄五郎一名が死亡した。三浦は斬り合いの中を脱出した。[96] このの ち三浦は、明治期に元老院議員、貴族院議員などを勤め、明治三十六年（一九〇三）には東京府知事に就任する。また襲撃側の一人陸奥宗光は、のち農商相や外相として活躍し、不平等条約の改正に尽力する。

三浦と龍馬暗殺事件との関係は不明であるが、天満屋事件は、政情不安な京都において、噂が引き起こした事件であった。

## 深雪太夫と御幸太夫

日々の緊張もあってか、近藤勇には京都や大坂に馴染みの女性がいた。明治二十二年（一八八九）当時六十四歳であった島田魁と、明治四十四年当時七十一歳であった深雪《みゆき》太夫の回顧談をもとにした子母澤寛によると、近藤の馴染みは、京都三本木《さんぼんぎ》（上京区）の駒野《こまの》、植野《うえの》、島原の金太夫、祇園山絹のお芳《よし》であった。

深雪太夫は、大坂八軒屋《はちけんや》（中央区）の新選組御用達京屋忠兵衛の仲介で身請けし、京都醒ヶ井木津屋橋下ルところの興正寺《こうしょうじ》（仏光寺《ぶっこうじ》とも）の下屋敷で暮らしていたが、その後リューマチにかかり伏見で療養している間に、近藤は妹の孝子（御幸《ごこう》太夫、おこう）とも親しくなったという。お芳との間に男子、孝子との間に女子をもうけたが、その後の確かなことは不明である。

一方、土方歳三は先述の文久三年（一八六三）十一月の書簡4で、島原の花君太夫、天神、一元、祇園には芸妓が三人、北野では君菊、小楽、大坂新町では若鶴太夫、ほか二、三名と多くの女性の名を挙げており、子母澤によれば、島田らは土方の馴染みとして島原の東雲《しののめ》太夫の名を挙げている。また、見廻組の佐々木只三郎は島原の浪路太夫を馴染みにしたという。

このほか、昭和四年（一九二九）の原田左之助の妻まさの話によると、左之助と夫婦になったのは慶応元年（一八六五）西本願寺に移った頃で、寺の近くの鎌屋町《かまやちよう》七条下ル（下京区）に家を持った。翌年男子茂が生まれたが、従兄の養子となった。慶応三年十二月十七日に二人目の子が生まれた。十二月十一日新選組が伏見奉行所に移るさい、原田は軍用金を分配されたと二分金で二百両を大急ぎで持ってきたという(97)。

**王政復古**

この時期諸藩主は、十一月中に幕府により上京が命じられていたが、実際に上京したのは十六名にすぎなかった。多くの大名たちは、病気、幼少、藩内事情などを理由に上洛延期を出願し、それぞれの領地で京都政局の動向を見守っていた。こうした状況の中での慶喜の大政返上は、政権を返上された朝廷が持て余し、再び政権を幕府に委任するとの予測にもとづくものであった。

当時、幕府側には、洋学者の津田真道《まみち》の「日本国総制度」（慶応三年九月）、老中松平乗謨《のりかた》の案（同年十月）、西周《あまね》の「議題草案」（同年十一月）など、いずれも将軍中心の徳川統一政権構想があった。この構想が実現すれば、討幕派の天皇中心の国家構想は挫折することになる。[98]

しかし、討幕派は慶喜の狙いを封じるために、さらなる手を打った。十二月九日討幕派主導のもと、薩摩・尾張・福井・土佐・安芸の五藩兵が宮門が固めたうえで、天皇が学問所で王政復古の号令を発したのである。王政復古の内容は、慶喜の政権返上、将軍職辞退の承認、江戸幕府の廃止、総裁・議定・参与の三職の設置、神武創業への復古、開化政策の採用などであった。

十二月六日の中山忠能宛ての岩倉具視の書簡によれば、岩倉や大久保利通が王政復古の決行を前日の八日にしたいと述べたのに対して、後藤象二郎は九日を譲らなかった。岩倉は、「今朝も申し上げ候通りよほど会桑新撰にむずかしくも〳〵おそろしき暴論これあるに付、断り候て八日と申し切り候」[99]と、この期日決定の背景に会津、桑名、新選組の動きがあることを記している。また、越前福井藩士中根雪江宛ての岩倉具視の御所警備条々では、「当日覚悟の事」[100]として会津・桑名・津・大垣の四藩、見廻組とともに新選組を御所警備から除外している。

この夜の御前会議（小御所会議）には、三職と薩摩・尾張・福井・土佐・安芸の五藩の重臣が参加し、徳川氏処分を議論した。そのさい、山内豊信・松平慶永ら公議政体派は慶喜の列席を主張したが、岩倉ら討幕派は慶喜の辞官・納地（官を辞し領地を返上すること）を強硬に主張し、公議政体派を圧倒した。

同日、将軍職とともに京都守護職、京都所司代の両職が廃絶され、将軍慶喜、松平容保、松平定敬は、それぞれ役職を返上した。一会桑権力のリーダーたちは、ここに公的な地位を失ったのである。

### 新選組と水戸藩の対立

十二月九日の王政復古の号令発布にともない、十二日京都の旧幕府方軍勢は撤退することになった。

ただし、京都市中の混乱もあり、新選組は会津・桑名とともに、将軍留守中の二条城を守る任務が与えられた(101)。

しかし十二月十三日、近藤は二条城において、水戸藩士と対立する。水戸藩士長谷川作十郎によれば、この日骨相たくましい壮士がつかつかとやって来て、自分は近藤勇という。このたびは二条城留守の重責を水戸藩が担うようになったが、自分もかねて二条城の守備を仰せ付けられているのでよろしくお願いしたいと述べた。しかし、家老の大場主膳正《しゅぜんのしょう》(一真斎)は挨拶もせず、二条城の守衛は慶喜から直々に大場らへ命じられたもので、他の者に命じられたとは聞いていないので、加勢には及ばないと返答した。

すると、近藤は居丈高になり声を荒らげ、二条城の留守は将軍の安危に関わる重要事項である、したがって新選組に会津、桑名の兵も加えて、固いうえにも固く守るのが当然である、自分もすでに守衛の命を受けたからには、及ばずながら水戸藩の指揮下に入り、一命を抛《なげう》つ覚悟であると述べた。しかし、水戸藩は、このたび城を預けられたからには、自分たちだけの力で守護するので速やかに退城するようと重ねて返答した。

近藤は、「憤激の色顔面に顕れ、おそろしげに席を蹴《け》り立て去りにける」と、激怒して席を立った。長谷川によれば、このときの近藤の顔つきはものすごく、必死の覚悟であった。しかし、「この人々は幕府あるを知り朝廷あるを知らずというものゆえ」と、近藤らには幕府があるのみで朝廷はないも同然であることから、二条城に置いても益がなく、のちに害になると思ったという。

このとき、幕府目付の遠藤道章が来て、近藤らを退城させるとはどういうことか、城中に入れておけば水戸藩の役に立つと主張した。しかし、水戸藩は他人の手は借りないので、遠藤から新選組に退城するよう命じてほしいと述べたところ、遠藤は言葉もなく立ち去った(102)。

新選組と水戸藩との間に立った永井尚志も苦慮したらしい。永井の談話によれば、前将軍慶喜は二条城の警備を水戸藩に命じたものの、幕閣らは新選組に指示したために争論が起こり、新選組から訴えがあった。水戸藩士を呼び出し問いただすと慶喜が直々に命じたと言い、新選組もまた幕閣に命じられたと言う。では担当区域が定められているかと聞くと、ないと言う。永井も決断できずに苦しんだのである。[103]

この一件は、新選組の退城で決着した。会津・桑名とともに新選組が二条城を守護するという近藤の主張は結局斥《しりぞ》けられたのである。

同じく十二月十三日、京都における旧幕府軍の再編成が図られた。新体制は守護職と所司代が免職されたことにともない、所司代附の伏見組与力・同心、さらには町奉行所支配向の見廻組などがすべて新遊撃隊となり、そのもとに新選組は新遊撃隊御雇として位置づけられるというものであった。しかし、新選組はこれを断り、元のまま新選組の名で活動することにしている。[104]

**近藤勇遭難**

旧幕府派と討幕派との緊張が高まる中、十二月十八日、近藤勇は伏見の旧幕府派の陣から二条城に出向き、公卿などに迫って薩摩、長州、尊王派を除こうとした。

近藤上京の知らせを得た旧伊東派の鈴木三樹三郎、加納鷲雄、篠原泰之進、阿部十郎ら八名は、竹田街道でこの帰りを待ち伏せした。近藤の警固は、島田魁、横倉甚五郎、井上新左衛門、下僕の芳介らであった。

襲撃した篠原の日記によれば、十二月十八日、近藤は十五名を連れて伏見から京に上った。帰途八つ時（午後二時）頃、阿部十郎、佐原太郎、内海二郎が近藤の妾宅に踏み込んだところ、すでに帰った後であった。召使に帰り道を聞くと、伏見街道という。そこで急ぎ二、三名が伏見に戻り応援を頼んだ。

夕方七つ（午後四時）過ぎまで街道で待ち伏せていると、向こうから近藤が意気揚々と馬に乗って来た。篠原らは家に潜伏し、障子の陰から発砲した。弾は近藤の肩を撃ち抜いたが、近藤は流血を気にせず馬上に伏せたまま逃れた。篠原らは刀で斬りかかり従者二名を倒した。

同じく襲撃に加わった阿部十郎によれば、近藤が本街道を使い京都から伏見に帰る間、阿部らは間道を使い伏見の薩摩藩邸に戻り、同志を引き連れ待ち伏せした。伏見の尾張藩屋敷の側の曲がり道で、阿部と富山弥兵衛が鉄砲を持ち、加納と篠原が槍を持って待った。富山が撃つと肩と胸の間に当たった。供回りは二十名ほどいたが逃げてしまった。阿部と佐原が刀を抜いて近藤に向かうと、近藤は鞍《くら》につかまり、三名ほどが刀で馬の尻を叩き逃がした。同志の加納と篠原は槍を捨てて逃げてしまった。

一方、このとき近藤を警固していた島田魁の日記によれば、近藤は伏見墨染（伏見区）付近で七、八名に狙撃され胸を撃たれた。しかし、馬に鞭を打ち伏見城に逃れた。護衛の井上新左衛門と下僕の芳介が殺された。襲撃したのは、新選組の脱走者らしいと記されている。[105]

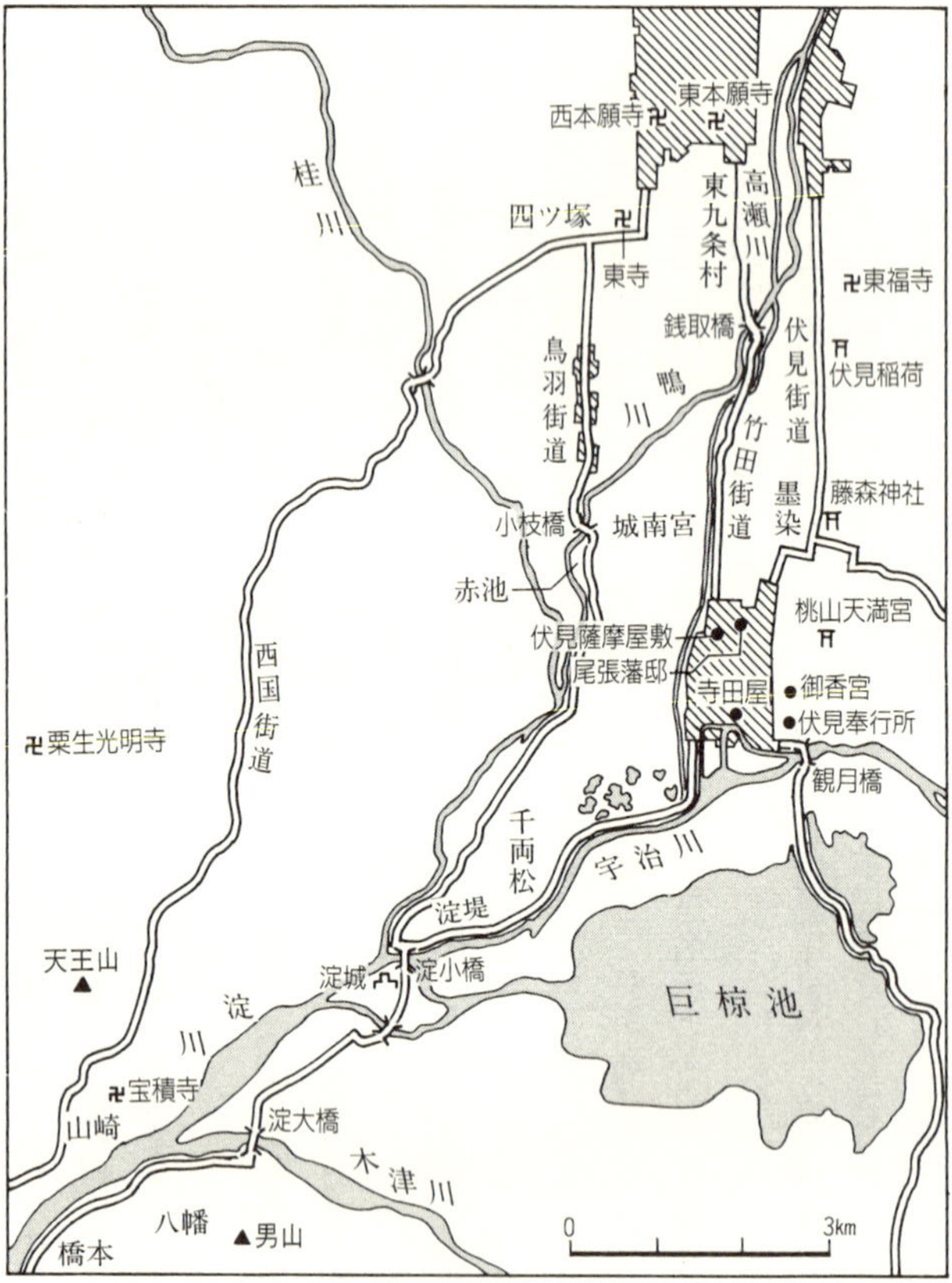
東本願寺
西本願寺
高瀬川
東九条村
四ツ塚
東寺
桂川
東福寺
銭取橋
伏見街道
伏見稲荷
鳥羽街道
鴨川
竹田街道
墨染
藤森神社
小枝橋
城南宮
赤池
桃山天満宮
伏見薩摩屋敷
尾張藩邸
寺田屋
御香宮
伏見奉行所
西国街道
粟生光明寺
観月橋
千両松
宇治川
淀堤
天王山
淀城
淀小橋
巨椋池
淀川
宝積寺
山崎
淀大橋
木津川
八幡
男山
橋本
0
3km

重傷の近藤は、幕医松本良順の治療を受けるために、この日のうちに沖田総司とともに大坂に向かった[106]。

こうして緊張高まる中、近藤は病気（結核）が悪化していた沖田総司とともに戦線を離脱したのである。

## 5　戊辰戦争の勃発

### 鳥羽・伏見の戦い

この時期、江戸をはじめ各地で薩摩藩士や討幕派による辻斬り、強盗などの挑発行為が頻発していた。これに対して幕府は、慶応三年（一八六七）十二月二十五日、庄内藩など四藩に命じて二千名を動員し、江戸の薩摩藩邸と支藩の佐土原《さどわら》藩邸を焼き討ちし、多くの浪士を捕えた。

この報を受けた大坂城の旧幕府軍と佐幕派諸藩軍は、翌慶応四年（明治元年、一八六八）正月二日、「討薩表」を掲げ、京都に向けて進撃した。構成はフランス軍事顧問団の訓練を受けた旧幕府五千名をはじめ、会津三千名、桑名千五百名など計一万五千名であった。これに対して、薩摩、長州、土佐、安芸などの軍は計四千五百名ほどであった。

## 正月三日

正月三日、鳥羽の薩摩軍が旧幕府軍を砲撃し、伏見でも長州軍が戦闘を開始した。ここに戊辰戦争の火蓋が切られたのである。

このとき新選組は、前年十二月に会津兵などとともに大坂から上京し、伏見奉行所にいたが、先述のごとく十二月十八日に近藤が負傷したため、土方が指揮をとっていた。[107]

永倉新八「浪士文久報国記事」によれば、伏見奉行所での攻防は三日朝、長州・薩摩・土佐三藩の軍勢が展開し、御香宮《ごこうぐう》（伏見区）に大砲四門を設置した。御香宮は伏見奉行所をひと目で見下ろす場所にあった。総督松平豊前守（大河内正質・上総大多喜藩主）や各組の隊長が集まり、いよいよ今夜にも戦端が開かれるのではと緊張した。奉行所の表門は会津兵、南北の門は伝習兵、裏手は新選組が、それぞれ分担して固めた。夕方になり、御香宮から大砲を撃ちかけられ、しばらく砲撃戦となった。薩摩など三藩が撃ったのは焼玉で破裂するものが多く、新選組は裏の庭から一発大砲を撃ったが、御香宮まで轟き、三藩側に多くの死者が出たという。[108]

京都町人の記録によれば、新選組は会津とともに布陣し、三藩と対峙《たいじ》した。七つ時（午前四時頃）に新選組が発砲し、双方大砲・小砲を撃ち合い「天地震動」「大乱」となったと

いう。(109)

土方歳三は永倉に、大砲の撃ち合いでは決着がつかないので、塀を越えて斬り込んでくれと言った。永倉の組は、それまで一発も撃ってこなかった長屋の向かいから乗り越え出たところ、障子を破り内側から撃ちかけてきた。このため大方が撃たれたが、ようやく塀を乗り越した。もはや討死覚悟で、斬り込みは命懸けであった。薩摩側が長屋に火をかけて逃げたので、斬り込むことはできなかった。負傷者が、「永倉さん首を打て」と言ったので、やむをえず首を打ち、残った者はやっとのことで奉行所内に戻った。

永倉は、島田魁が土塀の上から鉄砲を出し、「これに縋《すが》り申すべし」と言ったので、これ幸いと足をかけ、鉄砲につかまり引き上げられた。軒の鬼瓦に手が届いたので、そこから奉行所内に入った。永倉は島田に、外にまだ負傷者がいるので、梯子《はしご》をかけて内に入れ、手当てをするよう頼んだ。島田の力は五斗俵を三俵持つほどであり、永倉は島田に助けられたと記している。

伏見奉行所の御殿に弾が当たった。燃えたところを一度は消したものの、ところどころから火が上がり、とても裏手にはいられなくなり会津兵と合流した。総督の命令により、表門を開き三方へ切り込んだ。薩長側は激しく鉄砲を撃ってきたが、御香宮から桃山（伏見区）まで退かせ、さらに丹波・丹後に落ち延びさせた。しかし、味方も大勢が鉄砲で撃たれ、わずかの人数となったため元の表門に退いた。その後、伏見は地の利が悪いということで、全軍が淀城下（伏見区）に引き揚げた。総督の松平豊前守が淀城内に掛け合うと、淀城の留守居役は勅命でないと入れられないと答えた。(110) この入城拒否は、老中稲葉正邦（江戸在府中）の淀藩が、新政府方に与したことを意味するものであった。

**正月四日**

正月四日朝八時頃、薩摩軍が鳥羽街道を押し寄せた。会津軍と新選組が応じたが大敗し、鳥羽街道の宿に火をかけて退いた。薩摩軍の討死も多かった。この日、仁和寺宮嘉彰親王《にんなじのみやよしあき》が征討大将軍に任ぜられ、天皇から錦旗と節刀を渡され、自らを「官軍」とし、旧幕府軍を「賊軍」と位置づけた。島田魁の日記によれば、この日新選組は会津・桑名の軍勢とともに戦い敗れて淀城下に布陣した。(111)

**正月五日**

正月五日朝七時頃、淀堤に薩摩軍、鳥羽街道に長州・土佐両軍が押し寄せた。これに対して旧幕府方は、淀堤では先陣を会津軍と新選組が勤め、後陣を遊撃隊頭取の千代田豊太郎組二百名が勤めた。また鳥羽街道では、先陣を大垣軍、後陣を見廻組、歩兵一小隊が勤めている。

旧幕府方はいずれも大苦戦で、淀堤では、しばらく砲撃戦を展開したのち、「会津新選組残らず鉄炮を捨て切り込む」と突撃した。この場所は右が川、左が沼地でどちらにも動けず、しかも薩摩軍は新手に代わり、新型銃である元込《もとごめ》鉄砲で撃ってきたので、会津軍と新選組は多数が戦死した。旧幕府方はさらに薩摩軍に斬り込んだが、薩摩軍は新手を繰り出したため、二町（約二一八メートル）ほど退き堤脇に逃れた。

このとき土方歳三は、新選組隊士の荒木信三郎と会った。荒木は、味方がみな逃れたことを土方に報告し、一同は淀城外に引き揚げた。途中永倉は、会津藩の金田百助と淀小橋から三町ほど手前で大砲一門を見つけ、弾もあったので、とりあえず大砲を撃ちしばらくとどまったのち、大砲を淀川に埋めた。

そののち新選組は淀城下に引き揚げたが、対岸は新政府軍が占領し、小橋で激しい砲撃戦となった。薩摩軍は船を仕立て、淀城内に入った。これを見た土方は、総督松平豊前守に対して、敵が船で城内に入ろうとしているので、こちらも城に掛け合って城内に入るべきと進言した。豊前守が留守居に掛け合ったが、今回も勅命がないと入城できないとの返答であった。しかたなく城下に放火し、橋本宿（八幡市）へ引き揚げた。(112) この日の戦いで、試衛場以来の同志である井上源三郎が淀千両松（伏見区）で戦死したのをはじめ、副長助勤の山崎烝

（重傷でのち死亡との説もあり）など計十四名の新選組隊士が戦死した。(113)

**正月六日**

戦闘は、六日も激烈をきわめた。正月六日朝七時頃、天王山の下の関門を藤堂高猷《たかゆき》（伊勢津藩主）が守備し、八幡山を松平定敬と戸田氏彬《うじあきら》（美濃大垣藩主）その他歩兵が固めた。橋本宿は、会津軍、新選組、遊撃隊、見廻組が固めた。

薩摩軍は八幡堤（八幡市）を攻め、新選組と衝突した。このとき薩摩軍は策略をほどこし、八幡堤の鳥居前に進んだ。それは薩摩軍と大垣軍の軍服と笠が似ており、ただ合印の二本線が腕にあるのと一本が手首にあるとの違いだけであることを利用した作戦であった。薩摩軍はしきりに味方に大砲を撃った。五町（約五四五メートル）ほど離れて見ていると、大垣軍のようで、敵とわかったときには大垣軍はとても防ぐことはできなかった。

そこで土方歳三と原田左之助は、兵を率い三町（約三二七メートル）ほど進むと、薩摩軍がこちらに向かって発砲した。ようやく胸壁（塹壕《ざんごう》陣地）の中に逃れ激戦となった。永倉新八と斎藤一も兵を率いて八幡山中腹で戦った。

この日、淀川の対岸を固めていた津藩藤堂軍が新政府方に寝返った。これにより旧幕府方は、一気に形勢不利となった。八幡堤では、藤堂軍の寝返りにより旧幕府方が散乱する恐れがあった。そこで、土方や原田はさらなる前進を命じた。そのうちに、藤堂軍が会津軍に追い払われたという報告があり、一同は大いに喜びいっそう奮い立った。

見廻組組頭の佐々木只三郎は土方に向かって、自分の隊は川を渡り対岸の笹藪《ささやぶ》に兵を潜ませると言った。しかし船を手配しているところへ、薩摩軍が堤下に回り込み、目前に押し出したので大苦戦となった。ここに一軒屋があり、旧幕府方はこれに火をかけて、永倉新八や斎藤一らに知らせ、橋本陣屋へ引き揚げた。

しかし、永倉たちはこれに気づかず、八幡山中腹で戦っていた。彼らが八幡堤を見ると味方は一人もおらず、一軒屋に火がかけられていたので不思議に思い、新選組隊士の田村一郎を土方のもとに遣わしたところ、すでに一人もおらず、みな橋本に引き揚げたという。そこで永倉と斎藤は兵を引き、橋本本陣へ向かう途中、敵に前後を取り囲まれ必死に戦い、一方を破りようやく橋本陣屋に到着したのである。

ここにおいて、総督松平豊前守、陸軍奉行並大久保忠恕《ただくみ》、若年寄並陸軍奉行竹中重固《しげかた》が相談し、ひとまず大坂へ引き揚げることとし、全軍が引き揚げた。新選組は大坂城の大番長屋に屯集し、その他もみな城内に屯集した(114)。

「島田魁日記」には、「藤堂藩返して大小銃を烈しく放つ、ゆえに我軍大瓦解ついに大坂まで退く」(115)とあり、藤堂軍の寝返りにより、旧幕府方が総崩れとなり、大坂に敗走したことが記されている。

旧幕府方は兵数で勝っていたものの、指揮系統が統一されず、将兵の士気も上がらず、加えて初戦に敗れ、「賊軍」とされたことなどにより敗退したのである。

永倉の記録によれば、大坂城において、徳川慶喜をはじめ松平容保や諸役人が集まり軍議が開かれた。会津藩家老の神保内蔵助は、「天王山と八幡山を落とされては、大坂城では危ないので、ひとまず江戸に戻り、碓氷《うすい》峠、小仏《こぼとけ》峠、箱根山に兵を備える方がよい」と上申した。

近藤勇は、「私に三百人の兵を預けてくだされば、兵庫と堺に配置し、私は城内で命令する。今月中は持ちこたえるつもりなので、その間に関東から兵を派遣していただきたい。もし負け戦になったときは、城内で討死する覚悟である。一人も討死する者がなければ、東照宮に対して申し訳が立たない」と上申した。

慶喜はひとまず江戸に向かい、容保をはじめ諸役人も供をして軍艦で江戸に向かった。(116)

## 正月七日以後

正月七日には、慶喜征討令が出され、西日本の諸藩が戦わずして新政府の下に入った。新選組は七日に大坂城二の丸に入ったが、徳川慶喜がすでに大坂城を脱出しており、慶喜より、会津兵と新選組も速やかに大坂を引き揚げ、富士山丸と順動丸で江戸に向かうようにとの指示があったため、正月十日に大坂を出発した。徳川の旗本はみな紀州藩に御預けとなった(117)。

鳥羽・伏見の戦いの後、新政府が朝敵として指名した第一等は徳川慶喜、第二等は松平容保、第三等は松平定敬であった。一会桑権力の崩壊とともに、新選組の京都での活動は終わったのである。

### 新選組の政治的位置

以上、新選組の京都での活動を見てきた。

当時、京都政局の主導権を握っていたのは公武合体派であり、さらにはこの系譜を引く一会桑権力であった。新選組の活動は、いわばこれらの政治勢力の盛衰と軌を一にするものであった。先述のごとく、京都の新選組について、永倉は「幕府の爪牙」と述べ、高知県の郷土史研究者の松村巌は「会藩の爪牙」と評した。新選組はまさに、公武合体派の爪牙として動いたのであった。

京都を退いた新選組隊士の多くは、こののち旧幕府軍や佐幕派諸軍とともに、戊辰戦争を戦っていくことになる。

# 第四章　江戸帰還後

## 1　新選組の江戸帰還

### 大坂から江戸へ

慶応四年（明治元年、一八六八）正月十二日順動丸は品川（東京都品川区）に入港した。十四日富士山丸は横浜に入港し、その夜負傷者は医学所に入った。横浜の医学所は、幕府が設けたフランス語の伝習所を修築して病院にしたもので、フランス人医師が治療にあたっていた。ここに旧幕臣、会津藩、新選組の負傷兵が入院したのである。(1)

十五日、富士山丸は品川に到着し、土方以下の隊士は品川宿の釜屋を宿所とした。(2) このとき、近藤以下の負傷者は神田和泉橋（千代田区）の医学所に入った。こちらの医学所は、もと神田お玉が池（同前）にあった種痘所を前身とするもので、その後神田和泉橋に移り、万延元年（一八六〇）に幕府直轄となり、文久元年（一八六一）に西洋医学所と改められ、同三年に医学所となり松本良順が頭取（責任者）となった施設である。

この時期幕府は、西洋医学を重視していた。正月二十五日以後、新選組を含む旧幕府方の負傷兵は、漢方医学校の医学館に収容されたが、治療には松本良順をはじめ西洋医学の医師があたった(3)。

この間の十六日、佐倉藩士の依田学海《よだがっかい》は近藤と土方に会ったが、そのさい土方は、「戎器《じゅうき》、砲にあらざれば不可、僕、剣を佩《お》び槍をとる。一つに用いるところなし(4)」と、剣や槍は使うところがない、武器は大砲の時代であると語っている。

### 新選組の江戸での活動

江戸帰還後間もなく、近藤勇は徳川慶喜に対して、甲府城（山梨県甲府市）を自分に委任するよう建白書を提出した(5)。

正月二十日、新選組は江戸鍛冶橋《かじばし》門内（千代田区）の秋月種樹《たねたつ》の元役宅を屯所として与えられた。この役宅は、慶応三年（一八六七）十二月二十五日に秋月が若年寄を免ぜられて空屋敷となっていたものである(6)。正月二十二日、幕府は、会津藩八十二名の戦傷者に対して蜜柑《かん》八箱と金巾《かなきん》（平織の綿織物）八十二反を与え、近藤勇ほか六名の新選組戦傷者に対して蜜《み》柑一箱と金巾六反を与えた(7)。

正月二十八日、近藤らは釜屋から鍛治橋内の旧秋月邸に移動した(8)。「金銀出入帳」(二五八頁参照)によれば、二月三日、新選組は幕府から三百両を与えられ、同日「一、同百両也、元詰《もとづめ》鉄炮五丁」と、百両で元詰鉄炮五挺を購入している。元詰鉄砲は、新式の元込銃のことであり、新選組が洋式化を進めていたことがうかがえる。

二月十二日、近藤は江戸城において、東叡山《とうえいざん》上野寛永寺(台東区)に恭順蟄居している慶喜の警固を命じられた。十五日以後、半隊ずつ遊撃隊と交代で勤め、二十五日に解任されている(9)。

同じく「金銀出入帳」によれば、この間二月二十四日には、「一、同六両弐分、万てる壱ツ」と六両二分でマントを購入し、二十九日には、「一、同拾三両弐分、中村屋佐兵衛、づほん」と十三両二分でズボンの代金を支払っている。土方の写真(「はしがき」参照)のように、新選組が洋装化していたことがうかがえる。

## 2　甲陽鎮撫隊と甲州勝沼戦争

### 三月一日、甲陽鎮撫隊の出陣

二月二十八日、近藤勇は幕府から甲陽鎮撫（甲斐の治安維持）を命じられ、大炮六、元込小銃二十五、二ツハンドウ（通称「二つバンド」と呼ばれたミニエー銃）元込小銃二百を与えられ[10]、手当として五百九十五両を与えられた。「金銀出入帳」によれば、翌二十九日には、会津藩から千二百両、医師の松本良順から三千両を受け取っている。

このさい、幕府からその他金三千両、大炮八、元込筒三百、弾薬も与えられている[11]。

その後、新選組は甲陽鎮撫隊と改名した。隊長近藤勇は若年寄格となり大久保剛《たけし》と変名し、副長土方歳三は寄合席格で内藤隼人《はやと》と変名した[12]。

三月一日、近藤ら甲陽鎮撫隊は、百名余で江戸城鍛冶橋屋敷を出発し甲府城に向かった[13]。二日には、土方の出身地の日野宿において、近藤と土方が「馬上二人[14]」と、馬に乗って通ったことが記されている。

甲陽鎮撫隊の出陣は、江戸周辺農村にさまざまな負担を負わせた。二月晦日《みそか》、内藤新宿（新宿区）の問屋は上石神井《かみしゃくじい》村（練馬区）、上下保谷《ほうや》村（西東京市）、野中新田《のなかしんでん》三組（小平市・国

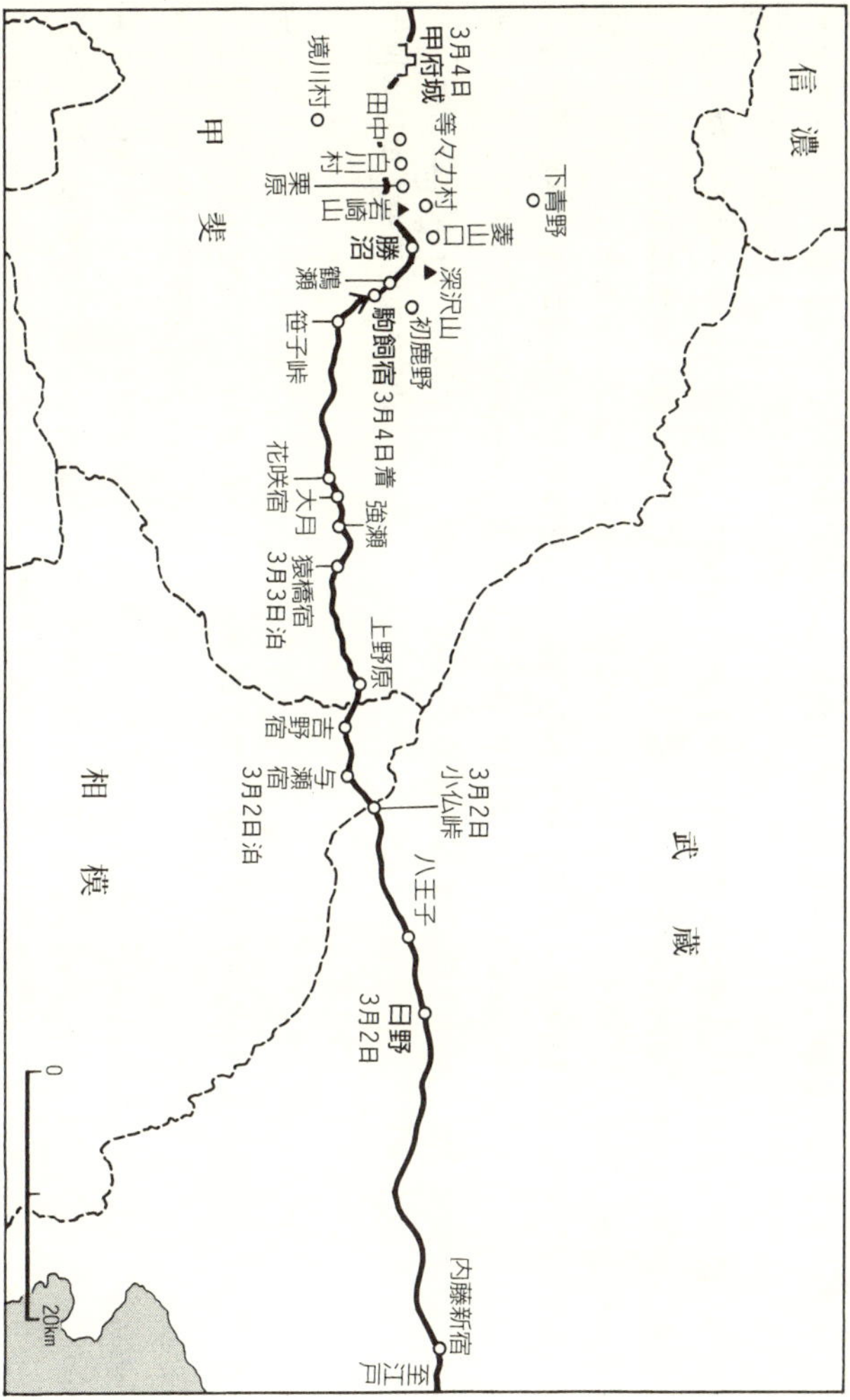
信濃
武蔵
甲斐
相模
3月4日
甲府城
境川村
等々力村
田中・白川村
栗原
岩崎山
下青野
菱山口
勝沼
深沢山
鶴瀬
初鹿野
駒飼宿 3月4日着
笹子峠
花咲宿
大月
強瀬
猿橋宿 3月3日泊
上野原
吉野宿
与瀬宿 3月2日泊
3月2日 小仏峠
八王子
日野 3月2日
内藤新宿
至江戸
0
20km

分寺市)、廻《めぐ》り田《た》村(東村山市)、中藤《なかとう》村(武蔵村山市)など助郷村々に対して、翌三月一日に、新選組が甲陽鎮撫隊として甲州街道を上るので、人足三名を出すように指示している。上石神井村の場合、この後も荷物継立《つぎたて》のために三月二日に十名、六日に九名、八日辰《たつ》の刻(午前八時頃)に十名が徴発されている。(15)

甲陽鎮撫隊の出陣は、公用として街道周辺の村々からの人足徴発により実施されたものであった。

**三月二日、甲州街道の進軍**

一方、岩倉具定《ともさだ》(具視の二男)が率いる東山道《とうさんどう》先鋒総督軍は、諏訪(長野県諏訪郡下諏訪町)で中山道《なかせんどう》軍と甲州街道軍とに分かれ、さらに江戸に向けて進撃した。

甲州勝沼戦争の目撃者である野田市右衛門が著した「勝沼・柏尾坂《かしおざか》戦争記」によれば、近藤らは表向きは甲州筋の百姓一揆などを抑えることを名目として甲州(甲陽)鎮撫隊と名乗ったが、実は甲府勤番と協力して甲府城に立て籠り、新政府軍の東上を食い止めるのが狙いであった。近藤・土方に協力し、試衛場の世話をしていた日野宿名主の佐藤彦五郎(俊正)は春日盛《かすがさかり》と変名した。(16)

近藤とともに勝沼で戦った佐藤彦五郎の日記によれば、近藤ら甲陽鎮撫隊は慶応四年(明治元年）三月一日は府中宿に泊まった。佐藤らが面会すると、人数不足のため応援を要請された。二日は日野宿の佐藤家で休息をとり、八王子宿で昼食をとった。日野宿門人ら二十二名が一行に加わった。昼過ぎに八王子宿を立ち、小仏峠（八王子市）を越えたところで日暮れとなり、与瀬宿《よせ》（神奈川県津久井郡相模湖町）に泊まった。三日は雨の中、与瀬宿を立ち、上野原《うえのはら》（山梨県北都留《きたつる》郡上野原町）で昼食をとり、猿橋宿《さるはし》（大月市）で泊まった。四日花咲宿《はなさき》（同前）で昼食をとっていたところ、確認はできないものの、新政府軍が甲府町に到達したという報告があった。その後笹子峠《ささご》（大月市）を越え駒飼宿《こまかい》（東山梨郡大和村）へ着いたところで、甲府町は昨日新政府軍千二百名により制圧されたとの知らせがあった。これを聞いて土方は、さっそく援軍を求めて江戸へ向かった(17)。

一方、「勝沼・柏尾坂戦争記」によれば、近藤らが与瀬に宿泊していたところ、夜早駕籠《はやかご》が来た。地元日川《ひかわ》村（山梨市）出身で地理嚮導《きょうどう》兼大砲差図役を勤めていた結城無二三《むにぞう》が、これを捕えて近藤の面前へ引き立て厳しく訊問したところ、新政府軍が信州上諏訪に到着したことを東海道官軍先鋒に知らせる使いであった。さすがの近藤も驚いた。諏訪から甲府まででは十三里、与瀬から甲府までは十八里、このままでは新政府軍に先を越されると、さっそく指示を出し未明に出発した(18)。

## 三月三日〜五日、戦闘の準備

甲州街道を西進した甲陽鎮撫隊は、途中で戦闘の準備を行った。結城無二三は境川《さかいかわ》（山梨県東八代《ひがしやつしろ》郡境川村）に赴き、熊吉という博徒に命じて、甲府の偵察に向かわせた。近藤らも進軍したが、先陣が猿橋に着いても、後陣はいまだ大月に宿泊する状態で（史料のまま。正しくは先陣が大月、後陣が猿橋か）、四日にようやく駒飼に到着し、渡辺半兵衛方を本陣とした。このとき総勢は、馬丁や小者まで合わせて百二十一名であった。谷村《やむら》（都留市）には会津藩士の梶原監物《けんもつ》と日野本之丞が指揮官となり、都留郡強瀬《こわぜ》（大月市）の全福寺《ぜんぷくじ》住職の斎藤一諾斎《いちだくさい》、元近藤附隊士であった立川主税《たてかわちから》、岩殿山《いわとのさん》（大月市）大法師らが従った。

しかし、このままでは軍勢が不足のため、先述のごとく土方が加勢を求め、単身早駕籠で東に向かった。当時横浜や神奈川を守備する菜葉隊という部隊があった。彼らは青い羽織を着用し、千六百名の規模であった。二日遅れで出発し、近藤らに合流するはずであったが、急に変更となり、土方はこれを迎えに行ったのである。近藤は小姓の川崎順道ほか十名を従えて、鶴瀬《つるぜ》村（東山梨郡大和村）の亀助を案内人に偵察を行い、等々力《とどろき》村（東山梨郡勝沼町）の杉の坊の南に関門を築いた。一方結城は、関門を守備する勝沼村（同勝沼町）の鍵屋孫兵衛に、勝沼岩崎《いわさき》の農民らに一戸二把ずつ薪を出し、今夜夜通し篝火《かがりび》を焚くよう命じた。また下青野《しもあおの》（下粟生野）村（塩山市《えんざんし》）その他村々に対して、結城のもとで幕府に味方することを指示した。[19]

永倉新八の記録によれば、この間鎮撫隊の兵たちは情勢不利を察知し、自分たちは援軍が来なければ戦わないと永倉、原田左之助、斎藤一に訴えた。三名が近藤と土方に伝えると、近藤らは困惑し同志を騙すしかないとし、会津兵六百が猿橋に到着しており、明日の合戦には間に合うと述べた。[20]

そのうえで近藤は、一つの策を用いた。それは、勝沼の坂の上に関門を作り、すでに新政府軍が甲府城に入ったことを受けて、甲府町奉行の若菜三男三郎《みおさぶろう》に書簡を出し、新政府軍を油断させ、戦闘準備の時間稼ぎを狙うというものであった。書簡には、自分は甲府城の取り締まりを命じられ、鎮撫隊として当地に来たが、新政府軍がすでに入城していた。突然甲府に乗り込んでは不敬になり、また我々は新政府軍に抵抗する気は毛頭ないので、若菜の計らいで、しばらく新政府軍の進軍をやめるよう新政府軍の大将に申し出てほしい、自分たちは近郷を鎮撫してから甲府に向かうなどというものであった。他方、近藤は鶴瀬村に戻り、義勇兵を募り約五十名を組織した。そのさい近藤は、金十両を与え、さらに恩賞を約束している。[21]

## 三月六日、開戦

三月六日、鎮撫隊は鶴瀬において、軍を二つに分けた。一隊は佐藤彦五郎が率いる春日隊であり、日川を南に渡り、岩崎山（東山梨郡勝沼町）の山腹に出て嚮導岩に陣を張った。もう一隊は近藤が率い、勝沼の東端柏尾坂上に上り、前に深沢川《ふかさわ》を見下ろし大砲二門を据えた。川の西の野田五良左衛門と雨宮市太郎の屋敷二軒を焼き払い、要害堅固の場所に陣どった。近藤は、わずかの供を連れて勝沼、等々力、田中（東八代郡一宮《いちのみや》町）、栗原《くりばら》（山梨市）付近を偵察した。

一方、新政府軍も偵察活動を行い、鎮撫隊が小勢であることを知ったが、甲府市内の動静がいまだ安定していないことから、主力は甲府城を守ることとし、因幡軍三小隊、諏訪軍一小隊、土佐軍二小隊が出陣した。正面を谷干城《たにたてき》が率いる土佐・因幡軍五百〜六百名、南は諏訪軍が日川をさかのぼって進軍した。さらに土佐軍が菱山《ひしやま》口（東山梨郡勝沼町）から初鹿野《はじかの》（東山梨郡大和村）に向かい、北方の山中に押し登った。

戦端は岩崎山で開かれた。土佐・因幡軍が春日隊を破り、諏訪・土佐軍が岩崎山の山上・山腹から柏尾坂に向けて大砲を撃った。鎮撫隊は、大砲一門を川の南に向けて岩崎山の新政府軍と戦い、もう一門を街道の西に向けて因幡軍と戦った。

鎮撫隊の作戦は、岩崎山に向かって散弾を撃ち、街道筋には榴弾《りゅうだん》（炸裂弾《さくれつ》）を撃つというものであった。散弾により通行を止め、榴弾により敵を殺し、抜刀隊が煙の下から切り込む作戦である。しかし、砲手が替わり、大砲の弾を間違えたため、岩崎山に榴弾を撃ち、街道に散弾を撃ってしまった。しかも、榴弾の火口を切らないまま無闇に撃ったので、効果がなかった。

それでも午前の戦闘は、西に向け発砲した煙が、新政府軍に向かって吹きつけたので、煙に乗じて斬り込み互角の形勢であった。しかし、午後になると、風向きが変わったため、形勢が逆転した。こうした状況のなか近藤は、新選組の隊士らと斬り込み勇敢に戦ったので、新政府軍は甲府城に援軍を頼むに至った。

援軍要請をうけた新政府軍先鋒の板垣退助は、敵は三百足らずの小勢で、味方は数倍いるのに敗れるとは何事かと激怒した。そして、先陣の諸将は戦死せよ、甲府に戻ったら自分が討ち取ると使者を返し、そのうえで一分隊を谷干城軍の援軍として派遣した。

谷軍は深沢山（東山梨郡勝沼町）に登っていたが、後ろから援軍が到着したので元気づいた。午後一時頃山上に登って下を見ると、すでに味方は敗北していた。そこで山上から押し寄せ鎮撫隊の本陣を突いたが、本隊は出払っており、残っているのは老人と負傷兵のみであった。谷はここぞと命令して一斉射撃を行うと、鎮撫隊は狼狽《ろうばい》して敗走した(22)。

## 鎮撫隊の敗走

形勢を逆転させた新政府軍は、一気に鎮撫隊を追い込んでいった。谷干城は態勢を立て直し、鎮撫隊を背後から銃撃した。鎮撫隊は前後からと岩崎山の三方から攻撃され絶体絶命となった。このとき、彦根藩士の佐々木一が敵中に斬り込み血路を開き、鎮撫隊は鶴瀬、駒飼方面に退却した。鎮撫隊の大砲方は、新政府軍に利用されないよう大砲を処置してから退いた。相馬《そうま》藩浪士で新選組隊士の相馬主計《かずえ》は、沢に飛び降り山中を駆け登り、笹子峠をさして敗走した。

近藤勇は、京都での鉄砲傷が癒《い》えないまま、銘刀貞宗を采配代わりに振るった。その後佐藤彦五郎の春日隊を呼び寄せ、わずか十余名で駒飼の御座石《ございし》に陣取り、新政府軍を食い止め、味方の笹子越えを援護した。新政府軍は桜ノ木まで押し寄せたが、小銃で三、四時間攻撃したのみであった。

近藤らは、鎮撫隊の多くが笹子峠を越えた頃、御座石を引き揚げることにしたが、会津藩士の大崎荘助が近藤に対して、兵を引くときに大切なのは殿軍《しんがり》である、自分一人が踏みとどまり、みなのために討死する覚悟である、それには道の要所に柴と薪を積み重ね、新政府軍が来たら火をかける、このような山中の一本道では火が消えるまでは通行できない、その間に落ち延びてほしいと言った。近藤はやむをえず大崎の案を承諾した。

その後新政府軍が押し寄せ、駒飼宿で近藤の本陣を勤めた渡辺半兵衛を捕縛した。新政府軍が笹子峠にさしかかると、予定通り、大崎は薪に火をつけ煙の中から躍り出て斬り込み山へ逃れた。新政府軍が長時間攻撃しなかったのは、鎮撫隊があまりに少なくかえって不審を持ったためという(23)。

こうして甲州勝沼戦争は、甲陽鎮撫隊の敗北で幕を閉じたのである。戦闘開始から約二時間後、鎮撫隊は敗走した。あまりにも一方的な戦いに、山で見物していた地元の者たちは罵声を浴びせたという。退却の途中、近藤らは吉野宿（神奈川県津久井郡藤野町《ふじの》）において態勢を立て直し、再度戦うことを主張した。しかし、兵力の差を知った兵士らは同意せず、会津の援軍が来ると欺いた近藤への不信感もあり、集団脱走を起こすなどしたため、鎮撫隊は八王子方面に退却した(24)。

八日、鎮撫隊は八王子宿で集会を持ち、江戸へ引き揚げることとし、近藤らは直ちに馬で江戸に戻った。永倉新八と原田左之助は、隊士の世話を命じられ、江戸本所二ッ目（墨田区）の大久保主膳正（忠怒《ただくみ》）屋敷に隊士を率いて入った(25)。

この間、江戸周辺農村では、勝沼戦争の負担が続いた。三月八日未《ひつじ》の刻（午後二時頃）には鎮撫隊の敗北が知らされ、鎮撫隊の戻り荷物に備えて人馬の用意を指示された。翌九日には、今度は新政府軍の土佐藩・因幡藩の通行のために人足を準備するよう指示があり、同時に翌十日の鎮撫隊の戻り人足十名を用意させられるという忙しさであった(26)。

### 永倉・原田の離脱

三月十一日頃、永倉や原田らは、近藤がいる和泉橋医学所に赴き面会した。実はその前夜、永倉らは新勢力を組織し、近藤・土方の両名をも説いて会津に赴き最後の奮闘をすることでまとまり、結党の祝宴を張り徹夜で豪遊していた。

翌日近藤に面会すると、近藤は永倉らが決めたことを「私《わたくし》の決議」として認めず、「ただし拙者の家臣となって働くというならば同意もいたそう」と言った。永倉らは怒り、「二君につかえざるが武士の本懐でござる。これまで同盟こそすれ、いまだおてまえの家来にはあいなりもうさぬ」と述べ、立ち去った。このとき新選組を離脱した隊士は、永倉と原田のほか、林信太郎、前野五郎、中条常八郎、松本喜八郎であった(27)。

彼ら離脱組は、諸藩の脱走者や元旗本らとともに、約五十名で「靖共隊《せいきょうたい》」を結成し、隊長に芳賀宜道《はがぎどう》、副長に永倉、原田など幹部を選んだ。芳賀宜道は、永倉の旧友で、元松前藩士の市川宇八郎が旗本三百石の芳賀家の養子になった人物である(28)。

なお、原田左之助について、このの ち五月十五日に起こる上野戦争に、彰義隊の一員として参加し負傷したとする説があるが、史料上では確認されない(29)。

草創期からの隊士である永倉・原田の離脱は、近藤の組織化・規律化の動向に対する、同志的結合を重視する者たちの最後の抵抗でもあった。

## 3　近藤勇の最期

### 新選組の拡大

近藤と土方が率いる新選組の本隊は、会津行きに備えて再編成を行い、規模を拡大していった。

三月十三日、新選組の先発隊四十八名は、江戸を出て五兵衛新田《ごへえしんでん》（足立区）の金子健十郎屋敷に到着し、ここを屯所とした。翌十四日には近藤が隊士約十名とともに到着し、十五日には土方が隊士四名とともに到着した。以後も隊士が続々と到着し、二十五日には総勢百六十九名になっている(30)。

この間、三月十六日には勝海舟のもとで、旧幕府軍の抗戦派に恭順工作を行っていた軍事方の松濤権之丞《まつなみごんのじょう》が金子家屋敷を訪問している。十七日には同じく軍事方の吉沢大助が、十九日には会津藩士の兼川直記が、二十四日には新選組と親しい医師の松本良順が、それぞれ同家屋敷を訪問しており、活発な情報交換が行われたことがうかがえる。近藤は旧幕府代官の

佐々井半十郎とも書簡をやりとりしている。この時期、近藤は変名の大久保剛をさらに大久保大和と改名している。(31)

一方、三月十三日、中山道を進軍してきた新政府軍は板橋宿（板橋区）に入り、中《なか》宿の飯田宇兵衛宅を総督府本陣とした。

### 近藤の捕縛

その後、新選組の人数はさらに増大し、金子家屋敷では狭くなったためか、四月一日、下総流山《ながれやま》（千葉県流山市）に転陣した。金子家文書によると、このとき隊士は二百二十七名であった。なお、流山市恩田家文書によると、四月一日から二日にかけて新選組三百八十～三百九十名が流山の光明院《こうみょういん》や流山寺《りゅうざんじ》その他に止宿し、近藤と土方らは長岡七郎兵衛（穀物仲買永岡三郎兵衛か）方を本陣として止宿した。(32)

一方、新政府軍は、宇都宮城（栃木県宇都宮市）の占拠をめざす会津・桑名軍などに対抗するために、彦根藩、旧幕臣岡田将監《しょうげん》隊、信濃岩村田《いわむらだ》藩その他を援軍に加えた。大軍監に総督内参謀の香川敬三《かがわけいぞう》が就任し、菊家紋の御旗を奉じた。

新政府軍は板橋宿を出発し、その夜は千住《せんじゅ》宿（足立区）に宿泊、翌二日には日光街道を進み、糟壁《かすかべ》（埼玉県春日部市）に到達した。ここで近藤らの部隊が流山付近に集結し、新政府軍の背後を断つ計画を立てているという情報がもたらされた。

三日、新政府軍は近藤勇を捕縛するが、彦根藩の関係史料によれば、新政府軍は、旧幕府軍が流山宿に屯集しているとの情報を得て、三日越谷《こしがや》宿（埼玉県越谷市）まで引き返し、利根川を渡り午後四時に流山宿に到着した。旧幕府軍がところどころに分散している間を、督府斥候《せっこう》の薩摩藩有馬藤太《とうた》や、彦根藩斥候の西村捨三、さらに彦根藩の渡辺九郎左衛門が率いる小隊が、旧幕府軍の本陣に迫り隊長を呼び立てた。

本陣からは内藤隼人（土方歳三）という者が二名ほどを連れて出てきた。そこでどこの兵で、なぜこの地に屯集しているのか尋ねると、最近江戸から歩兵が多数脱走して乱暴狼藉を働き、さらにこの地域には百姓一揆の噂もあるので取り締まりのために出張してきた、新政府軍に対していささかも不敬を働くものではないと答えた。

これに対して新政府軍は、江戸で徳川慶喜が恭順したにもかかわらず、いまだに武装しているのは理解できず、乱暴狼藉については督府が鎮圧するので、お前たちには関わりないと言った。そして、即刻武器を差し出して誠意を表せばそれなりの処置をするが、万一遅れれば誅伐《ちゅうばつ》すると述べた。すると、隊長の大久保大和という者が、本陣と分隊の兵器をすべて集め、大砲三門、小銃百十八挺を差し出したので、彦根藩で預かった。先に流山転陣のさい新選組隊士は二百二十七名であったが、かなりの数の鉄砲が確認される。

その後、大久保大和に同じ内容で詰問したところ、内藤隼人と同じ答えであった。しかし、渡辺九郎左衛門は、大久保大和が近藤勇の変名であることを見破り、督府への出頭を命じ、三日夜近藤を越谷宿に連行し、翌四日に渡辺が護送し、板橋宿本陣に差し出したのである。[33]

一方、旗本岡田氏の家臣富田重太郎の記録によれば、新政府軍の香川敬三は、流山に向かって進んでいたところ、斥候の有馬藤太と上田楠次《くすじ》（土佐藩士）が流山に旧幕府軍が多数いると報告した。有馬は利根川渡船場に行き、流山の情報を確認した。香川付の彦根、岡田、岩村田の諸軍が進み、途中で鉄砲に弾を込めた。流山の間近くでは駆け足で進んだ。先陣の彦根の者たちが三発ほど撃ったが敵は抵抗せずに南へ逃れた。南からは上田楠次が進み、香川・彦根軍と合流した。香川、上田、有馬は相談し、旧幕府軍がいる味噌屋を取り囲み、香川と有馬が乗り込んだところ、隊長の大久保大和は家来二、三名とともにいた。大久保が答えるには、自分は新政府軍の分隊であり、時期を見計らって加勢するつもりである。決して新政府軍に敵対するものではないという。このほか、称名院（光明院）に旧幕府軍がいるということで、隊長の大久保に案内させ調べた。部隊は新政府軍の斥候が発見し、捨ててあった小銃二百五十を押収し彦根本陣に送った。[34]

以上、二つの史料には違いもみられるが、流山においては、大規模な戦闘がなく、また大久保大和自身も抵抗せずに捕えられたことがわかる。また押収した小銃が百十八挺と二百五十挺と数は異なるものの、この時期新選組の洋式化が大いに進んでいたこともうかがえるのである。

こうして、大久保大和は捕えられ、新選組隊長の近藤勇であることが見つかり、彦根藩から本陣に護送されたのである。(35)

## 近藤の取り調べ

四月三日、近藤が捕縛された夜、土方歳三は江戸に入り、元幕臣で会計総裁や若年寄を勤めた大久保一翁《いちおう》（忠寛《ただひろ》）や、同じく元幕臣で海軍奉行を勤めた勝海舟を訪れている。(36)勝の日記によれば、土方は流山での近藤捕縛の経緯を話し、近藤の助命を嘆願したが失敗に終わった。(37)

一方、新選組の本隊は、「四日、兵器を官軍へ差し出し、士兵尽《ことごと》く会に落る」(38)、「四日、兵器尽く官軍へ差出し、それより士官兵卒およそ百五十人余々残らず会城へ落る」(39)と武装解除され、百五十名余は会津に向かって落ち延びたのである。

五日には、近藤は詰問のうえ入獄させられた。新選組隊士の相馬肇（主計）が、勝海舟配下の松濤権之丞からの書簡を板橋宿の近藤のもとへ届け、(40)同じく相馬が大久保一翁、勝、土方の書簡を近藤に届けている。(41)旧幕府関係者が、近藤と連絡を取ろうとしていたことが知られるのである。

以下、近藤の取り調べの様子について、吉田政博「近藤勇最期の二十五日間[42]」によって見ていきたい。取り調べは各藩立ち合いのもとに行われた。近藤は、京都で負傷した銃創の再発を理由に赦免を願ったが許されず、流山の兵隊集結について問われた。近藤は徳川慶喜に対して臣下の分を尽くそうとしたのであり、新政府軍に対抗するものではないと答えた。

近藤の行動に関する勝海舟の関与についても、近藤は否定した。土佐の谷干城や安岡亮太郎らは、近藤を拷問にかけて、勝海舟や大久保一翁を追及する手がかりを得ることを主張した。一方薩摩の平田九十郎らは、勝などの関与が明らかになれば、江戸城開城への影響があるとしてこれに反対した。

東山道先鋒総督府の岩倉具定は、谷らの意見に賛成したが、薩摩藩士で総督府参謀の伊地《いじ》知《ち》正治《まさはる》は強硬に反対し、平田の意見が通らないならば、兵を率いて帰還すると迫った。この結果岩倉は折れ、谷らを説得し、薩摩の主張に従い近藤は京都に護送されることになった。近藤は決着のつかない中途半端な立場に置かれたのである。

四月十四日、岩倉らは大総督府参謀で薩摩の西郷隆盛に対して、「このたび近藤儀は京都護送仕らさせ候間、この段申し上げおき候[43]」と、これを確認している。

## 旧幕臣の見解

しかしその後、事態は急変する。総督府軍監の藤井九成《きゆうせい》が残した「藤井九成手記(44)」所収の太政官宛ての岩倉具定・具経の月日不明文書によると、囚人近藤勇は、在京中の所業のみならず、私に兵を率いて甲州に出兵し、流山においても大砲や弾薬を所持していた。近藤は、甲州・流山の出陣は大久保一翁の命令によると言ったので徳川家の目付を呼び尋ねた。

目付の主張は、大久保大和という人物は徳川家中には存在せず、近藤自身も脱走しており徳川家とは関係ない。近藤の罪については、天下の人々が知るところであり、今度も私心により兵を率いて新政府軍と戦争に及んだことは、徳川慶喜の恭順の意にも反するものであり、許容できない大罪である。ただし甲州・流山の件については当方にも責任があり、処罰されても仕方ないと考えている。

そのうえで意見を述べると、新政府軍の諸藩士は、元来「近藤の肉を食することを欲す」というほど、近藤を憎んでいるのであるから、一刻も早く厳刑に処すべきである。これは天下の大罪であり、京都において市中引き回しのうえ、梟首《きようしゆ》（晒《さら》し首）して、天下の義士の心を慰めていただきたい。

もし、寛大な処置がなされれば、天下の有志は希望を失い、新政府軍の各藩兵も納得がいかない状態になる。現在は御一新という状況にあり、非常のときにみだりに殺害を行うべきではないが、一人を誅殺して、千万人が歓喜する処置がなされなければ、天下の士民は朝廷を軽侮し、謗《そし》りを受けることになる。英断をもって処置されるように願うと、近藤への厳罰を求めるものであった。

以上のように、近藤勇は、最後は旧幕臣＝恭順派官僚にも見捨てられたのであった。

**近藤処刑**

四月二十四日、総督府の岩倉は、下野（栃木県）方面へ進軍する予定を急遽変更し、板橋宿を過ぎて因幡藩の江戸屋敷に入った。板橋宿は総督府不在の状況となったのである。こうした中、二十五日夕方、旗本岡田督之助の武術指南役である横倉喜三次《きそうじ》に対して刀取《かたなとり》の下知が下り、近藤は宿場はずれの平尾《ひらお》一里塚（板橋区）付近において処刑された。

このときの状況について、「島田魁日記」には、「二十五日、板橋駅外にて害せらる、公の死に臨む時、顔色平常に異ならず、従容《しょうよう》として死に就き、見る者流涙して惜しまざるの者なく、実に古今無双の人傑なり(45)」と、近藤は死にさいしても顔色を変えず、見る者で涙しない者はなく、実に立派な人物であったと記されている。また永倉新八によれば、近藤は総督府から降伏謝罪するよう三度説得されたが、「手前勤王ノ兵ニアラスニテ謝罪致ス事無クト」と、自分は勤王の兵ではないので謝罪する必要はないと断ったという(46)。

近藤の首は、総督府本陣の飯田宇兵衛宅の前で「首検査」を受けた。その後、「右板橋宿へ梟首三日晒らしの後、塩漬にいたし京都へ送り候由[47]」、「近藤勇首、ショチユウヅケ（焼酎漬け）にて京都へ送る、太政官のジッケ（実検）これあり、三日さらしなる[48]」と、首は板橋において三日間晒され、のち塩漬けか焼酎漬けか不明であるが、京都に送られた。

### 近藤の処刑場所

保垣孝幸「近藤勇処刑[49]」によると、近藤の処刑場所については、(1)今日多くの解説などに見られる板橋宿の刑場、(2)宿はずれの庚申塚《こうしんづか》[50]、(3)滝野《たきの》川三軒家《がわさんげんや》[51]（北区）、(4)板橋宿と滝野川三軒家の間の一里塚[52]の四つの説がある。

これらについて、(1)板橋宿の刑場については、板橋に常設の刑場があったことは確認できず、近藤の処刑場所が板橋刑場と呼ばれるようになったと考えられる。また、(2)宿はずれの庚申塚についても、板橋宿や滝野川村で庚申塚と呼ばれる場所はなく、巣《す》鴨《がも》村（豊島区）の庚申塚がこの呼び方のもとになったのではないかと考えられる。さらに(3)滝野川三軒家は、種苗商の集住地域でありここを刑場と称した形跡はない。

一方、(4)板橋宿と滝野川三軒家の間の一里塚には、慶応四年閏四月六日発行「江湖《こうこ》新聞」によれば近藤勇の捨札が立てられていたという。捨札は獄門などのさいに罪状を記して晒し首に添えられる立て札である。地元の板橋宿本陣の飯田春教《はるのり》の「萩園耳底記《しゅうえんじていき》」には、近藤の捨札の写とともに「四月二十五日夕刻、板橋平尾・滝の川入会の地にて死刑に処せられたり」との記述が見られる。

すなわち、保垣によれば、(4)一里塚付近の入会地が近藤の処刑地と考えられるが、入会地であり、定まった地名がなかったために、(1)~(3)の説ができたと推測されるのである。

### 京都での梟首

近藤の首は樽に入れられ、水戸藩士で東山道総督軍の大監察であった北島秀朝《ひでとも》が上京するさいに、昼夜兼行でこれを護送した。北島は、二条城太政官代に赴き東国の情勢を詳しく報告するとともに、近藤の首を刑法官に渡した。樽を開けたところ首はなお生きているようであり、公家たちは不思議がったが、これは火酒（アルコール）に浸したためとされる。(53)

京都で閏四月八日から三日間首を晒すさい、掲示には、近藤の罪として、凶悪の行為に加え、甲州勝沼や流山などで官軍（新政府軍）に抵抗したことが挙げられた。(54)

京都晒の最終日の閏四月十日、依田学海は、当時京都で次のような歌が流行《はや》ったと記している。(55)

十日、近藤勇賊首、今朝迄《まで》三條河原ニ獄門ニ掛ル
当時流行のとんやれぶし小哥ニ作り市中うとふ
三條河原の下て群衆するのハなんじやいな
トコトンヤレトンヤレナ
あれハ朝敵近藤勇の首しらナイカ
トコトンヤレトンヤレナ

京都において、近藤の首に人々が群がり、「宮さん宮さん」の替え歌ができるほど大きな話題になっていたことが知られる。この地でさまざまな活動をした新選組だけに、京都庶民の反応も大きかったのである。

# 第五章　会津・箱館戦争

## 1　北関東での転戦

### 旧幕府軍の結集

慶応四年（明治元年、一八六八）四月三日、近藤勇が捕縛されたのち、土方歳三は、近藤の救助、新選組の再建、旧幕府軍の劣勢挽回などさまざまな活動を展開した。このうち近藤救助は失敗に終わったが、新選組の再建と旧幕府軍の劣勢回復には一定の成果をあげている。

四月十一日、江戸城が新政府軍に引き渡された日、土方は江戸を脱出して下総国府台《こうのだい》（千葉県市川市）に行き、旧幕府軍の脱出兵三千余に合流した。[1]このとき土方と行動をともにした新選組隊士は、島田魁、漢《かん》一郎、中島登《のぼり》、畠山芳次郎、沢忠助、松沢乙造《おとぞう》の六名であった。[2]

翌十二日、旧幕臣の大島圭介、会津藩士の秋月登之助《のぼりのすけ》、桑名藩士の立見《たつみ》鑑三郎などに、土方歳三も加わり評議が行われた。評議の結果、幕府歩兵奉行を勤めた大島圭介が総督となった。大島は軍を三分し、先鋒軍千名余は秋月登之助を将、土方歳三を参謀とし小金《こがね》村（千葉県柏市・松戸市）から北に向かい、中・後軍千名余は大島自らが総督となり小山《おやま》（栃木県小山市）から日光へ向かった。土方ら先鋒軍は、十二日夜は小金、十三日は布施《ふせ》（柏市・我孫子市）、十五日は水海道《みつかいどう》（茨城県水海道市）、十六日は宗道《そうどう》村（結城郡千代川村）に宿陣した。(3)

先鋒軍に属した島田魁の日記によれば、同十六日島田らは「東照神君の白旗を翻し勢揃をし」と、家康の権威を押し立て、下妻《しもつま》藩（茨城県下妻市）に協力を強要し藩士十名を参加させた。十七日先鋒隊は下館《しもだて》（下館市）に到着し、下館藩（石川若狭守）に対して、兵を展開させ、大砲を設置し、土方が本陣を設営するなど武力で威嚇しつつ、下館藩から金のほか米・味噌・醬油など兵糧を供出させた。この日は、下館城下に宿陣している。(4)

**宇都宮戦争と土方の負傷**

十八日先鋒軍は蓼沼《たでぬま》（栃木県河内《かわち》郡上三川《かみのかわ》町）に宿陣、十九日には宇都宮城（宇都宮市）を攻撃し、「大戦争と相成」(5)、「大炮小銃弾玉寸暇もなく烈戦二つ時（中略）夕七つ時（午後四時）本丸へ焼玉打ち込み、焼失落城に及ぶ」(6)と、大砲小銃戦の結果落城させ、二十日に入城した。(7)このとき土方は、逃亡しようとする味方の兵士を斬り、進軍を鼓舞したと伝えられる。(8)

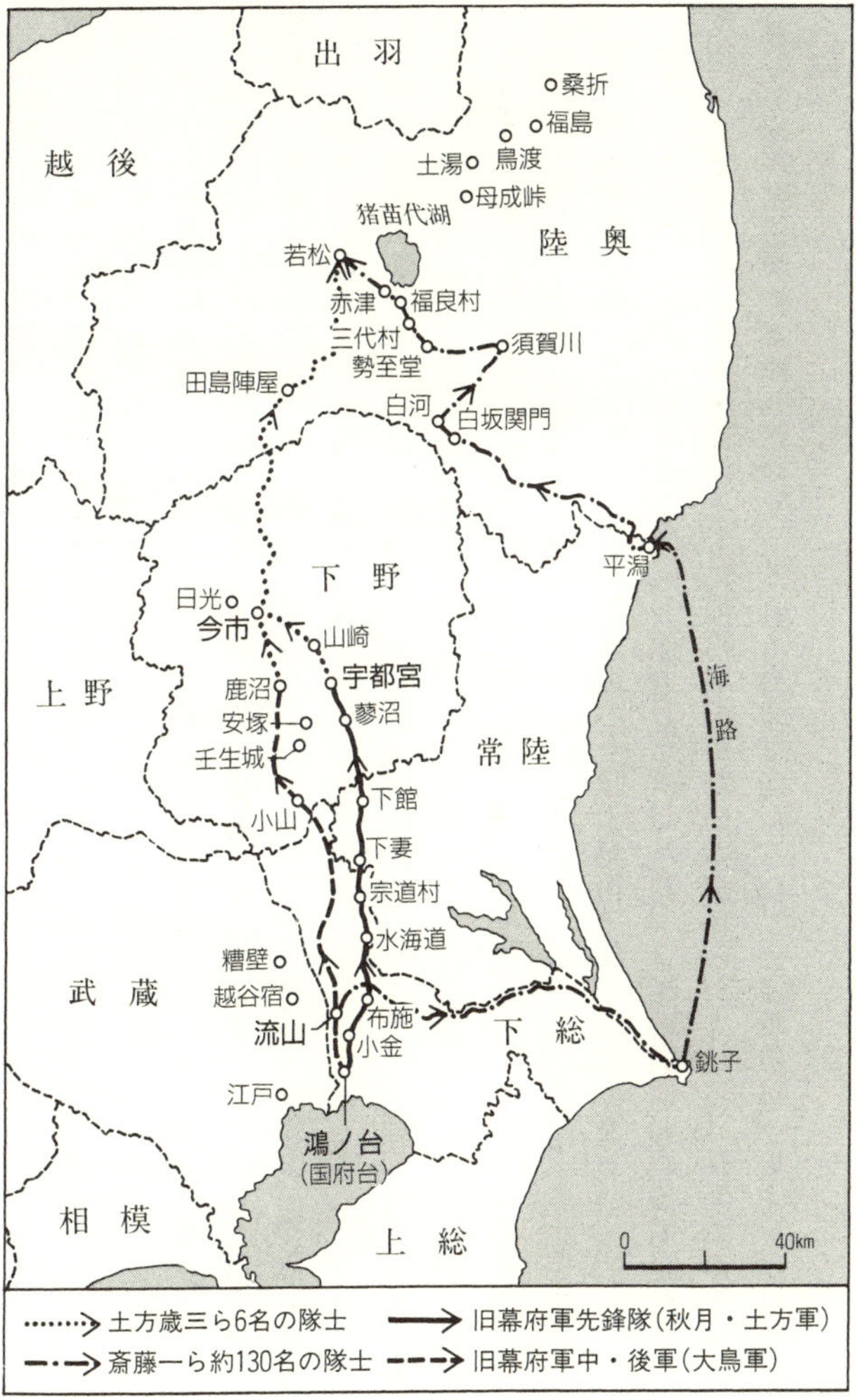

出　羽
越　後
陸　奥
下　野
上　野
常　陸
武　蔵
下　総
相　模
上　総
桑折
福島
鳥渡
土湯
母成峠
猪苗代湖
若松
赤津
福良村
三代村
勢至堂
須賀川
田島陣屋
白河
白坂関門
平潟
日光
今市
山崎
宇都宮
鹿沼
安塚
壬生城
蓼沼
小山
下館
下妻
宗道村
水海道
糟壁
越谷宿
流山
布施
小金
江戸
鴻ノ台
(国府台)
銚子
海路
0
40km
土方歳三ら6名の隊士
旧幕府軍先鋒隊(秋月・土方軍)
斎藤一ら約130名の隊士
旧幕府軍中・後軍(大鳥軍)

大鳥率いる中・後軍は十四日に山崎《やまざき》（宇都宮市）に宿陣し、宇都宮城で土方ら先鋒軍と合流した。(9)二十一日、旧幕府軍は壬生城《みぶ》（栃木県下都賀《しもつが》郡壬生町）攻撃の軍議を行い、二十二日に壬生城に向かうが、途中の安塚《やすづか》（同前）で戦争となり敗れた。(10)

二十三日、新政府軍は壬生から進撃し、宇都宮城奪還攻撃を行った。旧幕府軍は苦戦し、土方と秋月はともに負傷した。このときの土方の負傷は足の指であった。(11)不利な戦況の中、総督の大鳥圭介は兵の損失を防ぐため、日光山（日光市）での決戦を提案し、諸隊の隊長の合意を得て、旧幕府軍は夜陰に乗じて城を脱出した。(12)

島田の日記によれば、四月二十四日、土方と秋月は今市《いまいち》（今市市）を経由して会津に向かった（二十五日、近藤勇が板橋で処刑される）。二十六日、土方は会津領内の田島陣屋（福島県南会津郡田島町）に到着し、秋月と別れ、国府台以来の新選組隊士六名とともに会津に向かった（二十八日、近藤の首が京都に送られた）。翌二十九日、土方は会津入りし、この地において、流山以来分散して北上していた新選組の全隊士が再結集したのである。(13)

他方、大鳥率いる旧幕府軍は日光へと撤退した。しかし、日光地域における旧幕府軍への支援は十分でなく、弾薬・食料ともに補給が続かないことから、大鳥らは日光での決戦を断念し、東照宮霊廟に参詣したのち、これも会津に向かった。(14)会津戦争は、いよいよ目前となった。

## 2　会津戦争と新選組

### 白河戦争

島田の日記によれば、慶応四年（一八六八）閏四月五日、会津において新選組隊長となった山口二郎（斎藤一）は、新選組百三十名余を率いて、白河《しらかわ》（福島県白河市）方面へ出陣することを命じられ、会津藩主松平容保に謁した。翌六日新選組は出立し、同夜は赤津《あかつ》（郡山市）に、七日は三代《みよ》（同前）に宿陣した（この翌八日から十日まで、近藤勇の首が京都三条河原に晒されている）。閏四月二十一日、新選組は三代から白河城（白河市）に向かったが、この日新政府軍が白河城を落城させたため、二十二日新選組は白河城下に宿陣した（このとき旧幕府軍の白河口総督は会津藩家老西郷頼母《たのも》、副総督は同藩の横山主税《ちから》であった）。二十三日新選組は白坂《しらさか》関門（同前）の守備を担当した。

二十五日夜新選組は、同関門で新政府軍を迎え撃ち、「互いに発砲し、大戦争と相成る」と、激戦となり翌日昼に勝利した(15)。しかし、この戦いで新選組隊士の菊池央《てる》が戦死した(16)。

再び島田の日記によれば、二十九日新選組は白坂関門の守備を仙台藩と交代し、白河本町《もとまち》（同前）の本陣の柳屋で休養した。五月一日、新政府軍の進撃に対し、新選組は黒川《くろかわ》口（福島県と栃木県の境）で抗戦するが、新政府軍は大軍で諸道から攻撃し、大砲や小銃を大量に撃ち込んだため、旧幕府軍は敗走し、新選組も勢至堂《せいしどう》（福島県岩瀬郡長沼町）で宿営した。この戦いで、副総督の横山が戦死し[17]、新選組隊士の伊藤鉄五郎も戦死している[18]。

さらに、島田によれば、新選組は五月二日、勢至堂から三代《みよ》村（郡山市）に宿陣し、五月中旬に米沢軍の応援として長沼（同前）に出陣した。その後五月二十六日に、白河城奪還をめざすが白坂関門の戦闘で「互に発炮に及びまた敗走して上古屋村まで引き上げ休陣す」と、新選組は敗れ上小屋《かみごや》村（西白河郡大信《たいしん》村）まで引き揚げた。二十七日、新選組は会津遊撃隊とともに大谷地《おおやち》村（白河市）から白河口に進撃した。戦闘は当初優勢であったが、応援がないため敗走して巻田村（岩瀬郡天栄《てんえい》村牧之内か）まで引き揚げた[19]。

なお三日後の五月三十日、沖田総司が病死している[20]。場所については、江戸千駄ヶ谷（渋谷区・新宿区）の植木屋の離れ座敷[21]、同植木屋平五郎の納屋[22]、あるいは「江戸浅草今戸《いまど》八幡《はちまん》松本順先生宿」と今戸（台東区）の松本良順の宿[23]などがいわれている。

六月六日、新選組は福良《ふくら》（郡山市）から大平《おおだいら》口（同前）に出陣し、羽太《はぶと》村（西白河郡西郷《にしごう》村）[24]に進んだ。十二日には、白河奪還のために大熊川を攻撃するが失敗し、羽太村に戻っている。

六月十五日、のちに奥羽越列藩同盟の盟主となる輪王寺宮公現法親王《りんのうじのみやこうげんほっしんのう》と、江戸で彰義隊と

ともに主戦論を展開していた執当の覚王院《かくおういん》義観《ぎかん》が若松城（鶴ヶ城）におり、土方歳三は義観と面会している。(25)

島田の日記によれば、七月一日、新選組はさらに白河奪還をめざし、柏野《かしわの》（西白河郡西郷村）付近で戦闘に及ぶが、前後から攻撃され敗北し、羽太村に引き揚げた。この戦いでは、「このとき、土方公医療を受けようやく全快す」と、土方歳三が負傷を完治させ戦線に復帰している。その後新選組は長沼から町守屋《まちもりや》（福島県岩瀬郡岩瀬村）へ移動し、さらに八月一日、土方、秋月、伝習第一大隊、回天隊、新選組は町守屋から三代周辺に移動した。(26)

五日、輪王寺宮は、新選組隊士の相馬主計らに銭一千疋（一疋＝二十文）を与えている。(27)

新選組は十八日、二本松方面への出兵のため猪苗代《いなわしろ》城下（福島県耶麻《やま》郡猪苗代町）に宿陣し、十九日、新選組の母成《ぼなり》峠（猪苗代町）出陣が決定された。母成峠は、会津防衛の重要拠点であったが、防衛には困難な地であった。新選組は、伝習第一大隊とともに勝岩の下方を守備した。二十日、二本松奪還に向かった旧幕府軍が敗退し、母成峠に結集した。二十一日、母成峠で戦争が始まるが、旧幕府軍は大敗し、勝岩に布陣した新選組も敗走した。(28)この戦いで新選組隊士は、大下巌など六名が戦死した。(29)

二十二日、新政府軍は猪苗代に攻め寄せ、若松城下の軍勢は滝沢《たきざわ》峠（会津若松市）と日橋《にっぱし》川（河沼《かわぬま》郡河東《かわひがし》町）の二か所に向かい、松平容保と土方歳三は滝沢峠に出陣した。しかし、ここでも防衛戦に敗れ、ついに会津軍は若松城に籠城した。兵力は九千余名、他に兵糧弾薬を扱う女兵千名余がいた。二十三日、新政府軍は若松城下に入り放火するとともに陣を布《し》いた。この日、土方は戦列を離れて、藩論を聞くために庄内（山形県鶴岡市）に向かった。一方新選組は大鳥圭介に預けられ、島田魁が率いて米沢口の塩川《しおかわ》村（福島県耶麻郡塩川町）に移動した。(30)

**奥羽越列藩同盟の結成**

この間、閏四月二十二日、奥羽二十五藩の重臣が仙台藩白石《しろいし》（宮城県白石市）に集まり、仙台・米沢両藩主を盟主とする白石盟約書が調印された。盟約には「大事件は列藩衆議を尽し、公平の旨に帰すべし」と、重要事項については衆議・公平の理念が示されたが、軍事や細かな点については、「衆議に及ばず、大国の号令に随うべき事」と、大国（大藩）主導も見られた。その後閏四月二十九日の列藩会議では、大国主導が否定され、「列藩衆議」の役割が増大した。これをもとに五月三日各藩代表が氏名と花押を著し、正式に奥羽列藩同盟が成立したのである。(31)

列藩同盟の前史として、この年の正月十五日、東征大総督による奥羽諸藩への徳川慶喜追討令、次いで仙台、秋田、米沢諸藩に対する会津討入令があった。奥羽鎮撫使が仙台に到着した三月下旬以降、諸藩に対して、さらに出羽旧幕府領押掠《おうりょう》（領）の罪による庄内藩と会津藩への攻撃令が出された。これにもとづき諸藩が出兵したものの、いまだ奥羽では本格的な戦闘は見られなかった。

閏四月四日付で、会津藩は米沢藩の仲立ちで仙台藩に対して、鎮撫総督宛て謝罪嘆願書提出の斡旋を依頼した。しかし、総督府が受け取りを拒否し、即刻出兵を命じたため、仙台・米沢両藩の呼びかけにより、同十一日付で、白石に参集した奥羽二十五藩の重臣による会津寛典嘆願書が提出されたのである。ここまでの段階の同盟の活動は、「嘆願同盟＝平和同盟」というべきものであった(32)。

しかし、総督府参謀世良《せら》修蔵らの強硬意見により嘆願書が拒絶されると、諸藩は解兵を拒否し、会津・庄内二藩も謝罪を拒否した。二十五藩重臣は、先述のごとく閏四月二十二日白石、五月三日仙台松ノ井邸と会合を重ね、太政官への建白書提出と統一行動を評決した。次いで新発田《しばた》ら越後六藩も加盟して、仙台藩を盟主とする奥羽越列藩同盟が成立した。ここに至り、同盟は「攻守同盟」へと性格を変えた。

攻守同盟へと性格が変わる閏四月二十日前後、仙台藩は総督府擁立、薩長兵追放、江戸奪還などを目的としていた。すなわち、江戸を含む関東・信州を勢力範囲とし、さらに加賀・紀伊と連帯し、西南諸藩の有志とも結んで、新政府を揺さぶろうした。旧幕臣やフランス・

アメリカ・ロシアなど諸外国との協力関係も想定している。新政府に対抗する奥州政権、東日本政権とも呼ぶべき権力組織を構想していた。その後同盟軍側の戦況不利と仙台盟主問題の内紛が起こったため、当時会津滞在中の輪王寺宮を迎え、七月十三日の宮の白石移動を契機に新たな体制を整備した。

このさい宮を「太政天皇」としたり、大政元年と改元する新政権樹立も検討されたが、実際には、盟主＝輪王寺宮、総督＝仙台藩主伊達慶邦《よしくに》、米沢藩主上杉斉憲《なりのり》、参謀＝小笠原長行、板倉勝静《かつきよ》を首脳とし、これを諸藩重役代表が支える権力機構が形成された。白石城中に軍議所が設けられ、これを公議府と名づけて譜代大名が詰め、日々軍略をはじめ治民・会計を評議した。こうして明らかに京都政権に対抗する、奥羽政権としての意識と実態を持つ同盟が成立したのである。(33)

## 榎本武揚の脱走

新選組が会津戦争を戦っている最中の八月十九日、徳川家海軍副総裁の榎本武揚《えのもとたけあき》は、指揮下の艦船を新政府軍に引き渡すことを拒否し、先に仙台に向かった運送船の長崎に続き、旧幕府海軍の旗艦開陽《かいよう》および回天《かいてん》・蟠龍《ばんりゅう》・千代田《ちよだ》の軍艦四隻と、咸臨《かんりん》・長鯨《ちょうげい》・美嘉保《みかほ》・神速《しんそく》の運送船四隻、計八隻を率いて品川沖を出航した。開陽には陸軍奉行並の松平太郎、回天には永井尚志《なおむね》が乗船していた。

しかし、艦隊は銚子沖で暴風に遭い、ちりぢりになった。美嘉保は、新政府軍の船に囲まれ、自ら火を放った。咸臨と蟠龍は、漂流して下田から清水港に行き、蟠龍は修理をほどこして出航したが、咸臨は新政府軍に没収された。

八月二十七日、旗艦開陽は、仙台湾の東名浜《とうなはま》（宮城県桃生《ものう》郡鳴瀬町）に入港した。続いて九月五日に千代田・神速、同十八日に回天・蟠龍が到着した。(34)

**列藩同盟軍議と土方総督案**

九月三日、会津から北上した土方歳三は、仙台城での列藩同盟の軍議に参加した。このとき、艦隊を率いて仙台に入っていた榎本武揚は土方を総督に推薦した。列藩諸藩もこれを了承した。

二本松藩士の安部井磐根《あべいいわね》は、このときの土方の印象を、「その所で本人をその席へ呼んで見た所が、色は青い方、軀体《くたい》もまた大ならず。漆のような髪を長ごう振《な》り乱してある。ざっと云えば一個の美男子と申すべき相貌に覚えました」と、色は青白く小柄で長髪の美男子であったと記している。そして榎本が土方に、総督就任と福島への出陣を依頼すると、土方は、引き受けるにあたっては、軍令を厳しくすること、これを破るものは大藩の家老であっても土方自らが斬ること、最終的に生殺与奪権を総督が握ることを条件とすると答えたのである。諸藩は、「云うにや及ぶ。生殺与奪の権のごときは従来惣督の二字に附着したるものでありますす。それゆえ総督を御依頼申さん以上は無論、生殺与奪の権をも与え申すのでござる」と、生殺与奪権は総督が握るのが当然と、土方の条件を認める発言をした。しかし安部井磐根は、「生殺与奪の権は藩主（丹羽）左京太夫に決を取った上でなければ、いかんの御答えに及び兼ねる」と、藩主の裁断がないと返答できないと述べたという(35)。

一方、「二本松藩史」によれば、榎本武揚は、土方を将とすれば敵軍を倒すことは難しいことではないと述べ、土方を招いて着座させた。土方は颯爽《さっそう》として、もし自分に生殺与奪権を与えてくれるならば、将軍の地位に就く覚悟と述べた。みな土方を推薦しようとしたとき、末席の安部井磐根は主君は小臣を会議に参加させており、他人に生殺与奪権を与えると命じたわけではないと述べると、みな黙った。土方は憮然《ぶぜん》としてその場を去ったという(36)。

この議論の結果、土方の総督（将軍）就任は否定されたのである。しかし、奥羽越列藩同盟が統一軍の指揮権を一元化しようとしたことは注目される。もし、土方の主張が通ったならば、軍事的側面において諸藩の家老までが土方の指揮下に入ることになったのである。そして、この土方の論理は、京都における新選組の組織化・規律化の方針を一気に拡大強化したものといえる。土方は厳しい規律をもって、奥羽越列藩同盟の軍事力を強化しようとしたのであった。

これが奥羽越列藩同盟の分岐点であった。その後秋田藩が仙台藩の使節を殺害して同盟を裏切るなど、同盟から脱落する藩が続出する。仙台藩の藩論も急変し恭順となり、列藩同盟は瓦解していくのである。

**仙台藩の降伏**

慶応四年（一八六八）八月二十七日、榎本艦隊の旗艦開陽の仙台入港を知った会津藩などは、榎本に援軍を要請した。しかし、開陽は暴風により損害を受けており、榎本は兵五十名と砲と金を与えたのみであった。九月四日、会津では新選組隊長の山口二郎（斎藤一）らが守備していた高久《たかく》村（会津若松市）の如来堂が、新政府軍に襲撃された(37)。

九月八日、元号は明治に変わった。

九月十一日、新選組と旧幕府軍は、土湯《つちゆ》（福島市）から鳥渡《とりわた》村（同前）に進み宿陣し、十二日、福島（同前）を経て桑折《こおり》（伊達郡桑折町）で宿陣している。大鳥圭介は、この行軍について、雨中に雨具もなく疲労した兵たちが、ようやく瀬《せ》の上《うえ》（福島市）に到着したところ、すでに仙台藩の兵が入っていたため、さらに桑折まで一宿進まなければならず、困難をきわめたと述べている(38)。

藩論が分裂していた仙台藩は、降伏謝罪を決定した。同十二日、榎本武揚と土方歳三は、仙台藩の奉行の大條《おおえだ》孫三郎・遠藤文七郎と会い、降伏しないよう要請したが失敗した。遠藤は二人について、次のように記している。「榎本胆気愛すべし。しかれども順逆を知らず。維新の皇業に大害を与えん。土方に至りては斗筲《としょう》（筲）の小人、論ずるに足らず」と、榎本は肝が座っているが道理を知らず、維新にとって大害となり、土方は度量の小さなつまらぬ者で論ずるまでもないと酷評している。(39) 奥羽越列藩同盟の中で、土方らの立場は、徐々に小さくなっていったのである。

### 会津藩の降伏

九月十三日、新選組と旧幕府軍は、榎本艦隊が仙台湾に到着したとの知らせを受けると仙台行きを決定し、十四日白石城下に宿陣した。十五日大鳥圭介は仙台において榎本武揚と会い、時勢の変化を憂いて涙したという。(40)

十七日、桑名藩士十七名が新選組に加入した。これは蝦夷地（北海道）渡航にあたり、新選組を含む旧幕府諸隊は、隊士の自由意志としたが、桑名、備中松山、唐津の藩士たちは、随行人数を制限されたため、この選に洩れた藩士たちが、戦死や離脱により人数が減った新選組に加わり、蝦夷地に渡ることになったのである。なお、このとき新選組隊長として土方歳三の名前が確認される(41)。

十九日、旧幕府軍は仙台城下から木舟《きぶね》（宮城県加美郡宮崎町）に転陣し、二十日松島（宮城郡松島町）に移動した。同二十日には、先の桑名藩士に加え、備中松山、唐津の諸藩兵が新選組に加わっている(42)。この頃の「島田魁日記」には、「当隊二十余、しかるに桑名、唐津、板倉（備中松山）の三藩卒余、伝習隊三十余人、当隊に加入す(43)」と、新選組は二十名余であったことが記されている。流山駐屯のさいに二百二十七名を数えた新選組隊士は、数々の戦争を経て激減したのであった。

九月二十二日、会津藩は降伏した。

## 3　箱館政府の成立

### 仙台から蝦夷地へ

十月九日、大鳥圭介と土方らが率いる旧幕府軍約二千二百名は、開陽・回天・蟠龍・神速・長鯨・大江《おおえ》・鳳凰《ほうおう》の七隻に分乗し、東名浜を抜錨して折の浜《おりのはま》（宮城県石巻市）へ移動した。千代田と長崎の二隻は、庄内藩の応援のためにすでに酒田（山形県酒田市）に移動していた(44)。

十日、新選組は大江に乗船した。十二日大江を含む旧幕府艦隊七隻が出航し、十三日南部宮古湾鍬《くわ》ヶ崎《さき》港（岩手県宮古市）に入港した。ここで兵糧と薪水を得、またフランス人マルラン、フォルタン、カズヌーブ、ブーフィエの四名がブリュネを尋ねて横浜から来ていたが、彼らも乗船して旧幕府軍に協力した。(45)

十七日、旧幕府艦隊は鍬ヶ崎港を出航し、十九日蝦夷地鷲《わし》の木《き》沖《おき》（茅部《かやべ》郡森町）に到着した。(46) 二十日に先陣が上陸し、二十一、二十二日に全軍が上陸した。(47)

二十二日旧幕府陸軍は、大雪の中を本道と間道から五稜郭に進撃した。本道は総督大鳥圭介のもと、フランス人のブリュネ、マルランが付属し、伝習士官隊、同歩兵隊、遊撃隊、そして隊長並の安富才輔が率いる新選組が従った。間道は総督土方歳三のもと、フランス人のブーフィエが付属し、総督警固のため新選組隊士数人が従い、額兵隊、衝鋒隊、陸軍隊が属した。(48)

二十三日、森村を出た旧幕府軍は、新政府軍と交戦し、夜土方軍は鹿部《しかべ》村（茅部郡鹿部町）に宿陣した。(49) しかし、この夜は、「北風ますます烈しく、雨雪混降して将軍より卒に至るまで、身わずかに一重の戎服《じゆうふく》を纏《まと》うのみにして足に袋なく、頭に笠なく、満身濡ざる所なく」(50)と困難をきわめた。このとき旧幕府軍の軍服が、戎服（洋服）であったことが確認される。

二十四日、新選組を含む大鳥軍は七重《ななえ》村（亀田郡七飯《ななえ》町）で新政府軍と戦い勝利した。(51) こ

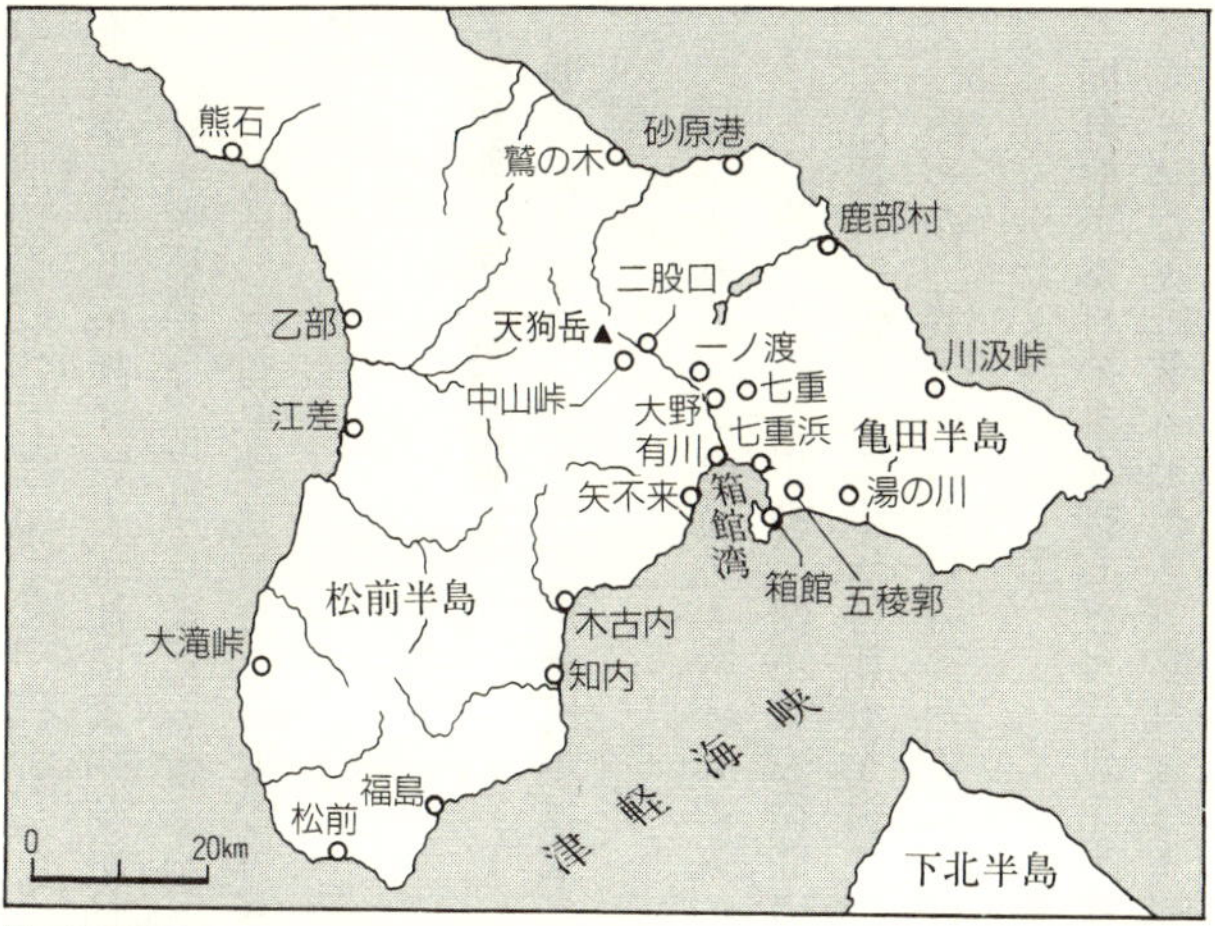
熊石
砂原港
鷲の木
鹿部村
二股口
乙部
天狗岳
一ノ渡
川汲峠
中山峠
七重
大野
七重浜
亀田半島
江差
有川
箱館湾
矢不来
湯の川
松前半島
箱館
五稜郭
木古内
大滝峠
知内
津軽海峡
福島
松前
0
20km
下北半島

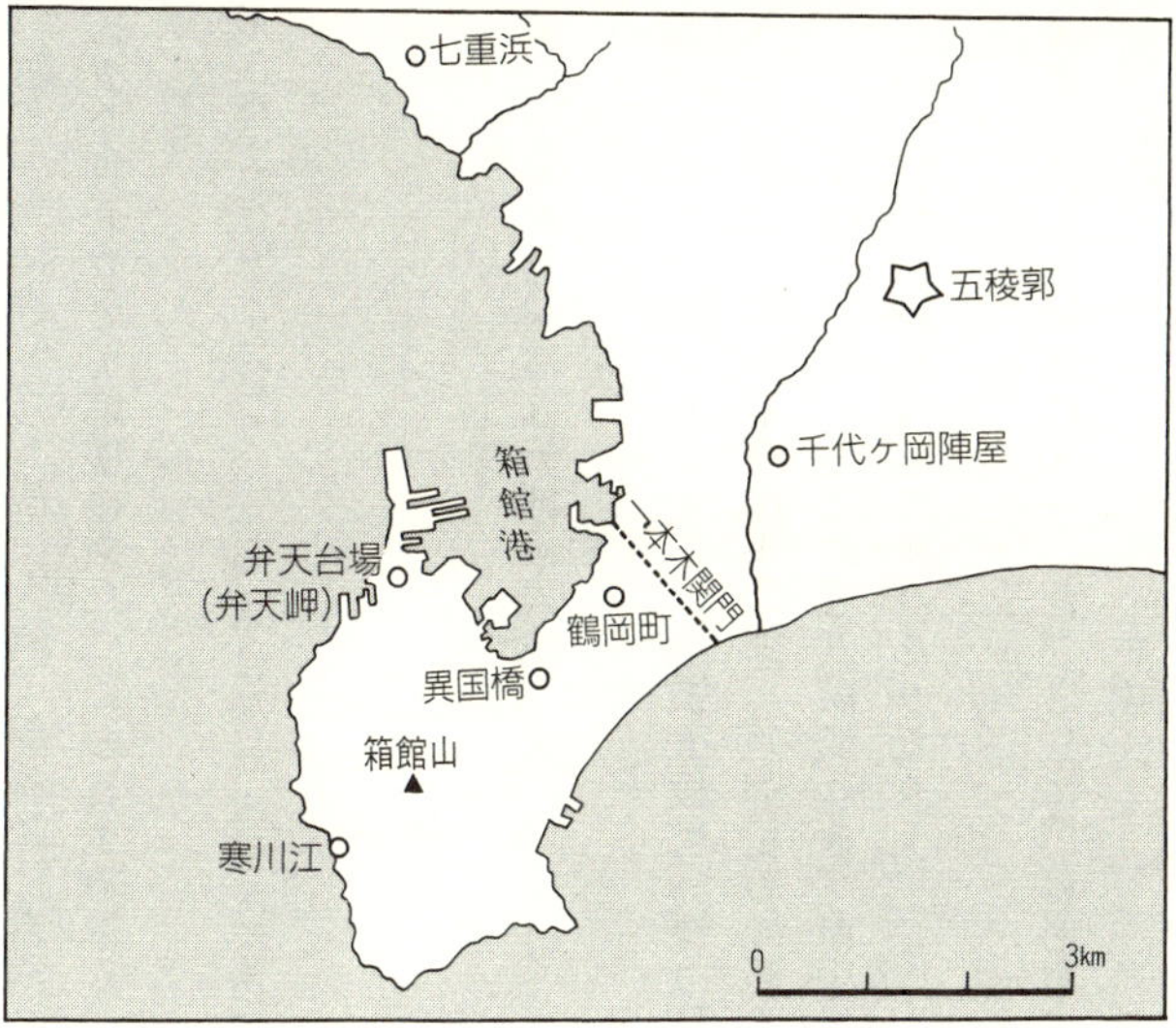
七重浜
五稜郭
千代ヶ岡陣屋
箱館港
一本木関門
弁天台場
(弁天岬)
鶴岡町
異国橋
箱館山
寒川江
0
3km

のとき、「敵兵瓦解して去る所へ、日ノ丸の籏《はた》を真先に押し立て池田大隅、彰義隊二百余名を引率し来り応援す」と、池田大隅守が日の丸を押し立てて応援に来た(52)。この日土方軍も、川汲《かっくみ》峠（茅部郡南茅部町）で新政府軍を破っている(53)。

二十五日、大鳥軍は七重村から大野村（亀田郡大野町）に移り、土方軍は湯の川（函館市）に着陣した(54)。

**五稜郭入城と蝦夷地制圧**

明治元年十月二十六日、旧幕府軍は大鳥軍、土方軍ともに五稜郭に入城した。

> 峠下より追々繰り込み人数、日の丸の御籏を立て、緩々《ゆるゆる》として未の刻頃五稜郭へ乗り込み、そのとき石川弥、阿部次右衛門方へ御立寄り、第一番立松平太郎、新選組の隊長中島登、伝習隊、遊撃隊の兵士を引き、ラッバ《ママ》を吹き、乗り込みになり候につき、市中始めその□共、徳川家の脱藩たることはじめてしり、恐れ入りて罷《まか》りありたり(55)

旧幕府軍は日の丸を押し立て、ラッパを吹きながら五稜郭に入城した。さらに旧幕府軍は直後各国公使に書簡を送り、協力をとりつけている(56)。

五稜郭入城二日後の十月二十八日、土方歳三はフランス人のカズヌーブとブーフィエをともない、彰義隊[57]（江戸上野の部隊とは別）や陸軍隊などを率いて、松前城（松前郡松前町）へ進撃を開始した。

十一月一日、松前攻略軍は知内《しりうち》（上磯郡知内町）で松前藩兵を破り宿陣し、二日福島（松前郡福島町）に進んだ。五日には松前城を落とし城下に宿泊し、六日に入城している[58]。松前城攻撃のさい、「五日夜、勢揃い凱歌《がいか》を作り一時に松前城に迫る」、「城門へ日ノ丸の旗を掲げ凱歌を歌う」と、凱旋歌を作曲し城門に日の丸を掲げている[59]。

土方歳三を総督[60]とする旧幕府軍は、こののち十一月十一日、松前を出陣し江差《えさし》（檜山《ひやま》郡江差町）に向かった。十三日には大滝峠で新政府軍を破り、十五日箱館から回航された軍艦開陽の援護射撃のもと江差陣屋に入った。しかし、開陽は暴風により暗礁に乗り上げ、やむをえず小舟で退艦した（その後開陽は数日で粉砕沈没した）。十七日には、旧幕府軍は松前藩兵を熊石《くまいし》（爾志《にし》郡熊石町）まで追撃している[61]。

この間新選組は、土方歳三と別行動をとっていた。十月三十日、新選組は箱館市中の取り締まりを命じられ、箱館屯所（船見町《ふなみちょう》称名寺）に入った[62]。

十二月五日には、箱館市中取り締まりを伝習士官と交代し、五稜郭に入り屯所四か所を警備した。この時期新選組は、「毎日雪中を厭《いと》わず仏式の練兵をなし[63]」と、日々雪の中でフランス式の調練をしている。
十二月十五日、土方歳三は五稜郭に凱旋した。この日は蝦夷地全島制圧の盛大な祝祭が催された。五稜郭、箱館砲台、軍艦、各国軍艦などが、それぞれ百一発の祝砲を撃った。昼間は船がすべて五色の旗章を翻し、夜は市街に花灯《かとう》を灯し、「その賑い最も壮観たり」[64]という景観であった。榎本武揚は各隊に酒肴を配っている。[65]
この日、各国の「コンシュル」および箱館港に碇泊する英仏軍艦の艦長と榎本武揚との会談があった。会談では、箱館貿易その他については従来通りとし、旧幕府軍の立場が定まったのちに条約を結ぶことにした。また英仏の艦長からは、旧幕府軍が蝦夷地に渡った趣旨を日本政府(新政府)に弁明するとの話があった。[66]

## 合衆国に倣う選挙

また同じくこの日、旧幕府軍は、選挙により臨時の役職者を定めている。その理由として、「さてこのとき我党の主長いまだ定らざるにつき、徳川家血胤《けついん》の君定るまでのところ、合衆国の例にならい文武の職掌序次を定めおき、士官以上の者をして入札せしめしに、衆望の帰するところによって」と、徳川氏の主君が定まるまで、アメリカ合衆国の制度に倣って士官以上の選挙により役職者を定めたのである。[67]

| | |
|---|---|
| 榎本釜次郎 | 一五六点 |
| 松平太郎 | 一二〇点 |
| 永井玄蕃 | 一一六点 |
| 大鳥圭介 | 八六点 |
| 松岡四郎次郎 | 八二点 |
| 土方歳三 | 七三点 |
| 春日左衛門 | 四三点 |
| 関広右衛門 | 三八点 |
| 松平越中 | 五五点 |
| 板倉伊賀 | 二六点 |
| 牧野備後 | 三五点 |
| 小笠原佐渡 | 二五点 |
| 対馬　章 | 一点 |

「新開調記」『新選組日誌』下 p.266より

| 総裁 | | 副総裁 | | 海軍奉行 | | 陸軍奉行 | |
|---|---|---|---|---|---|---|---|
| 榎本釜次郎 | 一五五点 | 松平太郎 | 一二〇点 | 荒井郁之助 | 七三点 | 大鳥圭介 | 八九点 |
| 松平太郎 | 一四点 | 榎本釜次郎 | 一八点 | 沢太郎左衛門 | 一四点 | 松平太郎 | 一一点 |
| 永井玄蕃 | 四点 | 大鳥圭介 | 七点 | 柴　誠一 | 一三点 | 土方歳三 | 八点 |
| 大鳥圭介 | 一点 | 永井玄蕃 | 五点 | 甲賀源吾 | 九点 | 松岡四郎次郎 | 六点 |
| | | 荒井郁之助 | 四点 | 松岡磐吉 | 二点 | 伊庭八郎 | 一点 |
| | | 土方歳三 | 二点 | 古屋作左衛門 | 一点 | 町田　肇 | 一点 |
| | | 柴　誠一 | 一点 | | | | |

「薩藩海軍史」『新選組日誌』下 p.267より

選挙の結果は、前頁の上表の通りである。

土方が六位におり、士官たちから高い支持を受けていたことが知られる。この結果をもとに、役職別に選挙が行われた（同下表）。

ここでは、土方は副総裁と陸軍奉行で票を得たが、いずれも下位であった。これら二度の選挙を経て、次のように各役職者が決定したのである。

| | |
|---|---|
| 総裁 | 榎本釜次郎（武揚） |
| 副総裁 | 松平太郎 |
| 海軍奉行 | 荒井郁之助 |
| 陸軍奉行 | 大鳥圭介 |
| 開拓奉行 | 沢太郎左衛門 |
| 箱館奉行 | 永井玄蕃 |
| 会計奉行 | 榎本対馬 |
| 会計奉行 | 川村録四郎 |
| 箱館奉行並 | 中島三郎助 |
| 松前奉行 | 人見勝太郎 |

江差奉行　　松岡四郎次郎
江差奉行並　小杉雅之進
陸軍奉行並箱館市中取締裁判局頭取　土方歳三

こうして、箱館政府の榎本以下の首脳部が決まり、土方もその一員となったのである。
なお、この時期、箱館政府は月給を定めている。

一上等士官（差図役迄ヲ云）　金二両也
一中等士官（嚮導迄ヲ云）
　差図役下役　金壱両三分也
　嚮導　金一両二分也
一下等士官　一両一分也
　歩兵　金一両也

職階に応じた給与体系が示されたのである。

## 通行税の設定と貨幣発行

これより早く、十一月には、箱館市内と五稜郭を結ぶ中間点の一本木《いっぽんぎ》（函館市）に関門を設け、通行人の検査をしていたが、春からは野山に青物摘みの者が通行するさいに、一人二十四文ずつ、また旅人は一人百六十文ずつ徴収することにした。通行税の導入である。また、明治二年（一八六九）二月中旬には、箱館市内において、茶屋、小宿、居酒屋、蕎麦屋などの営業者に切手を与え、一か月一両二朱の運上金を取り立てている。営業税の実施である(68)。「戊辰戦争見聞略記」によれば、明治二年正月二日、新選組は箱館市中の大巡邏《じゅんら》を行っている。また十五日には、陸軍隊の青山次郎ら二十四名と、彰義隊八名が新選組に加わっている。さらに二月二十八日には、土方が市中取締行届を名目に、新選組に対して金一千疋を与えている(69)。

正月、箱館政府は「五稜郭表において、新金吹き出し(70)」、「我政府知《ママ》に一分銀、二分銀を製造す、その高二十五万、すなわち三十万に至る、これをして通宝とせしむるなり(71)」と、新金銀を通貨として鋳造している。

箱館政府は、短期間ではあるが、新政府とは異なる独自の機構を持ち、税制や貨幣政策などの内政・外交を展開したのである。

## 4　箱館戦争と新選組の終焉

### 宮古湾海戦

三月二十日、以前から津軽（青森県）に派遣していた間諜が戻り報告があった。それによると、去る十日新政府の軍艦五隻（甲鉄《こうてつ》・春日《かすが》・朝陽《ちようよう》・陽春《ようしゆん》・丁卯《ていぼう》）と運送船二隻、亜飛脚船の計八隻が品川港を出帆して、十七、八日頃に南部宮古湾に入津する予定という(72)。

これを受けて、箱館政府海軍の回天艦長甲賀源吾は、海軍奉行の荒井郁之助《いくのすけ》に対して進言した。その内容は、新政府軍の艦船は大軍を輸送するには、船の速度が異なるので、品川から青森まで直行できない、必ず一、二の集合地を設定する、この艦隊で最も恐るべきは甲鉄である。自分が指揮する回天は、甲鉄よりも海上では力が劣る。したがって、集合地で奇襲をかけ、これを奪取したい、というものであった。荒井は榎本総裁に諮《はか》り、将校を集めて軍議を開き、フランス人ブリュネにも諮問し、この策を採用することにした(73)。

新政府艦隊の甲鉄は、かつて幕府がアメリカに発注していた軍艦で、船体を鉄板で覆っていたことから名付けられた。排水量千三百五十八トンは、回天の千六百七十八トンに劣るが、三十ポンド砲一門、七十ポンド砲六門を搭載し、ガトリング砲（機関銃）を備えていた。前年の明治元年四月に横浜に到着していたが、戊辰戦争にさいしてアメリカが局外中立を宣言したため、帰属が不明であった。しかし、その後戦局の展開により、明治二年二月に新政府軍に渡されたのであった(74)。

三月二十一日、箱館海軍の回天、蟠龍、高雄の三艦は、甲鉄奪取のために箱館港を出航した。高雄は秋田久保田藩の船であったが、前年十月二十六日旧幕府軍の占領を知らずに箱館港に入港したために、回天に拿捕《だほ》されたものであった(75)。

回天に乗船したのは海軍奉行の荒井郁之助、陸軍奉行並の土方歳三、フランス人ニコル、蟠龍にはフランス人クラート、高雄にはフランス人コルラーシュが乗り、神木隊、彰義隊、遊撃隊などが各艦に乗船した。新選組隊士の相馬主計と野村利三郎は、土方に従って回天に乗った。三月二十三日、三艦は暴風雨に遭い離散した。回天は一日海上を漂い、二十四日ようやく大沢港(岩手県下閉伊《しもへい》郡山田町)に入り、結局回天が単独で甲鉄奪取を決行することになった(76)。

二十五日早朝、回天はアメリカ国旗を掲げ、フォルレカラフト(強力かつ迅速に進むこと)で宮古湾の鍬《くわ》ヶ崎《さき》港(岩手県宮古市)に入った(77)。新政府艦隊八隻を避けながら、甲鉄に接近すると旗を日の丸に代え巨砲を放った。甲鉄艦上は混乱し船は大きく傾いた(78)。

しかし、回天は外輪船であったため、並行して接舷《せつげん》することができず、舳先《へさき》を甲鉄の舷に接触させるのがやっとであった。しかも、回天の方が甲鉄よりも七尺（約二・一二メートル）ほど高く、乗り移る用意をしていた兵士たちは舳先で躊躇《ちゅうちょ》した。このとき、提督の荒井と艦長の甲賀は怒り、刀を抜いて「アボルダーシェ」（フランス語、正しくは「アラボルダージュ」＝飛び込め）と指示した。これを受けて大塚浪次郎《なみじろう》（海軍士官見習一等）を先頭に、笹間金八郎（彰義隊差図役）、加藤作太郎（同下役）、野村利三郎（陸軍奉行副助役、新選組差図役並）が甲鉄に飛び移ったが、ガトリング砲で狙い撃ちされ、また槍で突かれるなどしてみな戦死した(79)。

この間、土方は提督の荒井、艦長の甲賀、フランス人のニコルなどとともに、檣橋《しょうきょう》（マストに架かる橋）の上で指揮をしたが、甲賀は被弾し戦死した(80)。結局、「わずかに二、三十分(81)」あるいは「西洋一時間戦争(82)」と、短時間の戦闘に敗れ、回天は退いたのである。三月二十六日、回天と蟠龍は箱館に帰港した。残る高雄は、新政府艦隊が追いかけ、追撃したところ、すでに船員は逃亡した後だったという(83)。海軍の奇襲に失敗した箱館政府軍は、いよいよ最後の陸戦を迎えることになる。

## 二股口の激戦

四月六日、英国の商船アルビオントの情報によれば、新政府軍が青森まで接近しており、箱館にいる外国人は二十四時間以内に立ち去るよう命じられたという。榎本総裁は、さっそく厳戒態勢をしき、新選組は、弁天岬《べんてんさき》（函館市）の砲台を砲兵とともに守備することとなった。七日諸外国人は箱館を去ったが、アメリカ人のライスは市中の病院を預かり、国旗を掲げて警備員を置く態勢をとった。(84)

十一日、新政府軍は江差の北の乙部《おとべ》（爾志郡乙部町）に上陸し、(1)海岸線を通って松前に達し、そのまま箱館に到着するコース、(2)江差から内陸部を通り木古内《きこない》（上磯郡木古内町）を経て海岸線に進むコース、(3)二股《ふたまた》（檜山郡厚沢部《あっさぶ》町）の中山峠を越えて一気に箱館の背後に至るコース、の三コースから進軍した。(85)

土方は、(3)二股口守備のために五稜郭を出陣し、これに陸軍奉行添役の大野右仲《うちゅう》、大島寅雄、陸軍奉行添役介の大畠伝之助、さらには土方を護衛する新選組隊士が同行した。(86)

十三日から十四日にかけて、土方ら二股守備隊は新政府軍を迎え、激しい銃撃戦・砲撃戦を展開した。箱館政府軍は三万五千発の弾薬を使い、新政府軍は銃包殻数万を地上に散乱させたという。(87) 守備隊は地の利を生かし、奇襲攻撃をかけて新政府軍を撃退し、兵糧、弾薬、テントなど多数を押収した。(88)

十四日フランス軍人フォルタンは、二股からブリュネに宛てて、この戦争の様子を書簡で知らせている。すなわち、「十六時間戦い、今朝第六時敵勢立ち退き申し候、この立ち退きし訳は、味方弾薬乏しく、敵もまた同様たればなり」と、双方死力を尽くしての激戦であり、「味方の働き驚くべし、一人にてもなまけるものなし、味方の人、その顔を見るに、火薬の粉にて黒くなり、あたかも悪党に似たり」と、火薬で顔を黒くした味方の奮闘を称えている。(89)

同十四日仙台藩の見国隊四百名が、桑名藩士五名とともに、箱館政府軍の援軍としてイギリス商船エーンバックで砂原《さわら》港（茅部郡砂原町）に到着した。(90)

二十三日から二十五日にかけて、新政府軍は再度二股口を猛攻撃した。この戦いは、「両軍互に死力を尽し、弾を惜まず戦うことほとんど二昼夜、敵我壁のますます固くして抜くべからざるを察し、二十五日午前兵を解き去る」(91)と、二昼夜に及んだが、箱館政府軍の抵抗は強力で、新政府軍は再度退却させられた。この戦闘は、箱館戦争の中で最も激しいものであったといわれる。

他方、この日新政府軍の艦隊が箱館湾に襲来し、翌二十六日艦隊同士の砲撃戦を行っている。

**箱館政府軍の退却とフランス軍人の戦線離脱**

四月二十九日、新政府軍は、ついに矢不来《やふらい》（上磯郡上磯町）の陣を突破した。(92) 報告を受けた土方は、二股防衛を断念し一《いち》ノ渡《わたり》（亀田郡大野町市渡）まで撤退することを指示した。(93) 同日夜、新選組は彰義隊、陸軍小隊などと有川《ありかわ》（上磯郡上磯町）に向けて出陣し、奇襲攻撃を行い新政府軍を敗走させた(94)。

五月一日、土方は五稜郭に戻り、榎本武揚や松平太郎と面会したのち、弁天台場に赴き、新選組に対して、今夜有川に出陣するよう指示した(95)。二日夜、新選組は大鳥圭介、彰義隊、伝習歩兵隊などとともに七重浜を奇襲し、新政府軍を後退させている(96)。しかし、これら箱館政府軍の奇襲も単発的なものであり、新政府軍の前線は着実に前進していた。

こうした状況の中、同二日、フランス軍人十名が箱館を去った。「説夢録」は、次のように記している。

> この日、仏国の教師十名《ママ》（上等士官「ブリユーネ」「コラジ」、下等士官「ホルタン」「マラン」「カヅヌーフ」「ブーヘイ」「ニコール」）は、かつて幕府へ陸軍伝習のため江府に来て教授せしが、我が海陸軍の脱走に加わり、各本国を辞職し、我党のために尽力せし者なるが、戦争利なきを察し、皆脱して自国の船に乗りたりとか(97)

これまで一貫して旧幕府軍・箱館政府軍を支援してきたフランス軍人もついに戦列を離れたのである。

三日、新選組は彰義隊や会津遊撃隊などと再度七重浜に夜襲をかけ、六日にも、彰義隊や伝習兵などと七重浜に夜襲をかけたが、このときは新選組は先鋒でありながら、躊躇したため彰義隊と代えられている。さらに八日夜にも、遊撃隊、彰義隊などと七重浜を奇襲している。(98)

**箱館総攻撃**

五月十日、新政府軍の箱館総攻撃を前に、箱館政府の幹部は、登楼して別れの盃を交わした。翌十一日、いまだ明け切らないうちに、新政府軍の総攻撃が開始された。(99)

戦闘は海陸で行われた。箱館政府軍の軍艦蟠龍、回天、箱館砲台は、新政府軍の軍艦甲鉄、朝陽、丁卯、春日、陽春と激しく撃ち合った。蟠龍は朝陽を撃沈したものの、弾が尽き戦闘不能となった。このため回天とともに浅瀬に乗り上げ自ら火を放った。新政府軍の飛龍《ひりゆう》・豊《ほう》安《あん》は、箱館山（函館市）後ろの寒川《さむかわ》江（同市山背泊町《やませどまりちょう》）に小舟数十を展開させた。陸軍千余名が上陸し箱館山に登った。(100)これに対して箱館政府軍は、百五十名ほどがラッパを吹き攻め登ったが、新政府軍が山の上から大砲や小筒を撃ち出したため敗走した。(101)

新選組もまた応戦したが、少数のため次第に圧迫され、函館奉行永井尚志や新選組隊長相馬主計のもと計二百五十余名が弁天台場に立て籠った。(102)

この戦いで、新選組隊士の乙部剛之進、栗原仙之助、津田丑五郎《うしごろう》、粕谷十郎、長島五郎作、蟻通勘吾《ありどおしかんご》が戦死した。このうち、蟻通は元治元年（一八六四）の池田屋事件のさいに出動し、長島も明治元年（一八六八）の鳥羽・伏見の戦いに参戦した京都以来の隊士であった。(103)

**土方の戦死**

この日、彼らと前後して土方歳三も前線に出た。

同日明七つ半時、炮撃声に廓中人員城外に進み見るに敵海陸大進撃、直に兵を七重浜に出す、箱館はただ土方兵を引率して一本木より進撃す、土方、額兵隊を曳て後殿《しんがり》す、故に異国橋まで敵退く、大森浜の敵の一艦、津軽陣屋を見掛て打つ、彰義隊は砂山にて戦う、七里浜へ敵後より攻め来る故に、土方これを差図す、故に敵退く、また一本木を襲に、敵丸《てきだま》腰間を貫き遂に戦死したもう、土方氏常に下万民を憐み、軍に出るに先立て進みし故に、士卒共に勇奮うて進む、故に敗をとる事なし(104)

土方歳三馬に跨《また》がり、彰義隊、額兵隊、見国隊、社陵隊、伝習士官隊合して五百余人を率いて炮台を援と欲し、一本木街柵《さく》に至り戦う、已《すで》に破り、異国橋近くほとんど数歩にして官軍海岸と沙山《すなやま》より狙撃す、数人斃《たお》る、然るに撓《たわ》む色無し、已に敵弾、腰間を貫き遂に戦没、また我軍進みて攻むる能わず、退きて千代ヶ岡に至る、軍監役大島寅雄、土方歳三没《ぼっす》るを見て馬に鞭ち打ち、五稜郭に至る、皆これを見て曰《いわ》く、君来るは何故ぞ、寅雄謂《いわ》く、事甚だ急なり、諸君に語るに暇なし、両総裁に逢て筥館《はこだて》の敗を語らん[105]

右の二つの史料によれば、この日午前五時頃砲声が聞こえ、五稜郭の兵が外を見ると、新政府軍が大進撃を始めていた。そこで箱館政府軍は、七重浜に兵を出すとともに、箱館にも土方歳三が彰義隊、額兵隊、見国隊、社陵隊、伝習士官隊の計五百余名を率いて出陣した。土方らは、一本木関門を突破し異国橋（函館市）近くまで迫ったが、新政府軍の激しい攻撃を受けた。このとき土方は、馬上で指揮をしていたが、腰を撃ち抜かれ戦死したのである。箱館政府軍は千代ヶ岡（函館市）まで退却した。

軍監の大島は、土方の戦死を見ると急ぎ馬で五稜郭に戻った。兵たちがどうしたかと尋ねたが、大島は君たちに語っている暇はないとして、榎本総裁と松平副総裁に味方の敗北を報告したのである。一つめの史料の文末には、土方は常に部下を大切にし、戦闘のときは真っ先に進んだので兵たちはみな勇敢に戦った、このために負けることはなかった、と記されている。

なお、土方の死亡地については、一本木関門[106]のほかに、異国橋[107]、鶴岡町[108]（函館市）など諸説がある。

文久三年（一八六三）の浪士組参加以来、壬生浪士組、新選組の副長を勤め、さらに戊辰戦争を戦った土方歳三は、ここに三十五年の生涯を閉じたのである。

**新選組の降伏**

翌十二日、新政府軍は弁天台場を終日攻撃し、十三日朝には海陸から大小の砲を撃ち、砲台を攻めたてた。昼頃になり、捕虜になっていた箱館海軍の回天の水夫が使者となり、白旗を振り、新政府軍からの降伏を勧める書簡を手渡した。以後砲声はやんだ。十四日には箱館政府方の病院の医師高松凌雲《りょううん》も、新政府軍の意向を受け書簡をしたため、病院にいる負傷兵二名を使いとして小舟に乗せ、白旗を翻して砲台の下まで来て降伏を勧めた。降伏の勧めを受け、弁天台場の新選組の相馬主計は、新政府軍の軍監薩摩藩の永山友右衛門（田島圭蔵）とともに五稜郭に赴き榎本総裁らと相談し、台場の降伏を決定した[109]。

翌十五日、相馬主計が新選組隊長に任命された[110]。相馬は慶応三年（一八六七）十二月の新選組名簿に名が見え、同時期に起きた天満屋事件では紀州藩士三浦休太郎の警固のため出動した経歴を持つ隊士であった。彼の隊長就任は箱館戦争の戦後処理のためといわれる。そして、この日弁天台場は、降伏したのである[111]。

当日の新選組の弁天台場守備者名簿が残されているが、計九十二名、他に兵卒十一名がいた。このうち京都以来の隊士は十三名、池田屋事件以前の入隊は、島田魁と尾関雅次郎（弥四郎の弟）の二名のみであった[112]。こうして、新選組の組織的活動は終焉《しゅうえん》したのである。

十七日には千代ヶ岡総督の中島三郎助が、新政府軍の恭順勧告を拒否し、長男恒太郎、二男英次郎らとともに戦死した[113]。中島はペリー来航時に副奉行として応対にあたり、箱館政府では箱館奉行並および歩兵頭並を勤めた人物であった。

そしてついに、五月十八日朝七時、榎本武揚、松平太郎、荒井郁之助、大鳥圭介ら五稜郭首脳部も降伏を決定し、兵隊・小者千八名が降伏した。午後五時には、新政府軍が五稜郭の兵器を没収している[114]。

こうして、箱館戦争は終結した。ここに鳥羽・伏見の戦いに始まる戊辰戦争は終わり、新選組の歴史も幕を閉じたのである。

# 終　章　新選組の歴史的位置

## 1　官僚化と洋式軍備化

### 新選組の国民的イメージ

以上、五章にわたり、浪士組時代を含めて、新選組の生成・展開過程を見てきた。最後に、新選組の歴史的位置について述べておきたい。

従来新選組に関するイメージは「武士の中の武士」「最後の武士」というものが中心であった。たとえば、かつて服部之総《しそう》は、「（池田屋事件以後新選組には）『尊攘』実践のための第一前件と考えられた公武合体そのものを死をもって護《まも》る使命が課せられた。それはさしづめ『長州』の、やがては『薩長』のくらやみの使徒にたいして現制度を死守する、特別警備隊の仕事であった。ブルジョア的要素に一筋の連結も持たぬ、多摩農村の封建的根底部分を百パーセント武装化した、試衛館独裁下の新撰組ほど、この任務のために不敵、真剣、精励たりうるものがおよそ他に考えられようか（1）」と、新選組を遅れた多摩地域の封建的農民が武装し、攘夷実践のため公武合体を死をもって守ろうとした集団と位置づけた。幕末維新という近代化の時代に、後進地域の多摩から生まれた反動的な武装集団という捉え方である。

また司馬遼太郎「明治維新の再評価・新選組新論」は、「ほどなく近藤は流山で刑死し、土方はその後五稜郭に立てこもって戦死している。両人ともその最期はみごとだった。武士にあこがれたかれらは、事実、日本最後の武士として、武士らしく死んだ。男として、やはり幸福な生涯だったといえる（2）」と、新選組を日本最後の武士として称えた。

さらに佐々木克『戊辰戦争』は、「よく知られているように、新選組は命知らずの剣士たちの集団であったが、銃を持たない。町屋のあいだの狭い道路を突進しては、藩兵の銃撃の的になるだけで少しも進撃できなかった（3）」と、銃を持たない剣士集団と位置づけた。

こうした評価がこれまでの新選組の国民的イメージを形づくってきた。服部のいう遅れた多摩地域に対して、本書では首都機能を支える首都圏という位置づけ、評価を与えたわけであるが、「封建的部分の武装化」、あるいは司馬の「最後の武士」、佐々木の「剣士集団」という評価はどうであろうか。

すでに本論の各所で述べてきたように、近藤勇や土方歳三らの主観とは別に、新選組は、客観的に見て、かなりの合理性・近代性を備えた組織であった。以下、この点を新選組の組織化・規律化、すなわち官僚化の視点と、洋式軍備化二つの視点から見ていきたい。

**隊士の出身地と出身階層**

第一の視点、新選組の組織化・官僚化について見ていきたい。まず、二五二～二五三頁の表で隊士の出身地を概観する。

これは、一部の隊士の出身地であるが、東北から九州までほぼ全国にわたっている。藩を単位に、ほぼ地域別の軍団編成をとっていた江戸時代においては、全国からの志願兵によって構成される新選組は、特異な存在であったといえよう。

次に、二五四頁の表を見ると、隊士がさまざまな社会階層の出身であることがわかる。すなわち、武士、百姓その他社会諸階層に及んでいる。江戸時代、原則として兵士になるのは武士に限られていたが、新選組は志願制によってこれを超えたのである。

**組織化・官僚化**

新選組はまた、浪士組の同志的組織から官僚制的組織へと展開していた。

新選組組織の変遷を見ると、壬生浪士成立当初は局長（芹沢鴨、近藤勇、新見錦）、副長

| | | |
|---|---|---|
| 東北 | 陸奥 | 荒井忠雄、伊藤源助、茨木司、岩崎一郎、菊池央、後藤大助、司馬良作、白戸友衛、武藤又三郎、毛内有之助、柳沢騰馬、山南敬助、吉村貫一郎 |
| | 出羽 | 阿部十郎、小林桂之助、松浦多門 |
| 関東 | 下野 | 中村五郎、松井龍二郎 |
| | 上野 | 三井丑之助 |
| | 常陸 | 伊東甲子太郎、篠崎慎八郎、三木三郎、芹沢鴨、相馬肇、新見錦、野口健司、平間重助 |
| | 下総 | 稲吉竜馬 |
| | 上総 | 池田七三郎、鈴木直人 |
| | 安房 | 長島五郎作 |
| | 江戸 | 大石鍬次郎、沖田総司、近藤隼雄、近藤芳祐、斎藤一、桜井勇之進、柴田彦三郎、田村一郎、田村録五郎、藤堂平助、永倉新八、三浦恒次郎、安富才輔(肥前とも) |
| | 武蔵 | 井上源三郎、内海次郎、近藤勇、田内知、中島登、中西登、沼尻小文吾(上野とも)、林信太郎(大坂とも)、土方歳三、宮川信吉、横倉甚五郎 |
| | 相模 | 田村金七郎 |
| 中部 | 伊豆 | 加納道之助 |
| | 甲斐 | 逸見勝三郎、塩沢麟太郎、高山次郎 |
| | 信濃 | 三浦啓之助(佐久間恪二郎) |
| | 遠江 | 上田馬之助 |
| | 三河 | 安藤早太郎 |
| | 尾張 | 佐野七五三之助、松原幾太郎 |
| | 美濃 | 市村鉄之助、大橋半三郎、加々爪勝之助、島田魁、野村利三郎 |
| | 越後 | 元井和一郎 |
| | 越中 | 吉村芳太郎 |
| | 加賀 | 田中寅三、山野八十八 |
| 近畿 | 近江 | 佐々木一 |
| | 大和 | 橋本皆助 |
| | 紀伊 | 木村良之助、佐野牧太郎、斯波緑之助、武城久良太、矢田賢之介 |
| | 山城 | 伊藤浪之助、川島勝司、中山重蔵、本多岩吉、三品一郎、三品次郎、水口市松 |
| | 摂津 | 伊木八郎、漢一郎、久米部正親、佐々木愛次郎、矢金繁三、山崎烝、酒井兵庫 |
| | 和泉 | 尾関雅次郎、松本喜次郎 |
| | 丹波 | 宿院良蔵(京都とも)、吉田俊太郎 |
| | 丹後 | 岸島芳太郎 |
| | 播磨 | 河合耆三郎、鈴木練三郎、服部武雄、平山五郎、松原忠司(大坂とも) |

| | | |
|---|---|---|
| 中国 | 出雲 | 武田観柳斎 |
| | 備前 | 伊藤主計 |
| | 備中 | 大槻銀蔵、竹内元太郎、谷川辰蔵、谷三十郎、谷昌武、谷万太郎 |
| | 安芸 | 浅野薫（備前とも） |
| | 長門 | 佐伯又三郎 |
| 四国 | 阿波 | 神崎一二三、木下巌、馬越三郎、前野五郎 |
| | 讃岐 | 蟻通勘吾 |
| | 伊予 | 原田左之助 |
| 九州 | 筑前 | 立川主税、吉村新太郎 |
| | 筑後 | 木村広太、篠原泰之進、中村玄道、村上金之助、村上万次郎 |
| | 日向 | 田村大三郎 |
| | 肥前 | 大野右仲 |
| | 肥後 | 尾形俊太郎、清原清、村上清 |
| | 薩摩 | 富山弥兵衛 |
| | 対馬 | 阿比留鋭三郎 |

『「新撰組」全隊士録』『新選組情報館』による。出身は、藩士であっても、江戸で生まれたことが確認されるものは江戸とした。作表協力、三野行徳氏

（山南敬助、土方歳三）、副長助勤（十四名）、諸士調役兼監察（三名）、勘定役並小荷駄方（四名）、平隊士という構成であった。(4)

元治元年（一八六四）十一月には、局長（近藤）、副長（土方）、組頭一番沖田総司、二番伊東甲子太郎、三番井上源三郎、四番斎藤一、五番尾形俊太郎、六番武田観柳斎、七番松原忠司、八番大炮組谷三十郎、小荷駄雑具方原田左之助、諸士調役兼監察、勘定方、書記、取締役など八名、平隊士約四十名となっている。(5) 番組編成がされ、組頭が任命されている。

さらに、慶応元年（一八六五）五月下旬頃には、総長（近藤）、副長（土方）、参謀（伊東甲子太郎）、組頭一番沖田、二番永倉、三番斎藤、四番松原、五番武田、六番井上、七番谷、八番藤堂平助、九番鈴木三樹三郎、十番原田、諸士

| | | |
|---|---|---|
| 武士 | 藩士・幕臣（子弟） | 市村鉄之助（大垣藩士子）、大野右仲（唐津藩士）、菊池央（弘前藩士子）、栗原仙之助（唐津藩士）、近藤隼雄（幕臣子）、近藤芳祐（幕臣子）、佐々木一（彦根藩士子）、白戸友衛（弘前藩士子）、中山重蔵（有栖川宮家臣子）、前野五郎（徳島藩士子）、松原幾太郎（尾張藩士子）、三品一郎（幕臣）、三品次郎（幕臣弟）、水口市松（小浜藩士子）、山野八十八（加賀大聖寺藩士）、吉村芳太郎（富山藩士子） |
| | 脱藩等 | 荒井忠雄（元平藩士）、伊東甲子太郎（元志築藩士）、伊藤源助（元白河藩士）、茨木司（元中村藩士）、大石鍬次郎（元一橋家邸臣子）、大槻銀蔵（元岡田藩士）、沖田総司（元白河藩士子）、斎藤一（幕府御家人子）、柴田彦三郎（元一橋家邸臣）、鈴木直人（元鶴舞藩士）、相馬肇（元笠間藩士）、谷三十郎（松山藩士断絶）、谷昌武（松山藩士断絶）、谷万太郎（松山藩士断絶）、田村一郎（元平藩士）、田村録五郎（元平藩士）、藤堂平助（元津藩士カ）、永倉新八（元松前藩士）、野口健司（水戸浪人）、橋本皆助（元郡山藩士）、服部武雄（元赤穂藩士）、松浦多門（元庄内藩士）、松原忠司（元小野藩士）、三浦啓之助（松代藩士子断絶）、三木三郎（志筑藩士子）、毛内有之助（元津軽藩士）、安富才輔（元足守藩士）、柳沢騰馬（盛岡藩士子） |
| | 浪人等 | 近藤勇（江戸）、島田魁（美濃郷士子）、富山弥兵衛（元薩摩藩士家来）、原田左之助（元松山藩中間）、芹沢鴨（水戸）、平間重助（水戸）、平山五郎（姫路）、山南敬助（元仙台剣術家子）、吉村新太郎（福岡藩馬廻組家来） |
| 庶民 | 百姓 | 井上源三郎（多摩）、加納道之助（伊豆）、土方歳三（多摩）、宮川信吉（多摩）、元井和一郎（越後）、横倉甚五郎（多摩） |
| | 商人 | 池田七三郎（上総雑穀商）、河合耆三郎（播磨米屋長男）、谷川辰蔵（備中商家三男） |
| | 職人 | 佐々木愛次郎（大坂錺職人子）、篠原泰之進（筑後石工長男）、本多岩吉（御所大工頭二男） |
| | 町人 | 立川主税（筑前） |
| | 医師 | 浅野薫（安芸）、武田観柳斎（出雲）、山崎蒸（大坂鍼医子） |
| | 宗教者 | 安藤早太郎（虚無僧）、葛山武八郎（虚無僧）、佐野七五三之助（尾張神職子）、斯波緑之助（紀伊僧侶） |

『「新撰組」全隊士録』『新選組情報館』による。武士は、入隊時に脱藩や断絶と記載があるものを脱藩等に、確認できないものは藩士・幕臣に分類した。浪人等に関しては、他身分から士分を獲得した（と思われる）もの、郷士等の士分を得たもの、元武家奉公人、元中間・若党などの本来の武士身分ではないものを分類した。作表協力、三野行徳氏

取調役兼監察七名、勘定掛一名、その他小荷駄、書記、取締役などを設けた。そして、撃剣は沖田ら七名、柔術は篠原ら三名、文学は伊東ら五名、砲術は二名、馬術は一名、槍術は一名と、それぞれ師範を定め、伍長二十名、平隊士百名となっている(6)。組頭に異動があり、伍長職を設けている。

組織化・官僚化が進められた様子がうかがえる。

**法度の制定**

新選組はさらに、厳しい法度を制定して、隊内の秩序を保った。

新選組の法度が明文化されたものは、いまだ発見されていない。本文で述べたように、文久三年（一八六三）五月頃には四か条の法度を定めたと考えられている(7)。また、元治元年五月頃、阿部十郎ら多くの脱走者が出たさい、「壬生浪士掟は出奔せしものは見付次第同士にて討果し申すべしとの定《さだめ》の趣(8)」と、この時期、脱走者は、見つけ次第討ち果たすことを定めた掟も存在していた。

その後、慶応元年（一八六五）五月下旬頃、新選組の組織改編と併せて、法度を明確化したとされる。この時期西村兼文も、「新選組さらに規律を設立し、隊伍を編成す（中略）厳重に法令を立て、その処置の辛酷なる(9)」と、この法度の厳しさを記している。

ただし、慶応元年四月一日に公家の久世家の家臣が、過日新選組から粗暴行為を受けたとして松原忠司を詰問したさいに、松原が粗暴行為をした者はすでに割腹させたので、うまく収めてほしいと述べたのに対して、久世家側は、自分たちの取り決めで罰するのはよくないと不満を述べている(10)。

たしかに、これら私的な取り決めである四か条が公的にどこまで正当性を持ち、また実効性を持ったか不明な点もある。しかし、新選組が法度を通じて、恣意《しい》的ではなく客観的な秩序の維持をめざした動向は認められよう。

### 俸給と報奨金

新選組の俸給は現金であった。新選組の俸給に関しては、古賀茂作「金銀出入帳・解説(11)」に詳しい。以下、この解説を参考に、俸給と報奨金について見ていきたい。

永倉新八によれば、文久三年(一八六三)九月から十二月頃の手当は、局長が月額金五十両、副長が四十両、副長助勤三十両、平隊士十両であった(12)。永倉は当時新選組は、会津藩預りとなって以後は急に羽振りよく、無禄でこそあれ諸侯へも自由に出入りして、肩で風切る勢いであったという(13)。

一方、文久三年十月四日から八日頃、隊士は六十人ほどおり、一人に月三両与えたという記事も見られる[14]。

そして、箱館戦争時には、新選組隊士の石井勇次郎の記録によれば、「一、上等士官差図役迄を云う金二（両）也、一、中等士官嚮導迄を云う差図役下役金壱両三分也、嚮導金一両二分也、一、下等兵士金一両一分也、歩兵金一両也[15]」と、階級別に給金を定めていた。

以上のように、新選組は月単位の俸給制度を導入していたのである。俸給制度は、江戸時代の武士に広く見られた家禄としての領地や俸禄ではなく、個人に対する点において、特異なものであった。

一方、報奨金もあった。たとえば、八・一八政変のさいには、出動した隊士に対して、朝廷から一名一両ずつを与えられ（近藤書簡14）、元治元年（一八六四）五月には大坂での将軍警固の功により銀百枚を与えられている（近藤書簡17）。また、池田屋事件のさいには、朝廷から三百両、会津藩から金二十五両と刀その他、幕府からは近藤が金十両、別段金二十両を与えられたのをはじめ、出動隊士に対して報奨金五百両が出されている[16]。

さらに、慶応二年（一八六六）十二月には、中川宮から新選組に対して銀二十枚が与えられている[17]。慶応三年の三条制札事件のさいには「この夜、新選組の働きぶりを賞するに甲乙を定む[18]」と、さらに会津藩から働きに応じて褒賞金が与えられている。

これらは、いずれも論功報償・慰労の意味の臨時支給金であり、実力主義・業績主義にもとづくものであった。

### 公文書と公印

新選組は、組織として公文書も作成していた。現在、慶応三年十一月十四日から同四年三月一日までの「金銀出入帳」[19]が残されているが、新選組の勘定方（掛）が作成したものと推測されている。作成はおそらく多年にわたったものと思われる。

「金銀出入帳」についても、古賀茂作「金銀出入帳・解説」に詳しい。以下、この解説文を参考に出入帳について見ていきたい。

全体は三部に分かれ、「始メ」の部分は勘定方内部の金銭のやりとり、「手宛入用出口」は支出、「金請取口」は収入である。

支出を見ると、たとえば以下のような例が挙げられている。

a （十一月）十七日　一同拾両也　山田一郎　刀拵《こしらえ》代渡

b （十一月）十九日　一同拾七両也　七条一件被下《くだされ》候事

c （十二月）二日　一同壱両弐分弐朱　土方剣術古手一ッ

d 十二月十日　一金六両也　着込入用吉村渡ス

e（十二月）一同三百四拾四両三分　一同手宛相渡ス
f（十二月）一同三千両　山中組（合）十家江返済
g（正月）十五日　一同百両也　横浜病人手宛島田江預ケ置候
h（二月）一同百両也　松本良順石料

　ここには、a二条小川角の研師《とぎし》山田一郎への刀剣修理代金、b七条油小路の伊東派粛清の手当金、c土方歳三の剣術稽古用の籠手《こて》代金、d吉村貫一郎の着込代金、e隊士一同への手当、f大坂の豪商山中家（鴻池）への返済金、g江戸帰還後負傷者が入院した横浜病院の世話役の島田魁への支出、h医師松本良順への薬代など、月日、金額、支出目的、支出者などが簡潔に記されている。
　一方、収入の中には、以下のような記載がある。

a（十一月）十九日　一同弐拾両也　会より四人葬敷手宛受取
b 十二月八日　一同四千両　大坂山中組合十家より
c（十二月）十三日　一同弐千両　小堀数馬受取
d（十二月）十三日　一同四十二両　宮川江紀州より

e（十二月）廿日　一同弐十両　会より先生見舞
f　正月七日　一同五百両　大坂城請取
g（正月七日）一同四千弐百両　同（大坂城）賄方分請取
h　江戸ニて　一同弐千両　会より請取

ここには、a油小路で暗殺した伊東以下の会津藩からの葬儀料、b山中家組合（鴻池）、c幕府京都代官からの請取金、d天満屋事件で死亡した隊士宮川信吉への紀州藩からの弔慰金、e伊東派に撃たれ負傷した近藤勇への会津藩からの見舞金、f大坂城、g大坂城賄方、h会津藩からの請取金などである。四千両を超える多額の収入もある。山中家については、先の支出の部分に三千両返済した記事がある。

新選組は、会計帳簿（公文書）を作成する組織でもあったのである。

その他、元治元年に土方歳三が、在京中の「日記」を、富沢政恕《まさひろ》に託し、多摩の佐藤家に渡したとする記録もある。(20) 原本・写本などは残っていないが、これもまた、土方の私的記録ではなく、公文書の可能性もある。

また、「新選組」の印（公印）があったことも見逃せない。現在近藤が多摩の中島治郎兵衛および小島鹿之助に宛てた書簡17・18の包紙二点に残っているが、新選組は印を用いる組

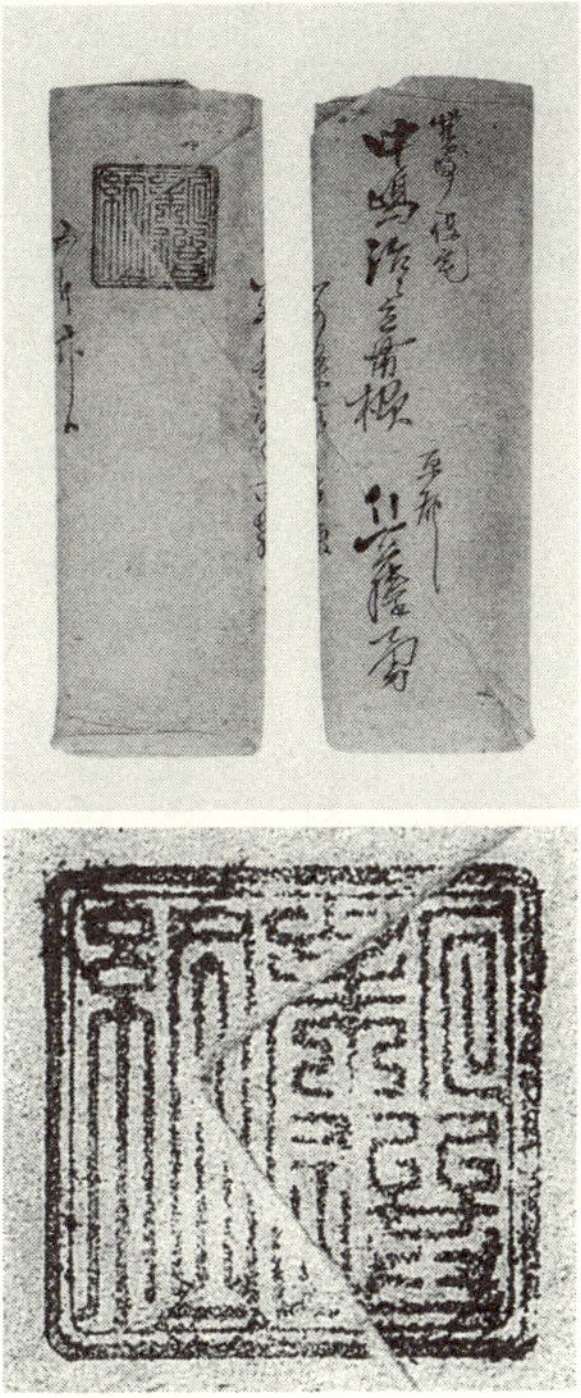
新選組の印

織であったのである。

新選組がかなりの合理性・近代性を持つ組織であったことがうかがえるのである。

**組織化・官僚化への反発**

しかし、新選組の組織化・官僚化は、試衛場時代から同志として活動していた隊士たちの反発を招くことになった。

まず、文久三年（一八六三）四月十七日付の井上松五郎の書簡によれば、試衛場以来の同志である土方・沖田・井上源三郎が、松五郎に対し近藤が「天狗」になったと訴えていた。

次に、元治元年（一八六四）八月下旬頃には、近藤が隊士たちを家臣（部下）のように見ることを批判し、これも試衛場以来の同志である永倉と原田が、京都で新選組に参加した斎藤・尾関・島田・葛山らと謀って会津藩に訴えるという事件が起きていた[21]。近藤が隊士を家来＝部下として統制しようとすることへの反発がうかがえる。

また、慶応三年（一八六七）六月十三日には、新選組が幕臣化するさいに、新選組隊士茨木司らが会津藩に対して二君に仕えることはできないと訴え、幕臣化に抵抗し、切腹した[22]。これは幕府官僚制への編入を拒否したものといえる。

さらに、甲州勝沼戦争敗北後の明治元年三月十日朝、新たに党派を作ろうとした永倉たちに対して、近藤は怒って、自分の家来になるならば今後行動をともにし、そうでなければ断ると述べていた。そこで永倉たちも腹を立て、挨拶をしてその場を去り、新選組は「瓦解」したという[23]。ここでも、近藤が隊士一同を家来＝部下として統制しようとしていたことが批判されている。

試衛場以来の同志たちは、近藤の組織化・官僚化の方向を決して歓迎していたわけではなかったのである。

## 洋式軍備化

次に第二の視点である洋式軍備化について見ていきたい。「武士の中の武士」「最後の武士」のイメージとは別に、新選組は着実に洋式軍備化を進めていた。

まず、元治元年（一八六四）十月と推定される九日付の近藤勇と佐藤彦五郎宛ての書簡（土方書簡16）において、土方歳三は、新選組が毎日全員が砲術調練を行い、西洋鉄砲がだいぶ上達し、幕長戦争の先駆けも勤められるほどになったと自慢していた。

また、慶応元年（一八六五）九月に作成された幕長戦争に向けての「行軍録」[24]では、「大銃隊」「大銃頭谷三十郎・藤堂平助」「小銃隊」「小銃頭沖田総司・永倉新八」などの記述が見られた。

さらに、「浪士文久報国記事」[25]の慶応二年三月中旬頃の項には、新選組が西本願寺の境内で、本願寺の門主（住職）が出てきたときに大砲を撃ったので、門主が驚いてひっくり返ったという話を載せている。

慶応三年九月後半頃には、京都において新選組が操銃調練や部隊調練を行い、土方もまたこれらに強い関心を持っていた（一六五頁参照）。

その他、明治初期の作品になるが、「伏見鳥羽戦争図」（次頁）のうちの慶応三年十二月の新選組二条城入城の図（上）では、新選組がみな鉄砲を持っており、慶応四年正月四日伏見奉行所撤退の図（下）でも、みな鉄砲を持っている。上図については、だんだら羽織の模様

**伏見鳥羽戦争図（草稿）の第三図（上）と第七図**　伝遠藤蛙斎筆．京都国立博物館蔵

はこれでよいか、下図については、後方から撃たれる状況が実際にあったかなどの疑問もあるが、全体として新選組が、鉄砲隊としての性格を基本にしつつあったことがうかがえる。

さらにまた永倉新八「浪士文久報国記事」には、伏見奉行所の戦いにおいて砲撃戦では決着がつかなかったことから土方が斬り込みを命じ、薩長軍が伏見奉行所を見下ろす御香宮から大砲を撃ちかけ砲撃戦となったこと、奉行所から外に出た永倉が窮地に陥ったとき奉行所の塀の上から島田魁がこれにつかまれと鉄砲を下ろしたこと、戦争の最終段階で会津藩と新選組がみな鉄砲を捨てて斬り込んだことが記されていた[26]。

土方歳三が鳥羽・伏見の戦いを経験して、江戸において、これからの戦争は大砲・鉄砲の時代であり、剣や刀は役に立たないと述べたことも伝えられている。(27)転換期にふさわしい言葉であるが、実は先に見たように、新選組はこれより早く、すでに京都時代において、洋式軍備化を進めていたのである。

江戸に帰還した新選組についてみても、たとえば、慶応四年三月の勝沼戦争のさいに、「このとき甲州東八代郡新居《あらい》村出身で近藤勇の大砲方を勤めて居る結城無二三《むにぞう》がこれを捕えて(28)」と、甲斐国東八代郡新居村（東八代郡一宮町）出身（実は日川村出身とされる。一九三頁参照）の結城無二三が、大砲方を勤めていたことが確認される。

また、「金銀出入帳」によれば、新選組は江戸において、新式の元込の鉄砲やマントとズボンを購入していた。新選組が洋装化していたことが知られるのである。

## 2　幕府の動向

### 幕末期幕政改革の展開

以上、新選組が刀に象徴される「武士の中の武士」「最後の武士」ではなく、官僚化・洋式軍備化を進めた近代的性格を持つ集団であったことを明らかにしたが、実は、こうした動きは幕末期の江戸幕府の動向とも一致していた。

当時、最大の財政基盤をもとに、大規模な官僚制と軍隊を維持し、公的な外交ルートから正確な情報を大量に得ていたのは、やはり幕府であった。

幕末期、内外の緊張の高まりの中で幕府は決して無為無策ではなかった。むしろ西洋化・近代化に向けて、「幕末期三大改革」と称される改革政治を展開していたのである。

### 安政改革

その第一は、嘉永六年（一八五三）のペリー来航に端を発した安政改革である。これは老中の阿部正弘を中心に、開明派官僚の川路聖謨《かわじとしあきら》、岩瀬忠震《ただなり》、永井尚志《なおむね》、大久保一翁らによって推進された。同年、阿部は品川台場の築造を命じ、大船建造禁令の解除など、海防の強化を図った。[29]

安政元年（一八五四）日米和親条約締結後、阿部は辞意を表明するが、十三代将軍家定や前水戸藩主の徳川斉昭らが慰留し、彼らの信任を得た形で老中に留任し、安政改革を開始した。[30]

安政元年、旗本・御家人に剣・槍・砲術などを講習する講武場を設置し、同三年には築地において講武所として竣工し、同六年に神田小川町に移転した。講武所の科目の中には西洋

砲術もあり、教授には高島秋帆《しゅうはん》、勝海舟などがいた。(31)

安政二年には、長崎出島の近くに幕府の海軍伝習所が設立され、オランダのペルス・ライケン海軍中尉ら二十二名の教官による伝習が開始された。伝習生として、幕臣や諸藩の藩士ら約百名が参加した。安政六年二月に閉鎖するまで、幕臣の勝海舟、榎本武揚、ペリーに応接した中島三郎助ら幕府の伝習生のほか、薩摩藩の五代友厚、佐賀藩の佐野常民《つねたみ》ら諸藩の聴講生も参加した。(32)

安政四年には、神田小川町に蕃書《ばんしょ》調所が開校した。これは洋書や外交書翻訳の効率化をはかるために、安政二年に幕府天文方から独立し、九段（東京都千代田区）に設立されていた洋学所を改称したものであった。開校に向けて勝海舟や川路聖謨らが尽力し、教授手伝に長州の村田蔵六《ぞうろく》（のちの大村益次郎）や薩摩の松木弘安（のちの寺島宗則）らがいた。(33)

このように幕府は、いち早く西洋化・軍事化に取り組んでいた。そしてそれは、全国統治者として、薩長を含む諸藩をも主導するものであった。

## 文久改革

文久二年（一八六二）六月、朝廷は島津久光を随行させ、勅使大原重徳《しげとみ》を江戸に派遣し、将軍上洛と幕政改革を迫った。朝廷の狙いの一つに、徳川慶喜と松平慶永の復権があった。

彼らは、将軍継嗣問題で井伊直弼と対立し、蟄居を命じられていたのである。当初幕府は、慶喜らの復権に対して難色を示していたが、ついに徳川慶喜を将軍後見職に、松平慶永を政事総裁職に就任させた。朝廷の命を受けて幕府人事が行われたのは前代未聞のことであった。

また、尊攘激派により治安が悪化した京都の治安回復を目的として閏八月一日京都守護職を設置した。京都守護職は、京都の朝廷、公家、寺社を管理していた京都所司代、大坂城代、さらには近国の大名を指揮する権限を持つ非常職で、会津藩内の反対を押し切って松平容保が、藩兵千名余を率いて就任した。先述のように、文久三年二月の近藤らの浪士組結成はこの流れの中にあった。

慶喜・慶永政権による文久改革は、慶永のブレーン横井小楠《しょうなん》の献策を容れて、公武一和を大方針として展開された。文久二年閏八月には、参勤交代を隔年から三年ごとに改め、大名妻子の帰国を許した。

文久三年には、勝海舟の構想のもと、神戸の海軍操練所が建設される。ここでは旗本、御家人のほか、薩摩、土佐その他諸藩士も多く集められ、塾頭に土佐の坂本龍馬が任命された。

その他、幕府は直属の歩兵・騎兵・砲兵の三兵を創出し、オランダ式装備の導入を図った。また、アメリカやオランダに艦船を発注し[34]、さらにオランダに留学生を派遣するなど、欧米の知識や技術の摂取に努めたのである。

## 慶応改革

徳川慶喜は、文久二年（一八六二）に将軍後見職、元治元年（一八六四）三月禁裏守衛総督に就任するなど、公武合体派の中心にいた人物であった。慶応二年（一八六六）十二月に将軍となり、明治元年正月に江戸に戻るまで不在の将軍であった。慶喜はフランス語を学び、フランス料理を食した親仏派とされる。慶喜体制のもとで、江戸では小栗忠順《おぐりただまさ》、栗本鯤《くりもとこん》（鋤《じょ》雲《うん》）など親仏派幕府官僚による慶応改革が展開された。

慶応元年幕府はフランスから二百四十万ドルの借款を得て、横須賀製鉄所を起工した。フランス公使ロッシュの対幕府接近政策を背景とするものであったが、幕府側の推進者の勘定奉行小栗忠順は、ここに造船所、修船所などを建設し、強大な幕府海軍の拠点とする計画であった。製鉄所の所長は、フランス人海軍技師ベルニーであり、五十二名のフランス人がこれに協力した。

慶応二年十二月八日、フランス政府が派遣した軍事顧問団が来日した。使節団は、シャルル・シュルピス・シャノワンヌ大尉を団長とし、歩兵・砲兵・騎兵の士官・下士官計十五名により構成されていた。彼らは、幕府の歩兵・砲兵・騎兵の訓練を行ったが、主として訓練を受けたのは、旗本・御家人ではなく、彼らが納めた軍役金で雇った傭兵たちであった。

ロッシュをはじめ、フランス海軍極東艦隊司令官オイエ提督、シャノワンヌらは、幕臣の松平太郎、大鳥圭介、榎本武揚らと結び、対薩長交戦派を形成したのである。

本文において記したが、戊辰戦争後半の明治二年三月二十五日の宮古湾海戦において、海軍奉行（提督）荒井郁之助と幕府軍艦回天の艦長甲賀源吾は、「アボルダーシェ」（「アラボルダージュ」）と叫んでいる。[35]

その他、当時の幕閣は、ロッシュの進言にもとづき、首相格の老中板倉勝静のもとで、小笠原長行《ながみち》が外国事務総裁（外務大臣）、稲葉正邦が国内事務総裁（内務大臣）、松平康英が会計総裁（財務大臣）、松平乗謨《のりかた》（大給恒《おぎゅうゆずる》）が陸軍総裁（陸軍大臣）、稲葉正巳《まさみ》が海軍総裁（海軍大臣）の分担責任制が定められた。これは明治以降の内閣制の先駆的形態ともいわれる。[36]

以上見てきたように、幕府は最幕末段階まで、改革政治を展開していたのである。

このことは、従来いわれてきた「薩長＝開明的＝近代化成功」と「幕府＝保守的＝近代化失敗」を対比的に捉える幕末維新観の再検討を要請している。近年、江戸と東京の首都機能、幕府官僚と維新官僚など、江戸時代と明治時代の連続面が明らかにされてきている。[37]

新選組も、こうした動きの中に、改めて位置づけられる必要がある。すなわち、新選組もまた、着実に官僚化・近代化の道を歩んでいたのであり、決して「武士の中の武士」「最後の武士」として時代に取り残されていたわけではなかったのである。

# 注

（出版社・刊行年を略したものについては「参考文献」を参照のこと）

## 序章　新選組の時代

（1）多摩市教育委員会・パルテノン多摩共同企画展『新選組の人々と旧富澤家』七頁、小島政孝「天然理心流近藤勇への系譜」『新選組！展』二四頁
（2）『七年史』1、続日本史籍協会叢書1、四四五頁、「島田魁日記」『新選組日記』一九〇頁
（3）島田魁「島田魁日記」『新選組日記』一九〇頁
（4）永倉新八『新装版・新撰組顚末記』新人物往来社、一九九八年、一二二、一二三頁、松村巌「維新史談」菊地明・伊東成郎・山村竜也編『新選組日誌・コンパクト版上』新人物往来社、二〇〇三年、一一六頁
（5）井上勲「将軍空位時代の政治史」『史学雑誌』第七七編第一一号、一九六八年、家近良樹『幕末政治と倒幕運動』吉川弘文館、一九九五年、同『孝明天皇と「一会桑」』文春新書、二〇〇二年ほか
（6）佐藤誠朗『幕末・維新の政治構造』校倉書房、一九八〇年
（7）毒殺説としては、ねずまさし「孝明天皇は病死か毒殺か」『歴史学研究』第一七三号、一九五四年、伊良子光孝「天脈拝診日記」柳原正典編『滋賀県医師会報』第三三四号、一九七六年、石井孝「反維新に殉じた孝明天皇」『幕末非運の人びと』有隣堂、一九七九年、病死説としては、吉田常吉「孝明天皇崩御をめぐって」『日本歴史』第一六号、一九四五年、小西四郎『日本の歴史19・開国と攘夷』中央公論社、一九六六年、原口清「孝明天皇は毒殺されたのか」藤原彰他編『日本近代史の虚像と実像』1、大月書店、一九九〇年、がある
（8）永倉新八『新撰組顚末記』一六五頁
（9）佐々木克『戊辰戦争』中公新書、一九七七年、一二一〜一二三頁

## 第一章　多摩と江戸

（1）「中村七朗家文書」、調布市史編集委員会編『調布市史』中巻、調布市発行、一九九二年、五五八頁
（2）「天然理心流極意書」佐藤昱『聞きがき新選組・

新装版』新人物往来社、二〇〇三年、六七頁
(3) ＮＨＫ・ＮＨＫプロモーション編『新選組！展』二〇〇四年、三八頁
(4) 日野市ふるさと博物館編『新選組のふるさと日野』二〇〇三年、三六頁
(5) 深井雅海・藤實久美子編『江戸幕府役職武鑑編年集成』第二五～三六巻、一九九八～九九年、東洋書林
(6)「近藤家除籍謄本」『新選組日誌』上、二三頁
(7)「龍源寺過去帳」『新選組日誌』上、四二頁
(8)『調布市史』中巻、四九八頁
(9) 文久元年八月「口上書」多摩市富澤家文書、多摩市教育委員会・パルテノン多摩共同企画展『新選組の人々と旧富澤家』二〇〇三年、六頁、『新選組！展』四〇頁
(10)「文久元年九月六日付小島鹿之助宛て佐藤彦五郎書簡」小島資料館所蔵、『新選組日誌』上、三二～三四頁、佐藤昱『聞きがき新選組・新装版』五九頁
(11) 子母澤寛『新選組始末記』初版一九二八年、中公文庫、一九七七年、二〇頁
(12) 佐藤昱『聞きがき新選組・新装版』一七〇～一七三頁
(13)「天然理心流神文帳」『新選組日誌』上、二一頁
(14) 佐藤昱『聞きがき新選組・新装版』一七三～一七四頁
(15) 日野市新選組まちおこし室制作『図録日野宿本陣』日野市発行、二〇〇四年、三二頁
(16) 日野市ふるさと博物館編『新選組のふるさと日野』三八頁
(17) 西村兼文「新撰組始末記」新人物往来社編『新選組史料集』一九九五年、二五頁、子母澤寛『新選組始末記』二一二頁
(18) 西村兼文「新撰組始末記」『新選組史料集』五二頁
(19)「沖田家文書」『新選組日誌』上、一四～一五頁
(20)「剣術稽古覚帳」調布市史編纂委員会編『調布の近世史料』下、一九八七年、四一五頁
(21)「行動録」『新選組日誌』上、二七六頁
(22)「京都ヨリ会津迄人数」『新選組日誌』下、二一一頁
(23) 永倉新八『新撰組顛末記』一五～二二頁
(24) 西村兼文「新撰組始末記」『新選組史料集』二五頁
(25)「殉節両雄之碑」永倉新八『新撰組顛末記』二二五頁
(26) 子母澤寛『新選組始末記』二五頁
(27) 子母澤寛『新選組始末記』九八頁、子母澤寛『新選組物語』初版一九三二年、中公文庫、一九七七年、一一四頁
(28) 永倉新八『新撰組顛末記』一二三～一二五頁、西

村兼文「新撰組始末記」『新選組史料集』二三頁
(29) 子母澤寛『新選組遺聞』初版一九二九年、中公文庫、一九七七年、二六〜六〇、一一五頁
(30) 以下、近藤家に関する記述については、太田和子「多摩・試衛館時代」『新選組情報館』三八〜四七頁、吉岡孝『江戸のバガボンドたち』ぶんか社、二〇〇三年、三三三〜三五〇頁参照
(31) 小島政孝『武術・天然理心流』上、小島資料館、一九七八年、『八王子千人同心史』通史編、八王子市教育委員会発行、一九九二年、五一四頁
(32) 町田市史編纂委員会編『町田市史』上巻、町田市発行、一九七四年、一四二六頁
(33) 日野市ふるさと博物館編『新選組のふるさと日野』三六頁
(34) 「諸用留」『新選組日誌』上、二六頁
(35) 町田市史編纂委員会編『町田市史』上巻、一四二七〜一四二八頁
(36) 「剣術稽古覚帳」調布市史編纂委員会編『調布の近世史料』下、一九八七年、四一五頁
(37) 「小島家日記」『新選組日誌』上、二二頁
(38) 調布市史編集委員会編『調布市史』中巻、四九九頁
(39) 太田和子「多摩・試衛館時代」『新選組情報館』四五頁
(40) 深井雅海・藤實久美子編『江戸幕府役職武鑑編年集成』第三五〜三六巻、一九九九年、東洋書林
(41) 『新選組日誌』上、三五頁
(42) 鶴巻孝雄「〈国家の語り〉と〈情報〉―地域指導層の国家・社会意識と諸活動をめぐって―」新井勝紘編『民衆運動史4・近代移行期の民衆像』青木書店、二〇〇〇年、二八四頁
(43) 大石学『首都江戸の誕生』角川選書、二〇〇二年二三四、六〇七頁
(44) 黒板勝美・国史大系編修会編『新訂増補国史大系・徳川実紀』第一篇、吉川弘文館、一九八一年、
(45) 『新訂増補国史大系・徳川実紀』第九篇、吉川弘文館、一九八二年、二五二頁
(46) 勝海舟全集刊行会編『勝海舟全集1・幕末日記』講談社、一九七六年、三五頁
(47) 「江戸参府旅行日記」『エルギン卿遣日使節録』岡田章雄訳、新異国叢書、雄松堂出版、一九六八年、一九三頁
(48) 『海游録』姜在彦訳、平凡社東洋文庫、一九七四年、一二二頁
(49) 『江戸参府随行記』高橋文訳、平凡社東洋文庫、一九九四年、二〇、一三九、一五八、一九六頁
(50) 『日本俘虜実記』徳力真太郎訳、講談社学術文庫、一九八四年、下、一一、七〇、一六三頁
(51) 大石学編『多摩と江戸―鷹場・新田・街道・上水―』たましん地域文化財団、二〇〇〇年

(52)「松平左近将監風説集」国立公文書館内閣文庫所蔵
(53)大石学『享保改革の地域政策』吉川弘文館、一九九六年、第二編第一章、第二章
(54)『新訂増補国史大系・徳川実紀』第一篇、三六一頁
(55)木村礎・伊藤好一編『新田村落』文雅堂書房、一九六〇年、七六頁
(56)東京都大田区史編さん委員会編『大田区史』資料編・平川家文書1、大田区発行、一九七五年、一九三頁
(57)寛延二年「乍恐以書付奉願上候」東京都立大学附属図書館所蔵堀江家文書
(58)渡辺家文書研究会・新宿区立歴史博物館編『武蔵国豊島郡角筈村名主渡辺家文書』第一巻、新宿区教育委員会発行、一九九二年、三一四頁
(59)北区史編纂調査会編『北区史』資料編・近世2、東京都北区発行、一九九五年、五九八~五九九頁
(60)近世村落史研究会編『三鷹市史史料集』第一集、三鷹市史編纂委員会発行、一九六九年、一四〇頁。以上、鷹場地域の一体化・同質化については、大石学「享保期鷹場制度復活に関する一考察」竹内誠編『近世都市江戸の構造』三省堂、一九九七年を参照
(61)蘆田伊人編集校訂『新編武蔵風土記稿』第七巻、大日本地誌大系13、雄山閣、一九八一年、一九頁
(62)『新編武蔵風土記稿』第七巻、一九頁
(63)武相史料刊行会校註『高翁家録』武相史料叢書三、一九六二年、一頁
(64)以下、甲州・青梅・五日市街道の記述については、大石学『首都江戸の誕生』一一三~一一六頁参照
(65)大石学『首都江戸の誕生』一三五~一三八頁
(66)大石学『享保改革の地域政策』終章、大石学「近世後期~幕末維新期における江戸周辺の地域編成」関東近世史研究会編『近世の地域編成と国家』岩田書院、一九九七年
(67)大石学『首都江戸の誕生』二二九~二三二頁

**第二章　浪士組結成から池田屋事件へ**

(1)以上、浪士組の計画については、三野行徳「浪士組時代」『新選組情報館』五四~五九頁参照
(2)永倉新八『新撰組顛末記』二九頁
(3)「小島家日記」『新選組日誌』上、四五~四七頁
(4)「沖田林太郎留書」『新選組日誌』上、五〇頁、子母澤寛『新選組始末記』四三頁、「尽忠報国勇士姓名録」『新選組日誌』上、五〇~五三頁
(5)『東西紀聞』1、一七五~一七六、一九九頁
(6)永倉新八『新撰組顛末記』三一~三二頁
(7)「廻状留」『新選組日誌』上、六三頁、子母澤寛『新選組遺聞』二一九頁

(8) 保野時中『史談会速記録』第四一輯、合本8、原書房、七七頁、以下『史談会速記録』の頁数は合巻のもの。なお以下の建白書の全文は、『史談会速記録』合本8のほか、『東西紀聞』1の一八三頁にも収められている
(9)「廻状留」『新選組日誌』上、六五〜六六頁
(10) 保野時中『史談会速記録』第四一輯、合本8、八九〜九一頁
(11) 保野時中『史談会速記録』第四一輯、合本8、八三頁
(12)『会津藩庁記録』1、三三五〜三四三頁
(13)『会津藩庁記録』1、三八九頁
(14)「世話集聞記」「井上松五郎日記」「根岸友山履歴言行」『新選組日誌』上、七七〜七八、八九頁
(15)『東西紀聞』1、四二八、四三八頁、三野行徳「浪士組時代」『新選組情報館』
(16)「世話集聞記」『新選組日誌』上、七六、八〇頁
(17) 永倉新八『新撰組顛末記』四七頁
(18) 子母澤寛『新選組始末記』一〇一頁
(19)「八木家文書」『新選組日誌』上、八四頁
(20)『会津藩庁記録』3、四四六頁
(21) 子母澤寛『新選組物語』一四二頁
(22)「井上松五郎日記」『新選組日誌』上、八七〜八九頁
(23) 慢心説は『新選組日誌』上、八七頁、天狗党説は松浦玲『新選組』岩波新書、二〇〇三年、二二頁
(24) 宮地正人『歴史のなかの新選組』岩波書店、二〇〇四年、九三〜一〇一頁
(25) 永倉新八『新撰組顛末記』四七頁。子母澤寛『新選組始末記』一〇三頁、平尾道雄『定本・新撰組史録・新装版』初版『新撰組史』は一九二八年、新人物往来社、二〇〇三年、四八頁
(26)「島田魁日記」『新選組日記』一九〇頁、永倉新八『新撰組顛末記』五六〜六〇頁
(27)「莠草年録」『新選組日誌』上、一〇二、一〇四頁
(28)『新選組日誌』上、一〇五〜一〇六頁
(29) 西村兼文「新撰組始末記」『新選組史料集』一七頁
(30)『七年史』1、四四五頁
(31)「島田魁日記」『新選組日記』一九〇頁。ただし武家伝奏の介在については職務内容から疑問が呈されている(中村武生「新選組誕生秘話」『別冊歴史読本』第二八巻三一号、新人物往来社、二〇〇三年)
(32) 宮地正人『歴史のなかの新選組』一一一〜一一三頁
(33) 京都町触研究会編『京都町触集成』第一二巻、岩波書店、一九八七年、第一三二六号、四三九頁、永倉新八「浪士文久報国記事」『新選組日記』五一頁
(34)「島田魁日記」『新選組日記』一九〇頁、「世話集聞記」『新選組日誌』上、一一五頁

(35)『新選組日誌』上、一一七頁
(36)「同志連名記」『新選組日誌』上、一二〇頁
(37)西村兼文「新撰組始末記」『新選組史料集』一八頁
(38)西村兼文「新撰組始末記」『新選組史料集』一八頁
(39)西村兼文「近世野史」『新選組日誌』上、一二三頁
(40)子母澤寛『新選組遺聞』一三〇～一三六頁
(41)永倉新八『新撰組顚末記』七一頁
(42)子母澤寛『新選組遺聞』一四二～一四四頁
(43)切腹説は子母澤寛『新選組遺聞』一五三～一五四頁、殺害説は西村兼文「新撰組始末記」『新選組史料集』一八頁
(44)『新選組日誌』上、一二六頁
(45)『東西紀聞』2、四一八頁、永倉新八『新撰組顚末記』八四頁、「金銀出入帳・解説」『新選組史料集』三二一頁
(46)『新選組日誌』上、一三〇頁
(47)新人物往来社編『新選組大辞典』一九九九年、新人物往来社、二三五頁
(48)「島田魁日記」『新選組日記』一九一頁
(49)『甲子雑録』1、二八一～二八二頁
(50)『京都守護職始末』2、一八～一九頁
(51)『会津藩庁記録』6、四三九頁
(52)『会津藩庁記録』4、二七六頁、『京都守護職始末』2、二四頁
(53)富沢政恕「旅硯九重日記」『新選組日誌』上、一四八～一五一頁
(54)宮内庁蔵版『孝明天皇紀』第5、平安神宮発行、一九六九年、二二六頁
(55)黒板勝美・国史大系編修会編『続徳川実紀』第4篇、吉川弘文館、一九八二年、六四三頁
(56)杉浦梅潭著・小野正雄監修『杉浦梅潭目付日記』杉浦梅潭日記刊行会発行、一九九一年、三九五頁
(57)「島田魁日記」『新選組日記』一九一頁
(58)玉虫誼茂『官武通紀』2、二五〇頁
(59)「改訂肥後藩国事史料」『新選組日誌』上、一六五～一六六頁
(60)『会津藩庁記録』3、四一四頁、4、六八九頁
(61)「島田魁日記」『新選組日記』一八九頁、西村兼文「新撰組始末記」『新選組史料集』一八頁、永倉新八『新撰組顚末記』一四七～一五〇頁
(62)藪田貫「内山彦次郎暗殺事件の真相」『歴史読本』新人物往来社、二〇〇四年三月号
(63)『新選組日誌』上、一五八頁
(64)「改訂肥後藩国事史料」『新選組日誌』上、一六三頁
(65)鈴木棠三・小池章太郎編『藤岡屋日記』第11巻、三一書房、一九九二年、四九九頁

(66) 「島田魁日記」『新選組日記』一九八頁
(67) 「乃美織江覚え書」『新選組日誌』上、一七五頁、「時勢叢談」『新選組日誌』上、一七六頁
(68) 『会津藩庁記録』4、七〇〇頁
(69) 『甲子雑録』1、五三二頁
(70) 『会津藩庁記録』4、五三二、六六四頁
(71) 「近藤勇」『新選組日誌』上、一七九頁
(72) 『甲子雑録』1、五四一頁
(73) 「改訂肥後藩国事史料」『新選組日誌』上、一八四頁、『京都守護職始末』2、六二頁
(74) 「乃美織江覚え書」『新選組日誌』上、一八六頁
(75) 『会津藩庁記録』4、六六五、六九一頁
(76) 『藤岡屋日記』第11巻、五七二頁
(77) 以下、近藤の書簡の引用は、『官武通紀』2、二五六～二五七頁による
(78) 永倉新八「浪士文久報国記事」『新選組日記』七〇～七五頁
(79) 永倉新八『新撰組顚末記』八六頁
(80) 『新選組日誌』上、一九三頁
(81) 「島田魁日記」『新選組日記』一九八頁
(82) 杉浦梅潭『杉浦梅潭目付日記』四九九頁
(83) 『会津藩庁記録』4、七〇一頁
(84) 『官武通紀』2、二五五頁
(85) 「改訂肥後藩国事史料」『新選組日誌』上、一九二～二〇〇頁
(86) 「時勢叢談」『新選組日誌』上、一八九頁
(87) 『孝明天皇紀』第5、二三〇頁
(88) 内田九州男・島野三千穂編『幕末維新京都町人日記―高木在中日記―』清文堂史料叢書30、清文堂出版、一九八九年、二一五頁
(89) 西村兼文「新撰組始末記」『新選組史料集』一九～二一頁
(90) 子母澤寛『新選組始末記』一五七～一七六頁
(91) 『官武通紀』2、二五五頁
(92) 永倉新八「浪士文久報国記事」『新選組日記』七二頁、同「七ヶ所手負場所顕ス」『新選組史料集』三四五頁、同『新撰組顚末記』九一頁、子母澤寛『新選組始末記』一六三頁
(93) 「元治新聞紙」『新選組日誌』上、二〇〇頁
(94) 内田九州男・島野三千穂編『幕末維新京都町人日記―高木在中日記―』六月十一日条、二一五頁
(95) 『新選組日誌』上、二一五頁
(96) 『甲子雑録』1、五五一頁
(97) 『新選組日誌』上、二二一～二二二頁

## 第三章　混迷する京都政局

(1) 永倉新八「浪士文久報国記事」『新選組日記』八八～九〇頁
(2) 『官武通紀』2、二八八頁

(3)『甲子雑録』2、一二五頁
(4)永倉新八「浪士文久報国記事」『新選組日記』九二頁
(5)「島田魁日記」『新選組日記』二〇四頁
(6)永倉新八「浪士文久報国記事」『新選組日記』九三〜九四頁
(7)『官武通紀』2、二八九頁
(8)永倉新八「浪士文久報国記事」『新選組日記』九四〜九五頁
(9)「改訂肥後藩国事史料」『新選組日誌』上、二四三頁
(10)会津藩士の書簡は『官武通紀』2の三一三頁に所収、「島田魁日記」『新選組日記』二〇四頁、「改訂肥後藩国事史料」『新選組日誌』上、一四四頁
(11)「島田魁日記」『新選組日記』二〇四頁、永倉新八「浪士文久報国記事」『新選組日記』九六頁
(12)『会津藩庁記録』5、四九四頁
(13)『新選組日誌』上、一五一頁
(14)『七年史』2、三四三頁、平尾道雄『定本・新撰組史録・新装版』初版一九二八年、新人物往来社、二〇〇三年、一一三頁
(15)「小島政則聴書」「勝海舟日記」『新選組日誌』上、二五五頁
(16)永倉新八『新撰組顚末記』一一二〜一一五頁
(17)「往詣記」『新選組日誌』上、二五九〜二六〇頁
(18)永倉新八『新撰組顚末記』一二一〜一二二頁
(19)松浦玲『新選組』岩波新書、二〇〇三年、一一〇頁
(20)「橋本家日記」『新選組日誌』上、二六一頁、永倉新八『新撰組顚末記』一一五〜一一八頁
(21)『新選組日誌』上、二六二頁
(22)西村兼文「新撰組始末記」『新選組史料集』四一頁
(23)「秦林親日記」『新選組史料集』一一一頁
(24)『新選組日誌』上、二六七頁
(25)「蘭疇自伝」『松本順自伝・長与専斎自伝』平凡社東洋文庫、四七〜四九頁
(26)「井上家文書」『新選組日誌』上、二七三頁
(27)行軍録は「異聞録」『新選組日誌』上、二七六〜二七七頁、軍中法度は平尾道雄『定本・新撰組史録』九九頁
(28)西村兼文「新撰組始末記」『新選組史料集』二二〜二三頁、『会津藩庁記録』6、二八七〜二八八頁
(29)「元治漫録」『新選組日誌』上、二九〇頁
(30)永倉新八『新撰組顚末記』一二三〜一二四頁
(31)西村兼文「新撰組始末記」『新選組史料集』二三頁
(32)永倉新八『新撰組顚末記』一二五頁
(33)子母澤寛『新選組物語』二〇頁
(34)西村兼文「新撰組始末記」『新選組史料集』二三

頁

(35)「九条家国事記録」『新選組日誌』上、二九七頁、永倉新八『新撰組顛末記』一三五頁、『新選組日誌』上、二九九頁

(36)「元治漫録」『新選組日誌』上、三〇一頁

(37)「小島政則聴書」『新選組日誌』上、三〇二頁、「小島家日記」『新選組日誌』上、三〇六頁

(38) 阿部隆明『史談会速記録』第八三輯、合本14、三八一頁

(39)「秦林親日記」『新選組史料集』一一二頁

(40) 西村兼文「新撰組始末記」『新選組史料集』二五〜二六、二九、三六頁

(41) 失策説は西村兼文「新撰組始末記」『新選組史料集』三四頁、心中説は子母澤寛『新選組物語』一四二〜一五七頁、病死説は永倉新八「同志連名記」『新選組日誌』上の三四八頁である

(42)「御触及口達」「玉生堂事蹟問答記」「近来年代記」『新選組日誌』上、三一三〜三一七頁

(43)『加賀藩史料』藩末篇下巻、三七五頁

(44)『連城紀聞』2、二九頁、巣内信善遺稿『新選組日誌』上、三一九頁、「改訂肥後藩国事史料」『新選組日誌』上、三二〇頁、『連城紀聞』1、四二七〜四二八頁

(45)「島田魁日記」『新選組日記』二一二頁、「蘭疇自伝」『松本順自伝・長与専斎自伝』五〇頁

(46)『松本順自伝・長与専斎自伝』五一〜五三頁

(47)「島田魁日記」『新選組日記』二一二頁

(48) 脇田修・中川すがね編『幕末維新大阪町人記録』、清文堂史料叢書70、一九九四年、九二頁

(49) 内田九州男・島野三千穂編『幕末維新京都町人日記—高木在中日記—』九月十六日条、九月二十三日条、二三八〜二三九頁

(50)「異聞録」『新選組日誌』上、三五三頁

(51) 壬生寺文書「恐れ乍ら願い上げ奉る口上の覚」『特別陳列・新選組—史料が語る新選組の実像—』京都国立博物館、五九頁

(52) 家近良樹『孝明天皇と「一会桑」』一二八〜一二九頁

(53)『京都守護職始末』2、一八三頁、「慶応新聞紙」『新選組日誌』上、三六二頁

(54) 末松謙澄『防長回天史』下巻、柏書房、一九六七年、八五四〜八七一頁

(55)『吉川経幹周旋記』4、二二三〜二三一頁

(56)『京都守護職始末』2、一八三頁

(57) 末松謙澄『防長回天史』下巻、八八七頁

(58) 正月二十八日付宮川音五郎宛て宮川信吉書簡『新選組日誌』下、一二頁、「秦林親日記」『新選組史料集』一一二頁

(59)『吉川経幹周旋記』4、二六六頁

(60) 西村兼文「新撰組始末記」『新選組史料集』三四

頁

(61) 大嶋陽一「二度目の広島行き―第二次幕長戦争への道―」『新選組情報館』七九頁

(62) 『中山忠能履歴資料』7、三一七～三一八頁

(63) 『中山忠能履歴資料』7、四四九頁、『孝明天皇紀』第5、七七四頁

(64) 西村兼文「新撰組始末記」『新選組史料集』三一、三三頁、『中山忠能履歴資料』8、一九四、二一六頁

(65) 「秦林親日記」『新選組史料集』一一三頁

(66) 永倉新八『新撰組顛末記』一三一～一三三頁

(67) 伊東甲子太郎「九州道中記」『新選組日誌』下、四一頁

(68) 「秦林親日記」『新選組史料集』一一三頁

(69) 阿部隆明（十郎）『史談会速記録』第九〇輯、合本15、二八〇頁

(70) 「江戸会誌」二冊三号『新選組日誌』下、四八頁

(71) 「莠草年録」『新選組日誌』下、四八頁

(72) 「秦林親日記」『新選組史料集』一一四頁

(73) 『丁卯雑拾録』1、一九一～一九二頁

(74) 『丁卯雑拾録』1、一九二～一九三頁

(75) 西村兼文「新撰組始末記」『新選組史料集』三六頁

(76) 『丁卯雑拾録』1、一九三～一九六頁

(77) 六月二十四日付宮川信吉書簡『新選組日誌』下、五七頁

(78) 「越前藩幕末維新公用日記」『新選組日誌』下、五八頁

(79) 「世態志」「往詣記」『新選組日誌』下、五八、六一頁

(80) 「新徴組大砲組之留」『新選組日誌』下、五九頁

(81) 『丁卯雑拾録』1、二二六～二二九頁

(82) 『中山忠能履歴資料』8、四四五～四四八頁

(83) 『朝彦親王日記』2、五三一頁

(84) 「寺村左膳手記」『維新日乗纂輯』3、日本史籍協会叢書12、一九二六年初版、一九六九年復刻、東京大学出版会、四九〇頁

(85) 「改訂肥後藩国事史料」『新選組日誌』下、七二頁

(86) 「会津藩文書」『史籍雑纂』2、続日本史籍協会叢書、復刻版、東京大学出版会、一九七七年、三〇四頁、永井尚志『史談会速記録』第一七二輯、合本25、四七六頁

(87) 「岩倉公実記」『新選組日誌』下、七五頁

(88) 「嵯峨実愛日記」『新選組日誌』下、七六頁

(89) 「丁卯日記」『再夢紀事・丁卯日記』2、二二九頁

(90) 「橋本家日記」「新選組聞書」『新選組日誌』下、七三、七八頁

(91) 佐藤昱『聞きがき新選組』一一二頁

(92) 「寺村左膳手記」『維新日乗纂輯』3、四九九頁

(93) 「秦林親日記」『新選組史料集』一一二頁

(94) 永倉新八『新撰組顚末記』一四三～一四四頁
(95) 阿部隆明『史談会速記録』第九〇輯、合本15、二八五～二九〇頁、加納通広・小山正武『史談会速記録』第一〇四輯、合本17、九〇～九一、九六～九八頁
(96) 西村兼文「新撰組始末記」『新選組史料集』四八～四九頁、永倉新八『新撰組顚末記』一五〇～一五二頁、「晦結溢言」『新選組日誌』下、九九～一〇三頁
(97) 子母澤寛『新選組始末記』二二四～二三五頁、同『新選組遺聞』三九～四四頁
(98) 佐藤宏之「鳥羽・伏見の戦い」『新選組情報館』
(99) 『中山忠能履歴資料』9、一四七頁
(100) 『淀稲葉家文書』日本史籍協会叢書187、一九二六年初版、一九七五年復刻、東京大学出版会、四一一頁、小野正雄監修『杉浦梅潭箱館奉行日記』四五七頁
(101) 「島田魁日記」『新選組日記』二一九頁、「改訂肥後藩国事史料」『新選組日誌』下、一〇五頁
(102) 『徳川慶喜公伝』史料篇3、二四〇～二四二頁
(103) 永井尚志『史談会速記録』第一七二輯、合本25、四七五～四七六頁
(104) 『淀稲葉家文書』四一四頁、「島田魁日記」『新選組日記』二二九頁
(105) 「秦林親日記」『新選組史料集』一一六頁、阿部隆明『史談会速記録』第九〇輯、合本15、二九三～二九四頁、「島田魁日記」『新選組日記』二一九～二二〇頁
(106) 慶応四年二月一日付井上松五郎宛て佐藤彦五郎書簡『新選組日誌』一一六頁
(107) 「丁卯日記」『再夢紀事・丁卯日記』二八六頁
(108) 永倉新八「浪士文久報国記事」『新選組日記』一四八～一四九頁
(109) 『幕末維新京都町人日記―高木在中日記―』二八〇頁
(110) 永倉新八「浪士文久報国記事」『新選組日記』一四九～一五三頁
(111) 永倉新八「浪士文久報国記事」『新選組日記』一六八頁、「島田魁日記」『新選組日記』二二〇頁
(112) 永倉新八「浪士文久報国記事」『新選組日記』一五三～一五五頁
(113) 『新選組日誌』下、一二五頁
(114) 永倉新八「浪士文久報国記事」『新選組日記』一五五～一五八頁
(115) 「島田魁日記」『新選組日記』二二一頁
(116) 永倉新八「浪士文久報国記事」『新選組日記』一五八～一五九頁
(117) 「島田魁日記」『新選組日記』二二四頁、永倉新八「浪士文久報国記事」『新選組日記』一五九～一六〇頁

## 第四章　江戸帰還後

(1)「新撰組往事実戦譚書」『新選組日誌』下、一二九頁
(2) 永倉新八「浪士文久報国記事」『新選組日記』一六〇頁、「島田魁日記」『新選組日記』二二四頁
(3)『続徳川実紀』第五篇、三六八頁
(4)「譚海」『新選組日誌』下、一三三頁
(5) 永倉新八「浪士文久報国記事」『新選組日記』一六〇頁
(6)『続徳川実紀』第五篇、三三五頁
(7)『続徳川実紀』第五篇、三六五頁
(8)「島田魁日記」『新選組日記』二二四頁、なお永倉新八「浪士文久報国記事」『新選組日記』一六〇頁には二月一日とある
(9)「島田魁日記」『新選組日記』二二五頁
(10)「島田魁日記」『新選組日記』二二五頁、「二つバンド」については野口武彦『幕府歩兵隊』中公新書、二〇〇二年、七六頁参照
(11) 永倉新八「浪士文久報国記事」『新選組日記』一六二頁
(12)「宇津木政兵衛日記」『新選組日誌』下、一四四頁
(13)「島田魁日記」『新選組日記』二二五頁
(14) 日野宿横町「河野清助日記」『新選組日誌』下、一四四頁
(15) 渡辺嘉之「幕末・維新期の江戸近郊農村の混乱」『新選組情報館』一一六頁
(16) 野田市右衛門「勝沼・柏尾坂戦争記」『新選組史料集』二〇八頁
(17)「佐藤彦五郎日記」『図録日野宿本陣』四三頁
(18)「勝沼・柏尾坂戦争記」『新選組史料集』二〇八頁
(19)「勝沼・柏尾坂戦争記」『新選組史料集』二〇九頁
(20) 永倉新八「浪士文久報国記事」『新選組日記』一六三〜一六四頁
(21)「勝沼・柏尾坂戦争記」『新選組史料集』二一〇頁
(22)「勝沼・柏尾坂戦争記」『新選組史料集』二一二頁
(23)「勝沼・柏尾坂戦争記」『新選組史料集』二一三頁
(24) 山梨日日新聞連載記事「勝沼戦争」、保垣孝幸「甲陽鎮撫隊の結成と勝沼柏尾戦争」『新選組情報館』九一頁
(25) 永倉新八「浪士文久報国記事」『新選組日記』一六九頁
(26) 渡辺嘉之「幕末・維新期の江戸近郊農村の混乱」『新選組情報館』一一六〜一一七頁
(27) 永倉新八「浪士文久報国記事」一七三〜一七四頁、『新撰組顛末記』一七五頁
(28) 永倉新八『新撰組顛末記』一七七〜一七八五頁
(29) 浦井祥子「上野戦争と新選組」『新選組情報館』一一二〜一一三頁

(30)「金子家史料」『新選組日誌』下、一五六～一六〇頁
(31)「金子家史料」『新選組日誌』下、一六〇～一六三頁
(32)「金子家史料」『新選組日誌』下、一六三～一六四頁、平成十六年度、流山市立博物館企画展「新選組流山に入る」展示パンフレット
(33)「井伊直憲家記」『新選組日誌』下、一六六～一六七頁、以上の近藤捕縛に関する記述については、吉田政博「近藤勇最期の二十五日間」『新選組情報館』九三～九六頁参照
(34)「官軍記」『新選組日誌』下、一六五～一六六頁
(35)「総督府日記」『新選組日誌』下、一七〇頁
(36)「島田魁日記」『新選組日記』二二七頁
(37)「勝海舟日記」『新選組日誌』下、一七三頁、「新撰組往事実戦譚書」『新選組日誌』下、一六九頁
(38)「島田魁日記」『新選組日記』二三一頁
(39)「中島登覚え書」『新選組史料集』七六頁
(40)「総督府日記」『新選組日誌』下、一七四頁
(41)「島田魁日記」『新選組日記』二二八頁
(42)吉田政博「近藤勇最期の二十五日間」『新選組情報館』九六～一〇二頁
(43)「東山道先鋒総督通牒」東京大学史料編纂所所蔵『大日本維新史料』稿本
(44)「藤井九成手記」『大日本維新史料』稿本
(45)「島田魁日記」『新選組日記』二二八頁
(46)永倉新八「浪士文久報国記事」『新選組日記』一七九頁
(47)「戊辰問新聞」『新選組日誌』下、一九六頁
(48)「永代記録」『新選組日誌』下、一九六頁
(49)保垣孝幸「近藤勇処刑」『新選組情報館』一〇二～一〇六頁
(50)西村兼文「新撰組始末記」『新選組史料集』五三頁、小野路村「小島家日記」
(51)「近藤勇土方歳三両雄墓地改修記念碑」、東京都北区役所編集・発行『新修北区史』一九七一年、一六九五頁
(52)慶応四年閏四月六日「江湖新聞」
(53)「北島秀朝事蹟略」『新選組日誌』下、二〇〇頁
(54)「太政官日誌」橋本博編『改訂維新日誌』第1巻、名著刊行会、一九六六年、三八頁
(55)「京坂日誌畧」『新選組日誌』下、二〇一頁

**第五章　会津・箱館戦争**

(1)「立川主税戦争日記」『新選組史料集』二五四頁
(2)「島田魁日記」『新選組日記』二三五頁
(3)「戊辰戦争見聞略記」『新選組日誌』下、一七八、一八〇頁
(4)「島田魁日記」『新選組日記』二三二頁

(5)「野奥戦争日記」『新選組日誌』下、一八五頁
(6)「慶応兵謀秘録」『新選組日誌』下、一八五頁
(7)「島田魁日記」『新選組日記』二三四頁
(8)佐藤昱『聞きがき新選組』一五六頁、桑名藩士中村武夫「桑名藩戦記」『新選組日誌』下、一八六頁
(9)「戊辰戦争見聞略記」『新選組日誌』下、一八〇頁、一八六頁
(10)「野奥戦争日記」『新選組日誌』下、一八八頁、「島田魁日記」『新選組日記』二三四頁
(11)「島田魁日記」『新選組日記』二三四頁、「慶応兵謀秘録」『新選組日誌』下、一九一頁
(12)「戊辰戦争見聞略記」『新選組日誌』下、一九〇頁
(13)「島田魁日記」『新選組日記』二三四〜二三五頁
(14)野口武彦『幕府歩兵隊』中公新書、二〇〇二年、二四五〜二四七頁、大鳥圭介「南柯紀行」『南柯紀行・北国戦争概略衝鉾隊之記』新人物往来社、一九九八年、二五頁、安田寛子「会津・箱館時代」『新選組情報館』一二一頁
(15)「島田魁日記」『新選組日記』二三五〜二三六頁
(16)「旧幕新撰組記念巻」『新選組日誌』下、二〇四頁
(17)「島田魁日記」『新選組日記』二三六〜二三七頁
(18)「旧幕新撰組記念巻」『新選組日誌』下、二〇六頁
(19)「島田魁日記」『新選組日記』二三七〜二三八頁
(20)「京都ヨリ会津迄人数」『新選組日誌』下、二一一頁
(21)子母澤寛『新選組遺聞』八一頁
(22)子母澤寛『新選組物語』七頁
(23)永倉新八『新撰組顛末記』一九九頁
(24)「島田魁日記」『新選組日記』二三八頁
(25)「覚王院義観戊辰日記」『日本史籍協会叢書14・維新日乗纂輯』5、一九二八年初版、一九六九年復刻、東京大学出版会、四〇四頁
(26)「島田魁日記」『新選組日記』二四二頁
(27)「覚王院義観戊辰日記」『維新日乗纂輯』5、四九二頁
(28)「島田魁日記」『新選組日記』二四三頁、『幕末実戦史』六一〜六四頁、「立川主税戦争日記」『新選組史料集』二五四〜二五五頁
(29)「旧幕新撰組記念巻」『新選組日誌』下、二二五頁
(30)「島田魁日記」『新選組日記』二四三〜二四五頁、大鳥圭介『幕末実戦史』六九頁
(31)佐々木克『戊辰戦争』中公新書、一九七七年、一一一〜一二三頁
(32)鎌田永吉「戊辰戦争—その歴史的意義—」『日本史の問題点』吉川弘文館、一九六五年、二七九頁
(33)佐々木克『戊辰戦争』一二九〜一三四頁
(34)佐々木克『戊辰戦争』一九二〜一九七頁、「説夢録」『箱館戦争史料集』五四〜五五頁
(35)安部井磐根『史談会速記録』第一輯、合本1、七〇〜七四頁

(36)「二本松藩史」『新選組日誌』下、二二九頁
(37)「島田魁日記」『新選組日記』二四五頁
(38)大鳥圭介『幕末実戦史』八〇頁
(39)「仙台戊辰史」『新選組日誌』下、二三二頁
(40)大鳥圭介『幕末実戦史』八〇頁
(41)「戊辰戦争見聞略記」『新選組日誌』下、二三三頁
(42)「谷口四郎兵衛日記」『幕末史研究』第二七号、一九八八年、七八〜七九頁
(43)「島田魁日記」『新選組日記』二四六頁
(44)小杉直道「麦叢録」大鳥圭介『幕末実戦史』二九五頁
(45)「戊辰戦争見聞略記」『新選組日誌』下、二三七〜二三九頁
(46)大鳥圭介『幕末実戦史』八三頁
(47)「森町史」『新選組日誌』下、二四〇頁、「戊辰戦争見聞略記」『箱館戦争史料集』二四八頁
(48)「島田魁日記」『新選組日記』二五八頁、「戊辰戦争見聞略記」『箱館戦争史料集』二四八〜二四九頁
(49)大鳥圭介『幕末実戦史』八五頁
(50)「星恂太郎日記」『箱館戦争史料集』二七五頁
(51)「戊辰戦争見聞略記」『箱館戦争史料集』二四九〜二五〇頁
(52)「星恂太郎日記」『箱館戦争史料集』二七七頁
(53)「説夢録」『箱館戦争史料集』五七頁
(54)「戊辰戦争見聞略記」『箱館戦争史料集』二五一頁、大鳥圭介『幕末実戦史』八九〜九〇頁
(55)「峠下ヨリ戦争之記」『新選組日誌』下、二五一頁
(56)「中島登覚え書」『新選組史料集』八二頁
(57)「説夢録」『箱館戦争史料集』五七頁
(58)「中島登覚え書」『新選組史料集』八二頁、「島田魁日記」『新選組日記』二六二〜二六三頁
(59)「戊辰戦争見聞略記」『箱館戦争史料集』二五二頁、「説夢録」『箱館戦争史料集』五九頁
(60)「麦叢録」『幕末実戦史』二九九頁
(61)「島田魁日記」『新選組日記』二六三〜二六五頁
(62)「中島登覚え書」『新選組史料集』八二頁
(63)「戊辰戦争見聞略記」『箱館戦争史料集』二五三頁
(64)小杉直道「麦叢録」『幕末実戦史』三〇三〜三〇四頁
(65)「中島登覚え書」『新選組史料集』八二頁
(66)「説夢録」『箱館戦争史料集』六三頁
(67)「説夢録」『箱館戦争史料集』六三頁
(68)「箱館軍記」『箱館戦争史料集』三五〜三六頁
(69)「戊辰戦争見聞略記」『箱館戦争史料集』二五六頁
(70)「箱館軍記」『箱館戦争史料集』三四頁
(71)「戊辰戦争見聞略記」『箱館戦争史料集』二五四頁
(72)「脱艦日誌」『新選組日誌』下、二七六頁、「麦叢録」『幕末実戦史』三〇七〜三〇八頁
(73)「甲賀源吾伝」『新選組日誌』下、二七六頁
(74)『新選組日誌』下、二七七頁

(75)「戊辰戦争見聞略記」『箱館戦争史料集』二五八、二五一頁
(76)「函館戦史」『新選組日誌』下、二七八頁
(77)「麦叢録」『幕末実戦史』三〇八頁
(78)「島田魁日記」『新選組日記』二七三～二七四頁
(79)「函館戦史」『新選組日誌』下、二八一頁
(80)「島田魁日記」『新選組日記』二七四頁
(81)「脱艦日誌」『新選組日誌』下、二八三頁
(82)「中島登覚え書」『新選組史料集』八三頁
(83)「太政官日誌」明治二年第四三号、橋本博編『改訂維新日誌』第二巻、名著刊行会、一九六六年、一一四～一一五頁
(84)「立川主税戦争日記」『新選組史料集』二五六頁、「戊辰戦争見聞略記」『箱館戦争史料集』二五九～二六〇頁
(85)『幕末実戦史』一〇五頁
(86)「中島登覚え書」『新選組史料集』八四頁
(87)「麦叢録」『幕末実戦史』三一二頁
(88)「島田魁日記」『新選組日記』二八五頁、「脱艦日誌」『新選組日誌』下、二九〇頁
(89)「苟生日記」『箱館戦争史料集』一七八～一七九頁
(90)「戊辰戦争見聞略記」『箱館戦争史料集』二六〇頁
(91)「説夢録」『箱館戦争史料集』六九頁
(92)「衝鋒隊戦史」『幕末実戦史』二七二頁
(93)「中島登覚え書」『新選組史料集』八四頁
(94)「島田魁日記」『新選組日記』三〇四頁
(95)「中島登覚え書」『新選組史料集』八四頁
(96)「函館戦史」『新選組日誌』下、三〇三頁
(97)「説夢録」『箱館戦争史料集』七一頁、ただしフランス人の名前の記載は七名となっている
(98)「脱艦日誌」『新選組日誌』下、三〇三頁、『幕末実戦史』一〇六頁
(99)「函館戦記」『新選組史料集』三五五頁
(100)「島田魁日記」『新選組日記』三〇五～三〇九頁、「戊辰戦争見聞略記」『箱館戦争史料集』二六三～二六四頁
(101)「新開調記」『新選組日誌』下、三〇九頁
(102)「説夢録」『箱館戦争史料集』七三頁
(103)「旧幕新撰組記念巻」『新選組日誌』下、三一〇～三一一頁
(104)「立川主税戦争日記」『新選組史料集』二五八頁
(105)「島田魁日記」『新選組日記』三〇九～三一〇頁
(106)「函館戦記」『新選組史料集』三五六頁、『幕末実戦史』一一八頁、「麦叢録」『幕末実戦史』三一九頁
(107)「島田魁日記」『新選組日記』三〇九頁、「中島登覚え書」『新選組史料集』八六頁
(108)「佐藤家文書」『新選組日誌』下、三一四頁
(109)「戊辰戦争見聞略記」『箱館戦争史料集』二六五～二六六頁、「中島登覚え書」『新選組史料集』八六頁、「箱館軍記」『新選組日誌』下、三二〇頁

（110）「明治二年巳年五月十五日新撰組」名簿『新選組日誌』下、三二〇頁
（111）「島田魁日記」『新選組日記』三一六頁
（112）『新選組日誌』下、三二二頁
（113）「島田魁日記」『新選組日記』三一七頁、「説夢録」『箱館戦争史料集』七五頁
（114）「太政官日誌」明治二年第六五号、橋本博編『改訂維新日誌』第二巻、名著刊行会、一九六六年、一六八～一六九頁

終章　新選組の歴史的位置

（1）服部之総「新撰組」『服部之総全集7・開国』福村出版、一九七三年、六三頁、初出は『歴史科学』一九三四年九月号
（2）司馬遼太郎「明治維新の再評価・新選組新論」『中央公論』昭和三十七年四月号、二八七頁
（3）佐々木克『戊辰戦争』中公新書、一九七七年、二四頁
（4）子母澤寛『新選組始末記』中公文庫、九九～一〇〇頁、平尾道雄『定本・新撰組史録』新人物往来社、四七～四八頁
（5）「行軍録」『新選組日誌』上、二七六頁
（6）西村兼文「新撰組始末記」『新選組史料集』二五頁
（7）第二章注24・25参照
（8）「時勢叢談話」『新選組日誌』上、一六七頁
（9）西村兼文「新撰組始末記」『新選組史料集』二五～二六頁
（10）「莠草年録」『新選組日誌』下、三〇二頁
（11）新人物往来社編『新選組史料集』三〇六～三一五頁
（12）永倉新八証言「金銀出入帳・解説」『新選組史料集』三一一頁
（13）永倉新八『新撰組顛末記』四三頁
（14）『東西紀聞』2、四一八頁
（15）「金銭出納帳」『新選組史料集』三一三頁
（16）『会津藩庁記録』5、四九四頁
（17）『朝彦親王日記』2、二四四頁
（18）「新撰組始末記」『新選組史料集』三三頁
（19）三鷹市龍源寺所蔵、『新選組史料集』三〇六頁、『特別陳列・新選組』京都国立博物館、一〇二頁
（20）『新選組日誌』上、一六〇～一六一頁
（21）永倉新八『新撰組顛末記』一一二～一一五頁
（22）『丁卯雑拾録』1、一九三～一九五頁
（23）永倉新八「浪士文久報国記事」『新選組日記』一七三頁、『新撰組顛末記』一七五頁
（24）「異聞録」小島資料館所蔵、『新選組日誌』上、三五三頁
（25）永倉新八「浪士文久報国記事」『新選組日記』一

一六頁
(26) 永倉新八「浪士文久報国記事」『新選組日記』一四九、一五一、一五四頁
(27) 「譚海」『新選組日誌』下、一三二頁
(28) 「勝沼・柏尾坂戦争記」『新選組史料集』二〇九頁
(29) 芝原拓自『日本の歴史23・開国』小学館、一九七五年、七〇〜七六頁
(30) 守屋嘉美「阿部政権論」『講座日本近世史7・開国』有斐閣、一九八五年
(31) 熊澤徹「幕府軍制改革の展開と挫折」坂野潤治他編『日本近現代史1』岩波書店、一九九三年
(32) 石井寛治『大系日本の歴史12・開国と維新』小学館、一九八九年、三九頁
(33) 宮崎ふみ子「蕃書調所＝開成所に於ける陪審使用問題」『歴史学研究』第四三〇号、一九七六年
(34) 以上、『日本の歴史23・開国』小学館、一九七五年、一九六〜一九八頁
(35) 「函館戦史」『新選組日誌』下、二八一頁
(36) 芝原拓自『日本の歴史23・開国』小学館、一九七五年、亀掛川博正「慶応幕政改革について」『政治経済史学』第一六六号、一九八〇年
(37) 大石学編『江戸時代への接近』東京堂出版、二〇〇〇年

# 参考文献

## 史　料

日本史籍協会編『会津藩庁記録1~6』（一九一八~二六年初版、一九六九年復刻、日本史籍協会叢書1~6、東京大学出版会）

文久三年（一八六三）正月から元治元年（一八六四）末までの史料集。会津藩主松平容保が京都守護職として京都に滞在していた時期のもの。京都藩邸と江戸藩邸・会津藩庁との往復文書を京都藩邸で蒐集した「密事文書」、朝廷と幕府の間の周旋秘事を記載した「公武御用達控」、公武諸藩間の内情を探聞した「見聞録」、公用方の広沢安任《やすとう》の私記「鞅掌録《おうしょうろく》」、その他の史料を収める。

日本史籍協会編『朝彦《あさひこ》親王日記1・2』（一九二九年初版、一九六九年復刻、日本史籍協会叢書7・8、東京大学出版会）

中川宮（久邇宮《くにのみや》）朝彦親王（一八二四~九一）の日記。中川宮は伏見宮貞敬親王の第十一子。孝明天皇に信任され、公武合体派の中心人物として活動した。日記は、元治元年（一八六四）七月から慶応三年（一八六七）九月までで、朝廷や幕府をはじめとする政治動向に関する記事が多く見られる。

橋本博編『改訂維新日誌1〜10』（名著刊行会、一九六六年）

　慶応四年（一八六八）二月から明治十年（一八七七）一月に至る十年間、太政官より頒布された「太政官日誌」に「江城日誌」「鎮台日誌」「鎮将府日誌」「東京城日誌」などを加え、明治十年に司法省が刊行した「憲法志料」を付録としてつけ、編者が『維新日誌』と命名したもの。このうち「太政官日誌」は、現在の官報の前身で布告類を収録し、慶応四年から明治十年まで刊行された。

『加賀藩史料』藩末篇（一九五八年初版、一九八〇年復刻、前田育徳会発行、清文堂出版）

　金沢藩の編年史料集。日置謙編、侯爵前田家編輯部刊行。第一〜十五編。金沢藩の歴史と藩主前田家の歴史を併せて、天文七年（一五三八）から弘化四年（一八四七）までの史料を収める。本書で使用した藩末篇は、これに続くもので、上・下巻からなり、嘉永元年（一八四八）から明治四年（一八七一）までの史料を収める。

「覚王院義《かくおういんぎ》観《かん》戊辰日記」（日本史籍協会編『維新日乗《にちじょう》　纂輯《さんしゅう》 5』、一九二八年初版、一九六九年復刻、日本史籍協会叢書14、東京大学出版会）

　上野東叡山の執当を勤めた覚王院義観（一八二三〜六九）の日記。義観は彰義隊に加担し主戦論を展開した人物。上野戦争の敗戦や、輪王寺宮を擁して北に向かった実態などを記す。

日本史籍協会編『甲子雑録1〜3』（一九一七年初版、一九七〇年復刻、日本史籍協会叢書52〜54、東京大学出版会）

尾張の戯作者の小寺玉晁《こでらぎょくちょう》（一八〇〇～七九）が時局に関して蒐集した政治・社会・風俗などに関する史料のうち、元治元年（一八六四）正月から十二月までの分を編年でまとめたもの。

**日本史籍協会編『楫取《かとり》家文書1・2』（一九三一年初版、一九七〇年復刻、日本史籍協会叢書55・56、東京大学出版会）**

長州藩士楫取素彦（一八二九～一九一二）の関係史料。慶応元年から二年にかけて広島を舞台とする幕府との対応をまとめた「広島応接一件書類」のほか、禁門の変に坐して親類預となったさいに編輯した「筐秘録《しょうひろく》」、慶応元年と二年に藩命で太宰府に赴き三条実美ら五卿を訪れたさいの記録「太宰府滞留五卿関係書類」、その他を収める。

**日本史籍協会編『官武通紀1・2』（一九一三年初版、一九七六年復刻、続日本史籍協会叢書17・18、東京大学出版会）**

仙台藩士玉虫左太夫誼茂《やすしげ》（一八二三～六九）が、藩命により文久二年（一八六二）から元治元年（一八六四）までの期間に集めた情報を編集したもの。左太夫は戊辰戦争の過程で、明治元年（一八六八）十月新政府軍に捕えられ、明治二年四月切腹した。

**佐藤昱『聞きがき新選組・新装版』（新人物往来社、二〇〇三年）**

日野宿名主佐藤彦五郎の孫佐藤仁の執筆した家史「籬蔭《りいん》史話」上～下編のうちの中編を、曾孫の昱《あきら》が編集・刊行したもの。佐藤家文書や伝承などにもとづく近藤・土方・新選組の逸話などを収める。

日本史籍協会編『吉川経幹周旋記《きっかわつねまさ》1〜6』(一九二六〜二七年初版、一九七〇〜七一年復刻、日本史籍協会叢書68〜73、東京大学出版会)
岩国藩主であった吉川経幹が、宗家の山口藩主毛利敬親を助けて国事周旋を行った始末を編述した記録。嘉永六年(一八五三)夏に始まり明治元年(一八六八)六月に至る。
山川浩『京都守護職始末1・2』(一九一一年初版、一九六五〜六六年復刻、平凡社東洋文庫)
会津藩士山川浩(一八四五〜九八)が、文久二年(一八六二)に藩主松平容保が京都守護職に就任したさい、上京を命じられ側近として見聞したことを記したもの。期間は文久二年の京都守護職の設置から明治元年(一八六八)の鳥羽・伏見の戦いに及ぶ。
杉浦清助「苟生日記《こうしょう》」(須藤隆仙編『箱館戦争史料集』新人物往来社、一九九六年)
著者は旧幕臣。外国奉行支配定役、砲兵差図役頭取、奥詰銃隊などを歴任。慶応四年(一八六八)旧幕艦隊に参加。箱館政府では、頭取・外国掛として各国領事館との折衝にあたる。箱館戦終了後は沼津兵学校の教授並、海軍省主計副を勤める。「苟生日記」は、慶応四年正月元旦より明治二年(一八六九)までの杉浦の私的な記録。
『孝明天皇紀1〜5』(一九〇七年初版、一九六七〜六九年復刻、平安神宮発行、吉川弘文館)
孝明天皇一代の編年史料。生誕の天保二年(一八三一)六月十四日から死亡の慶応二年(一八六六)

十二月二十九日までの三十六年間に及ぶ。明治二十四年（一八九一）五月に公爵三条実美ら九名の華族が、天皇の業績を後世に伝えることを提案し、翌二十五年政府は先帝御事蹟取調掛を設置し編纂させた。

**日本史籍協会編『再夢紀事・丁卯《ていぼう》日記』（一九二二年初版、一九七四年復刻、日本史籍協会叢書105、東京大学出版会）**

越前福井藩主松平慶永に仕えた藩士中根雪江の記録。「再夢紀事」は文久二年（一八六二）四月二十五日から八月二十七日までの出来事を中心に記し、「丁卯日記」は慶応三年（一八六七）十月十三日から十二月晦日までの出来事を記す。

**史談会編『史談会速記録・合本1～44』（一九〇〇年初版、一九七二～七六年復刻、原書房）**

史談会は、明治二十一年（一八八八）に宮内省から島津・毛利・山内・水戸の四家に対して嘉永六年（一八五三）から明治四年までの国事に関して取り調べるよう下命があり、島津ほか雄藩家が集まったことに始まる。史談会速記録は、毎月例会の談話速記を掲載したもの。政治・戦記・人物関係が中心である。明治二十五年に第一輯を発行し、昭和十三年（一九三八）に第四一一号が発行されたことは判明している。

**永倉新八「七ヶ所手負場所顕ス」（新人物往来社編『新選組史料集』一九九五年）**

永倉新八が、明治四十四年（一九一一）十二月に記した七か所の傷の由来。年代順に文久三年（一八六三）六月大坂力士との喧嘩、元治元年（一八六四）六月池田屋事件、七月禁門の変、天王山の戦い、明治元年（一八六八）二月江戸洲崎遊廓での喧嘩、四月壬生城の戦い、閏四月日光街道茶臼山の戦い、の様子について述べている。

**日本史籍協会編『七年史1〜4』**（一九〇四年初版、一九七八年復刻、続日本史籍協会叢書1〜4、東京大学出版会）

会津藩士の北原雅長（一八四二〜一九一三）が記した会津藩通史。北原は禁門の変から戊辰戦争を各地で戦った経歴を持ち、会津藩が関係した諸事件を中心にまとめている。対象とする時代は、文久二年（一八六二）正月から明治元年（一八六八）十二月までの七年間。

**島田魁「島田魁日記」**（木村幸比古編・訳『新選組日記』PHP新書、二〇〇三年）

原本は霊山歴史館所蔵の二冊本。著者の新選組隊士島田魁は、箱館戦争ののち箱館称名寺に収容され、さらに名古屋城へと移されたが、この頃に書いたものと推測されている。文久三年（一八六三）二月の浪士組上洛から明治二年（一八六九）五月の五稜郭陥落までの新選組の通史。

**子母澤寛『新選組遺聞』**（万里閣書房、一九二九年、中公文庫、一九七七年）

『東京日日新聞』の記者であった子母澤寛（一八九二〜一九六八）が、壬生の八木為三郎や近藤勇五郎などからの聞き取りをまとめたもの。子母澤の祖父は御家人で、旧幕府軍として彰義隊や五稜郭などで戦っている。古老の証言として貴重であるが、誤りも見られることから史料批判が必要。

西村兼文「新撰組始末記」(一八八九年脱稿、新人物往来社編『新選組史料集』一九九五年)
西村兼文(一八三二~九六)は新選組が屯所とした西本願寺の侍臣で、自らの見聞と取材にもとづき執筆。勤王家の立場から新選組について述べている。

子母澤寛『新選組始末記』(万里閣書房、一九二八年、中公文庫、一九七七年)
大正十二年(一九二三)頃から古老などの話を集め、新選組の物語を執筆したもの。書き出しに「歴史を書くつもりなどはない。ただ新選組に就ての巷説漫談或は史実を、極くこだわらない気持で纏めたに過ぎない。従って記録文書のわずらわしいものは成るべく避けた」とあるように、事実関係についでは注意を要する。

永倉新八『新撰組顚末記・新装版』(新人物往来社、一九九八年)
大正二年(一九一三)三月十七日から六月十一日まで「永倉新八」のタイトルで『小樽新聞』に連載された永倉新八の回顧譚をまとめたもの。

菊地明・伊東成郎・山村竜也編『新選組日誌・コンパクト版』上・下(新人物往来社、二〇〇三年)
天保五年(一八三四)から明治二年(一八六九)までの新選組に関する史料を編年体でまとめたもの。新選組に関する最も基礎的な史料集。本書もこの史料集に多くを負っている。

子母澤寛『新選組物語』(春陽堂、一九三二年、中公文庫、一九七七年)

子母澤寛新選組三部作の第三作。一九三一年の『文藝春秋』の連載をまとめたもの。書名に「物語」とあるように、他の二作に比べると創作性が強い。

石川忠恕「説夢録」（須藤隆仙編『箱館戦争史料集』新人物往来社、一九九六年）

初版は明治二十八年（一八九五）。著者は旧幕臣で、上野戦争ののち幕府軍艦に乗り、箱館政府の江差奉行調役を勤めた。品川沖の旧幕府艦隊の脱出から箱館戦争までの記録である。

黒板勝美・国史大系編修会編『新訂増補・続徳川実紀4・5』（吉川弘文館、一九八四年）

江戸幕府が将軍の事歴を中心に編集した史書。初代徳川家康から十代家治までを『徳川実紀』、十一代家斉から十五代慶喜までを『続徳川実紀』と通称する。『徳川実紀』は、寛政十一年（一七九九）の林述斎の建議に始まり、文化六年（一八〇九）に起稿され、天保十四年（一八四三）に完成し幕府に献上された。引き続き『続徳川実紀』の編集が行われたが未完のまま幕末を迎えた。

立川主税「立川主税戦争日記」（新人物往来社編『新選組史料集』一九九五年）

慶応三年（一八六七）に京都で入隊し、箱館戦争のさいに土方歳三付となった立川主税《たてかわちから》（一八三五〜一九〇三）が、慶応四年三月の甲州勝沼戦争から明治二年五月の箱館戦争終了までの戦争の経過を記す。原文書は存在せず、土方歳三の生家に写本が存在する。

日本史籍協会編『丁卯雑拾録《ていぼうざつしゅうろく》1・2』（一九二二年初版、一九七二〜七三年復刻、日本史籍協会叢書

140・141、東京大学出版会)
尾張の戯作者の小寺玉晁が、慶応三年(一八六七)正月から十二月までの政治・経済・文化に関して蒐集した史料をほぼ編年体でまとめたもの。
日本史籍協会編『東西紀聞1・2』(一九一七年初版、一九六八年復刻、日本史籍協会叢書142・143、東京大学出版会)
尾張の戯作者の小寺玉晁が、文久三年(一八六三)正月から十二月までの政治・経済・文化に関して蒐集した史料をほぼ編年体でまとめたもの。
日本史籍協会編『徳川慶喜公伝・史料篇1~3』(一九一八年初版、一九七五年復刻、続日本史籍協会叢書1~3、東京大学出版会)
江戸時代に御三卿一橋家と幕府に仕え、明治期に実業家として活動した渋沢栄一(一八四〇~一九三一)が、旧主徳川慶喜のために集めた史料を本伝四巻、史料篇三巻にまとめたもの。天保十三年(一八四二)十月から明治二年(一八六九)九月までの史料を編年で収録。
中島登「中島登覚え書」(新人物往来社編『新選組史料集』一九九五年)
慶応三年(一八六七)晩秋以降、正式に新選組隊士になったとされる中島登(一八三八~八七)が慶応四年三月の甲州勝沼戦争から北関東、会津、箱館と戦争の経過を詳細に記している。成立は明治二年(一八六九)六月から九月までの間とされる。原文書は存在せず、土方歳三の生家に写本が存在する。

日本史籍協会編『中山忠能《ただやす》履歴資料1〜10』（一九三二〜三四年初版、一九七四〜七五年復刻、日本史籍協会叢書159〜168、東京大学出版会）

宮内省が中山忠能（一八〇九〜八八）の事績調査をしたさいに編纂した史料集。京都中山家文庫に所蔵されていた達書、建白書、風聞書などを嘉永五年（一八五二）から明治二年（一八六九）までほぼ編年体で収録している。中山忠能は王政復古のさいに中心的役割を果たした公家。議奏、国事掛として活動。長女慶子は孝明天皇の権典侍で、明治天皇の生母。

小杉直道「麦叢録《ばくそうろく》」（大鳥圭介述・中田蕭村編『幕末実戦史』、幕末維新史料叢書9、新人物往来社、一九六九年）

箱館政府の江差奉行を勤めた小杉直道（雅之助）が、箱館戦争敗戦後、津軽弘前幽閉中に戦争のことを回顧した記録。初版は明治七年（一八七四）刊行。

脇田修・中川すがね編『幕末維新大阪町人記録』（清文堂史料叢書第70巻、清文堂、一九九四年）

大坂町人の平野屋武兵衛（一八〇一〜？）が、幕末から明治にかけて書き継いだ記録群。日記、留書、旅行記、大坂で流行した歌の筆録。幕末・維新期の大坂の社会文化状況を知ることができる。

大鳥圭介述・中田蕭村編『幕末実戦史』（一九一一年初版、幕末維新史料叢書9、続日本史籍協会叢書第四期、一九八一年復刻、新人物往来社、一九六九年）

幕臣で歩兵奉行となった大鳥圭介（一八三三～一九一一）が『旧幕府』『同方会報告』に発表した「南柯《なんか》紀行」「獄中日記」を中田蕭村が編纂し、明治四十四年（一九一一）に『幕末実戦史』と題して刊行した。慶応四年（一八六八）四月の江戸脱走から明治三年に及ぶ。付録の「衝鋒隊戦史」は、編者の中村が衝鋒隊の士官の日誌をもとに、現存する隊士の聞き取りを交えて編纂したもの。なお、「獄中日記」については日本史籍協会編『維新日乗纂輯3』（一九二六年初版、一九六九年復刻、日本史籍協会叢書12、東京大学出版会）にも収録されている。

勝海舟全集刊行会編『幕末日記』（勝海舟全集1、講談社、一九七六年）

幕末・明治期の幕臣・政治家の勝海舟（一八二三～九九）が記した、慶応三年（一八六七）十月から、明治元年（一八六八）正月二十九日に至る「慶応四戊辰日記」や、文久二年（一八六二）閏八月から明治元年四月に至る「幕末日記」を収録する。

関川平四郎「箱館軍記」（須藤隆仙編『箱館戦争史料集』新人物往来社、一九九六年）

原本は江差町教育委員会所蔵。関川は当時江差町に住み、廻船業、金融業、醸造業などを営み、松前藩御用達、町年寄などを勤めた。市民から見た箱館戦争の様子が記されている。

大野右仲「函館戦記」（新人物往来社編『新選組史料集』一九九五年）

元肥前唐津藩士で、新選組隊士となり土方歳三の側近を勤めた大野右仲（一八三六～一九一一）が、明治二年（一八六九）四月から五月にかけての箱館戦争の様子を記したもの。

杉浦梅潭『箱館奉行日記』(杉浦梅潭日記刊行会発行、みずうみ書房、一九九一年)
洋書調所頭取や長崎奉行を勤めたのち、慶応二年(一八六六)から四年にかけて箱館奉行を勤めた杉浦梅潭(一八二六~一九〇〇)の日記。箱館奉行の職務や実態を知ることができる。

秦林親「秦林親日記《はたしげちか》」(新人物往来社編『新選組史料集』一九九五年)
元治元年(一八六四)に伊東甲子太郎とともに新選組に加入した秦林親こと篠原泰之進(一八二八~一九一一)が、伊東派の立場から記した記録。自叙伝部分と慶応元年(一八六五)七月から明治七年(一八七四)四月に及ぶ記録部分からなる。幕長戦争のさいの広島行き、御陵衛士、戊辰戦争などの記事が詳しい。「秦林親日記」は日本史籍協会編『維新日乗纂輯3』(一九二六年初版、一九六九年復刻、日本史籍協会叢書12、東京大学出版会)にも収録されている。

鈴木棠三・小池章太郎編『藤岡屋日記10~15』(近世庶民生活史料、三一書房、一九九一~九五年)
江戸外神田で古本屋を営む須藤由蔵(一七九三~?)が、文化元年(一八〇四)から明治元年(一八六八)までの町触、幕府政治関係、天災飢饉、社会的事件、風評・落首などを記録したもの。

末松謙澄『防長回天史上・下』(柏書房、一九六七年)
長州藩を中心とする幕末維新の歴史書。明治二十一年(一八八八)宮内省は、島津、水戸、山内、毛利の各家に幕末の事蹟編述を命じた。毛利家では同二十九年末松謙澄が総裁となり、山路愛山、堺利彦などが編纂事業に参加して進められた。同三十二年に事業は完了し、印刷が開始されたが間もなく中止となった。末松は毛利家の了解を得て自力で『防長回天史』として刊行し、大正九年（一九二〇）に全十二巻の刊行を終了した。

「星恂太郎日記」（須藤隆仙編『箱館戦争史料集』新人物往来社、一九九六年）
著者は仙台藩士であったが脱藩し、戊辰戦争のさいに帰藩し、同藩の正規軍「額兵隊」の指導者となる。のち藩が新政府に恭順すると、星は額兵隊を率いて旧幕府軍に加わる。慶応四年（一八六八）八月の額兵隊出陣から同年の明治元年十月二十七日の五稜郭入城までを記す。

「戊辰戦争見聞略記」（須藤隆仙編『箱館戦争史料集』新人物往来社、一九九六年）
主人公の石井勇次郎は旧桑名藩士。馬廻り役を勤めた。大鳥圭介と行動をともにし、箱館渡航にさいして新選組に加入した。石井の依頼で、桑名藩大手勤め馬廻りの竹内惣太夫が記したもの。慶応三年（一八六七）六月十四日から明治二年（一八六九）十一月二十三日に至る記録。

日本史籍協会編『淀稲葉家文書』（一九二六年初版、一九七五年復刻、日本史籍協会叢書187、東京大学出版会）
淀藩主の稲葉正邦が老中在職中の元治元年（一八六四）五月から明治元年（一八六八）二月までに受け取った書簡・意見書・建白書・探索書などをまとめたもの。正邦は文久三年（一八六三）京都所司代となり、元治元年四月に老中に転じ、慶応元年（一八六五）四月十一日辞任、慶応二年四月十三日に再任。同三年五月の慶応幕政改革にあたって国内事務総裁となり、明治元年二月二十一日までその職にあった。

松本順「蘭疇《らんちゅう》自伝」（『松本順自伝・長与専斎自伝』（一九〇二年執筆、一九八〇年、平凡社東洋文庫）

幕末明治期の蘭方医松本順（一八三二〜一九〇七）の自伝。松本順は江戸時代には良順を名乗った。蘭疇は号。近藤勇や新選組と交流があり、戊辰戦争では旧幕府軍に従い奥州各地を転戦した。自伝には幕末から明治にかけての医学の近代化や社会の動静などが記されている。

日本史籍協会編『連城紀聞1・2』（一九二二年初版、一九七四年復刻、日本史籍協会叢書189・190、東京大学出版会）

尾張の戯作者の小寺玉晁が、慶応元年（一八六五）正月から十二月までの政治・経済・文化などに関する史料を、編年でまとめたもの。

永倉新八「浪士文久報国記事」（木村幸比古編・訳『新選組日記』ＰＨＰ新書、二〇〇三年）

新選組隊士の永倉新八の手記。文久三年（一八六三）二月の浪士組上洛から明治二年（一八六九）五月の箱館戦争の土方歳三戦死までの新選組の活動記録。

## 展示図録

日野市ふるさと博物館編集『新選組のふるさと日野—甲州街道日野宿と新選組—』（新選組フェスタin日野実行委員会発行、二〇〇三年五月）
京都国立博物館編集『特別陳列・新選組—史料が語る新選組の実像—図録』（「特別陳列・新選組」図録制作委員会発行、二〇〇三年九月）
多摩市教育委員会・パルテノン多摩共同企画展『新選組の人々と旧富澤家』（多摩市教育委員会生涯学習振興課文化財係編集・発行、二〇〇三年十一月）
日野市新選組まちおこし室制作『日野宿叢書第二冊・図録日野宿本陣—佐藤彦五郎と新選組—』（日野市発行、二〇〇四年三月）
NHK・NHKプロモーション編集・発行『新選組！展』（二〇〇四年三月）

# あとがき

中公新書編集部の並木光晴さんから新書執筆の件で話があったのは、二〇〇三年九月であった。九月十八日に杉並区高井戸の喫茶店で会い、一時間ほどお互いのプランについて話しあった。

帰り際に、たまたま私が時代考証を担当するNHK大河ドラマ「新選組！」が話題になった。放送以前の準備段階であったことから、内容についての話はあまりできなかったが、私は、当時の新選組関係の本に示されている「武士の中の武士」「最後の武士」などに代表される新選組像に違和感を持っていること、新選組を幕末維新の歴史過程の中に位置づける必要があることなど、思いつくままに話したところ、並木さんの表情が変わったように思われた。

翌日「新選組」を出版企画にしたいと連絡が入り、十月下旬には編集会議でこれが認められたとの連絡が入った。

この頃になると、書店には大河ドラマの関係からか、新選組に関する書籍が多数棚に並ぶようになった。「新選組ブームの中で最も遅い本になるね」と並木さんに話した。

この間私は、(1)勤務先のゼミナール（東京学芸大学近世史研究会）で、二〇〇三年十二月から二〇〇四年五月まで家近良樹編『幕末維新論集3・幕政改革』（吉川弘文館、二〇〇一年）を中心に、また二〇〇四年三月には、同大学院の集中ゼミナールで、井上勲編『日本の時代史20・開国と幕末の動乱』（吉川弘文館、二〇〇四年）を中心に、幕末維新期を考える機会を持った。

(2)さらに二〇〇二年四月から二〇〇四年三月までの二年間、慶應義塾大学大学院法学研究科のゼミナールを笠原英彦氏とともに担当し、幕末維新に関する政治史からのアプローチに接する機会を得た。

(3)二〇〇四年三月には、共同研究・共同執筆の成果として、拙編『新選組情報館』（教育出版）を刊行し、新選組の基礎情報の蒐集、蓄積、共有化の必要性と、新選組を歴史的に位置づける研究の必要性を訴えた。

(4)これらを挟む時期、二〇〇三年一月から二〇〇四年九月まで、毎週開かれた大河ドラマ「新選組！」の考証会議では、新選組から見た幕末維新の姿を追いかけることになった。この過程で、当時「大政奉還」「桜田門外の変」などの語は使用されておらず「政権返上」「桜田門の一件」などと言い換える必要性や、「近藤らが『武士』身分を獲得するのはいつか」「『多摩』の郷士意識はいつ頃形成されたのか」「薩長勢力が『討幕』の語を使用するのはどの時点か」などの問題にも直面した。

これら(1)〜(4)は、いずれも本書執筆の重要な前提となっている。

しかしながら、本書の執筆は公用・私用に追われ思うように進まなかった。ようやく二〇〇四年四月以降、並木さんと毎週、高井戸や渋谷の喫茶店で待ち合わせ、二十枚、三十枚と原稿を渡すようになった。

当初、私の構想は新選組論や幕末維新論に関するいくつかの文章を並べるというものであった。しかし、大河ドラマの放送の進行とともに、周囲の人たちから、「あれは本当にあったことか」「フィクションだとすると事実はどうだったのか」など、数々の質問を受けるようになった。

そこで、新書としては異例のスタイルになるが、叙述にあたり、できるかぎり出典を明示することにした。近藤勇の口が大きかったこと、池田屋事件での沖田総司の喀血、山南敬助と明里の別れなど、広く知られているエピソードについて、これらを全面的に信用するわけでなく、またフィクションとして斥けるわけでもなく、出典とともに書き込むことにしたのである。

このスタイルは、事実かフィクションかの最終的判断を読者の方々にゆだねるものであり、さらには今後の新選組研究の進展により、書き換えられていくことを想定している。読者の方々が本書と異なる記述を見つけたさい、出典も含めて比較検討が可能になるからである。

この間、新選組への関心の高まりとともに、各地で新選組に関する催し物や博物館の展示が活発化した。新しい研究成果や史料の発掘も見られた。本書ではこうした地域史の研究成果を可能なかぎり取り入れたつもりである。新選組ブームの総決算といえるかもしれない。それでも本書を書き終えて、わからないことは膨らむばかりである。今後改めて幕末期・明治初期の各地の史料を捜索したいと思う。


さて、執筆の最終段階において、史料の読み下し、図版・付録の作成、本文の校正など、東京学芸大学近世史研究会の卒業生の佐藤宏之、竹村誠、三野行徳、柳沢利沙、同じく大学院生の大嶋陽一の五氏にお手伝いいただいた。中公新書編集部の並木さんには、通常の編集作業に加えて、私が多量に書き加えた原稿をワープロ入力していただいた。これらお手伝いいただいた方々に心から感謝したい。

新選組が江戸時代の最後に生まれつつも、新たな時代の先駆け的性格を持ったのと同様、本書が今回の新選組ブームの最後に生まれながらも、新たな新選組研究の出発点となることができるならば幸いである。

二〇〇四年十月

大石　学

大石 学（おおいし・まなぶ）

1953年（昭和28年），東京都に生まれる．東京学芸大学卒業．同大学大学院修士課程修了．筑波大学大学院博士課程単位取得．徳川林政史研究所研究員，日本学術振興会特別研究員，名城大学助教授，東京学芸大学教授などを歴任．東京学芸大学名誉教授．専攻，日本近世史．

著書『吉宗と享保の改革』（東京堂出版）
『享保改革と地域政策』（吉川弘文館）
『徳川吉宗――国家再建に挑んだ将軍』（教育出版）
『首都江戸の誕生』（角川選書）
『大岡忠相』（吉川弘文館人物叢書）
『元禄時代と赤穂事件』（角川選書）
『江戸の外交戦略』（角川選書）
『近世日本の統治と改革』（吉川弘文館）
『時代劇の見方・楽しみ方』（吉川弘文館）
『近世首都論』（岩田書院）
『新しい江戸時代が見えてくる』（吉川弘文館）
『敗者の日本史16　近世日本の勝者と敗者』（吉川弘文館）
ほか

新《しん》選《せん》組《ぐみ》
中公新書 *1773*

2004年11月25日初版
2021年2月25日5版

著者　大石　学
発行者　松田陽三

本文印刷　三晃印刷
カバー印刷　大熊整美堂
製本　小泉製本

発行所　中央公論新社
〒100-8152
東京都千代田区大手町1-7-1
電話　販売 03-5299-1730
編集 03-5299-1830
URL http://www.chuko.co.jp/



Published by CHUOKORON-SHINSHA, INC.
Printed in Japan　ISBN978-4-12-101773-4 C1221

## 中公新書刊行のことば

いまからちょうど五世紀まえ、グーテンベルクが近代印刷術を発明したとき、書物の大量生産は潜在的可能性を獲得し、いまからちょうど一世紀まえ、世界のおもな文明国で義務教育制度が採用されたとき、書物の大量需要の潜在性が形成された。この二つの潜在性がはげしく現実化したのが現代である。

いまや、書物によって視野を拡大し、変りゆく世界に豊かに対応しようとする強い要求を私たちは抑えることができない。この要求にこたえる義務を、今日の書物は背負っている。だが、その義務は、たんに専門的知識の通俗化をはかることによって果たされるものでもなく、通俗的好奇心にうったえて、いたずらに発行部数の巨大さを誇ることによって果たされるものでもない。現代を真摯に生きようとする読者に、真に知るに価いする知識だけを選びだして提供すること、これが中公新書の最大の目標である。

私たちは、知識として錯覚しているものによってしばしば動かされ、裏切られる。私たちは、作為によってあたえられた知識のうえに生きることがあまりに多く、ゆるぎない事実を通して思索することがあまりにすくない。中公新書が、その一貫した特色として自らに課すものは、この事実のみの持つ無条件の説得力を発揮させることである。現代にあらたな意味を投げかけるべく待機している過去の歴史的事実もまた、中公新書によって数多く発掘されるであろう。

中公新書は、現代を自らの眼で見つめようとする、逞しい知的な読者の活力となることを欲している。

一九六二年一一月

中公新書

# 日本史

d2

- 608 613 中世の風景（上下） 阿部謹也・網野善彦 石井　進・樺山紘一
- 1503 古文書返却の旅 網野善彦
- 1392 中世都市鎌倉を歩く 松尾剛次
- 2336 源頼政と木曽義仲 永井　晋
- 2526 源　頼朝 元木泰雄
- 2517 承久の乱 坂井孝一
- 2461 蒙古襲来と神風 服部英雄
- 1521 後醍醐天皇 森　茂暁
- 2601 北朝の天皇 石原比伊呂
- 2463 兼好法師 小川剛生
- 2443 観応《かんのう》の擾乱《じょうらん》 亀田俊和
- 2179 足利義満 小川剛生
- 978 室町の王権 今谷　明
- 2401 応仁の乱 呉座勇一
- 2058 日本神判史 清水克行
- 2139 贈与の歴史学 桜井英治
- 2481 戦国日本と大航海時代 平川　新
- 2343 戦国武将の実力 小和田哲男
- 2084 戦国武将の手紙を読む 小和田哲男
- 2593 戦国武将の叡智 小和田哲男
- 1213 流浪の戦国貴族 近衛前久 谷口研語
- 1625 織田信長合戦全録 谷口克広
- 1782 信長軍の司令官 谷口克広
- 1907 信長と消えた家臣たち 谷口克広
- 1453 信長の親衛隊 谷口克広
- 2421 織田信長の家臣団―派閥と人間関係 和田裕弘
- 2503 信長公《しんちょうこう》記《き》―戦国覇者の一級史料 和田裕弘
- 2555 織田信忠―天下人の嫡男 和田裕弘
- 2622 明智光秀 福島克彦
- 784 豊臣秀吉 小和田哲男
- 2146 秀吉と海賊大名 藤田達生
- 2557 太閤検地 中野　等
- 2265 天下統一 藤田達生
- 2357 古田織部 諏訪勝則
- 642 関ヶ原合戦 二木謙一

中公新書

## 世界史

e1

1353 物語 中国の歴史 寺田隆信
2392 中国の論理 岡本隆司
2303 殷―中国史最古の王朝 落合淳思
2396 周―理想化された古代王朝 佐藤信弥
2542 漢帝国―400年の興亡 渡邉義浩
2001 孟嘗君と戦国時代 宮城谷昌光
12 史記 貝塚茂樹
2099 三国志 渡邉義浩
7 宦《かん》官《がん》(改版) 三田村泰助
15 科《か》挙《きょ》 宮崎市定
1812 西《せい》太《たい》后《こう》 加藤徹
2030 上海 榎本泰子
1144 台湾 伊藤潔
2581 台湾の歴史と文化 大東和重
925 物語 韓国史 金両基

1367 物語 フィリピンの歴史 鈴木静夫
1372 物語 ヴェトナムの歴史 小倉貞男
2208 物語 シンガポールの歴史 岩崎育夫
1913 物語 タイの歴史 柿崎一郎
2249 物語 ビルマの歴史 根本敬
1551 海の帝国 白石隆
2518 オスマン帝国 小笠原弘幸
1858 中東イスラーム民族史 宮田律
2323 文明の誕生 小林登志子
2523 古代オリエントの神々 小林登志子
1818 シュメル―人類最古の文明 小林登志子
1977 シュメル神話の世界 岡田明子 小林登志子
2613 古代メソポタミア全史 小林登志子
1594 物語 中東の歴史 牟田口義郎
2496 物語 アラビアの歴史 蔀勇造
1931 物語 イスラエルの歴史 高橋正男
2067 物語 エルサレムの歴史 笈川博一

2205 聖書考古学 長谷川修一